Beispiel:

Ungebührliche Lärm- oder Geruchsbelästigungen können vom Nachbarn mit einer Beseitigungs- bzw. Unterlassungsklage nach § 1004 BGB verfolgt werden.

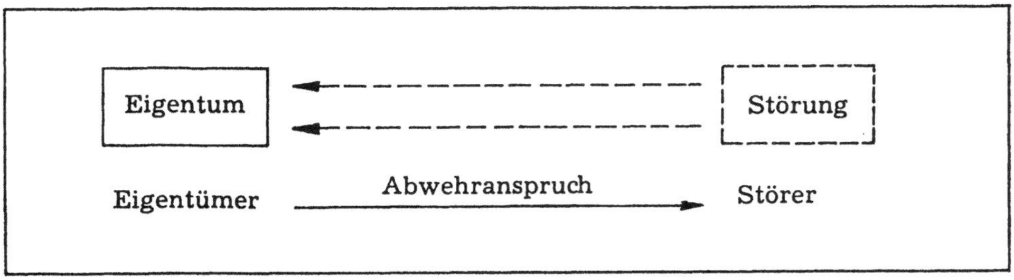

a) Begriff des Störers

Störer ist derjenige, auf dessen Willen sich die Eigentumsbeeinträchtigung zurückführen läßt.

Dabei sind der sog. „Handlungsstörer" und der „Zustandsstörer" zu unterscheiden.

Beispiele für Handlungsstörungen:

Abladen von Müll auf einem Grundstück des Eigentümers; dauerndes Überfahren eines Ackers, um einen Weg abzukürzen; Bekleben von Hauswänden mit Wahlplakaten usw.

Beispiele für Zustandsstörungen:

Lärmbelästigungen, die vom Betrieb eines Nachtlokals ausgehen (dröhnende Musik, krakeelende Besucher, lautes Türschlagen bei An- und Abfahrten von Kraftfahrzeugen); Ruß- bzw. Geruchsbelästigungen durch benachbarte Industriebetriebe.

b) Rechtswidrigkeit der Störung

Voraussetzung für den Abwehranspruch aus § 1004 ist die Rechtswidrigkeit der Störung. Diese ist ausgeschlossen, wenn die Störung geduldet werden muß. Dies ist insbesondere bei gewissen Immissionen gem. § 906 BGB der Fall:

Der Eigentümer eines Grundstücks kann die Zuführung von Gasen, Dämpfen, Gerüchen, Rauch, Ruß, Wärme, Geräusch, Erschütterungen und ähnliche von einem anderen Grundstück ausgehende Einwirkungen insoweit nicht verbieten, als die Einwirkung die Benutzung seines Grundstücks nicht oder nur unwesentlich beeinträchtigt.

Beispiel:

> Der Ventilator und Kühlmotor eines Supermarkts in einem Mischgebiet muß geduldet werden, wenn er nur geringe Phonzahlen erreicht.

Aber auch wesentliche Beeinträchtigungen müssen hingenommen werden, wenn es sich um eine ortsübliche Benutzung des anderen Grundstückes handelt und sie nicht durch Maßnahmen verhindert werden können, die den Benutzern dieser Art wirtschaftlich zumutbar sind. Es kann dann allerdings Schadenersatz gefordert werden.

Dasselbe gilt gem. § 14 Bundesimmissionsschutzgesetz: Wenn von einem genehmigten gewerblichen Betrieb Störungen ausgehen, dann kann nicht die Einstellung des Betriebes verlangt werden, sondern nur Schadenersatz bzw. die Anbringung von Schutzvorkehrungen.

Beispiele:

> Eine in der Nachbarschaft betriebene Metzgerei erzeugt erheblichen Lärm durch die Knochensäge. Oder: Ein in der Altstadt eröffnetes Spezialitätenrestaurant leitet die Küchendüfte direkt ins Freie, so daß die Nachbarschaft belästigt wird.

Hier können die gestörten Nachbarn nicht verlangen, daß Metzgerei oder Gaststätte aufgegeben werden, vielmehr besteht ein Anspruch auf die Einrichtung von Schutzvorkehrungen. Der Gastwirt muß also etwa eine Dunstabzugsvorrichtung so anbringen, daß Gerüche entlang dem Gebäude über das Dach ins Freie geführt werden und der Metzgermeister muß eine Schallschluckhaube anbringen oder dafür Sorge tragen, daß die Fenster während des Betriebs der Maschine geschlossen bleiben.

Zu beachten ist, daß der Abwehranspruch **kein Verschulden** des Störers voraussetzt, es genügt die Rechtswidrigkeit.

c) Beseitigung und Unterlassung

Der Umfang des Abwehranspruchs kann sich auf Beseitigung und auf Unterlassung richten. Bei fortdauernden Störungen (die Plakate kleben noch an der Hauswand, die Abfälle sind auf dem Grundstück noch gelagert) kann die Besei-

tigung verlangt werden; bei Wiederholungsgefahr (Anzeichen, daß die Geruchs-, Lärm- oder sonstige Belästigung auch in Zukunft vorgenommen bzw. aufrechterhalten wird) kann der Störer auf Unterlassung verklagt werden.

II. Erwerb des Eigentums

Lernziel:

Nach Durcharbeitung dieses Kapitels sollten Sie den Unterschied zwischen dem originären Erwerb und dem abgeleiteten Eigentumserwerb kennen und wissen, was man unter einem gutgläubigen Erwerb versteht.

Formen des Eigentumserwerbs

a) Abgeleiteter Erwerb

Eigentum kann erworben werden in der Weise, daß es von dem (seitherigen) Eigentümer an einen Erwerber im Wege der Veräußerung übertragen wird. Man spricht dann vom abgeleiteten Eigentumserwerb.

Der Erwerb selbst erfolgt nach weitgehend formalisierten Regeln, wobei zwischen dem Eigentumserwerb an beweglichen Sachen und dem Eigentumserwerb an Grundstücken zu unterscheiden ist.

Eigentum an beweglichen Sachen wird erworben durch Einigung und Übergabe;

Eigentum an Grundstücken durch Auflassung und Eintragung im Grundbuch.

b) Originärer Erwerb

Eigentum kann auch erworben werden ohne die Mitwirkung des Veräußerers durch Verbindung, Vermischung und Verarbeitung (§§ 946 ff. BGB).

(aa) Verbindung

Wird eine Sache mit einer anderen so verbunden, daß sie wesentlicher Bestandteil einer neuen Sache wird, dann werden die bisherigen Eigentümer Miteigentümer der neuen Sache. Ist eine der Sachen als Hauptsache anzusehen, erstreckt sich das Eigentum an der Hauptsache auch auf das Eigentum am Bestandteil.

(bb) Vermischung

Werden bewegliche Sachen miteinander untrennbar vermischt oder vermengt, so gilt nach § 948 BGB dasselbe.

(cc) Verarbeitung

Wer schließlich durch Verarbeitung oder Umbildung eines oder mehrerer Stoffe eine neue bewegliche Sache herstellt, erwirbt das Eigentum an der neuen Sache, sofern nicht der Wert der Verarbeitung oder Umbildung erheblich geringer ist als der Wert des Stoffes (§ 950 BGB).

Beispiel:

Der Lederwarenfabrikant verliert das Eigentum am gelieferten Rohleder, wenn der Käufer damit wertvolle Schuherzeugnisse herstellt.

Wer infolge der Verbindung, Vermischung und Verarbeitung sein Eigentum verliert, hat nach § 951 einen Ersatzanspruch gegen den Begünstigten.

c) Ersitzung

Ersitzung ist Eigentumserwerb durch Zeitablauf. Vorausgesetzt ist, daß der Besitzer sich für den Eigentümer hält (es aus unerkannten Gründen gleichwohl nicht ist).

Beispiel:

Der frühere Veräußerer war unerkannt geisteskrank und konnte deshalb das Eigentum nicht wirksam übertragen.

Zum Eigentumserwerb auf Grund der Ersitzung ist bei beweglichen Sachen erforderlich, daß die Sache 10 Jahre im Eigenbesitz war (§ 937 BGB). Zur Ersitzung des Eigentums an Grundstücken ist nach § 900 BGB erforderlich, daß der Betreffende als Eigentümer 30 Jahre im Grundbuch eingetragen war und während dieser Zeit das Grundstück im Eigenbesitz hatte.

d) Fund

Wer eine verlorene Sache findet und sie an sich nimmt, hat dem Verlierer oder dem Eigentümer oder einem sonstigen Empfangsberechtigten unverzüglich Anzeige zu machen. Kennt der Finder die Empfangsberechtigten nicht oder ist ihm ihr Aufenthalt unbekannt, so hat er den Fund und die Umstände, welche für die Ermittlung der Empfangsberechtigten erheblich sein können, unverzüglich der Polizeibehörde anzuzeigen. Ist die Sache allerdings nicht mehr als drei Deutsche Mark wert, so bedarf es der Anzeige nicht (§ 965 BGB).

Wird der Eigentümer festgestellt, so kann der Finder vom Empfangsberechtigten den Finderlohn verlangen. Dieser beträgt von dem Wert der Sache bis zu 300 Deutsche Mark 5 Prozent, von dem Mehrwert 3 Prozent.

Der **Finder kann** sogar **Eigentum** an der Sache **erwerben:** Mit dem Ablauf von 6 Monaten nach der Anzeige des Funds bei der Polizeibehörde erwirbt der Finder das Eigentum an der Sache, es sei denn, daß vorher ein Empfangsberechtigter dem Finder bekannt gemacht worden ist oder sein Recht bei der Polizeibehörde angemeldet hat.

Besonderheiten bestehen beim Fund in den Geschäftsräumen oder den Beförderungsmitteln einer öffentlichen Behörde oder einer dem öffentlichen Verkehr dienenden Verkehrsanstalt: Wer hier etwas findet, hat dies unverzüglich an die Behörde oder die Verkehrsanstalt oder an einen ihrer Angestellten abzuliefern. Die Behörde oder die Verkehrsanstalt kann die an sie abgelieferte Sache öffentlich versteigern lassen. Es erwirbt dann der Ersteigerer das Eigentum und an Stelle der Sache tritt der Erlös. Meldet sich also später der Eigentümer, so kann er nicht mehr Anspruch auf die Sache, sondern nur noch auf den Erlös erheben.

e) Eigentumserwerb vom Berechtigten und Nichtberechtigten

Eigentum kann, genau genommen, nur vom Berechtigten (also vom Eigentümer selbst) erworben werden. Zum Schutz des Rechtsverkehrs kennt das Gesetz aber auch den Erwerb vom Nichtberechtigten, wenn der Erwerber den Verfügenden für den Eigentümer hielt. Dieses Vertrauen kann aber nur dann geschützt sein, wenn ein entsprechender Vertrauenstatbestand geschaffen wurde. Nur dann kann sich der Erwerber auf seinen guten Glauben verlassen. Dieser Vertrauenstatbestand ist wiederum unterschiedlich ausgestaltet, je nachdem, ob es sich um den Erwerb von beweglichen oder unbeweglichen Sachen (Grundstücken) handelt.

Der gutgläubige Erwerb beweglicher Sachen ist nach §§ 932 ff. BGB geschützt, wenn der Veräußerer im Besitz der Sache war.

Bei Grundstücken ist der gutgläubige Erwerb möglich, wenn der Veräußerer als Eigentümer im Grundbuch stand.

In beiden Fällen muß der Erwerber gutgläubig sein, er darf also nichts von den wirklichen Eigentumsverhältnissen wissen. Bei Grundstücken schadet hierbei nur die positive Kenntnis der wahren Rechtslage, bei beweglichen Sachen bereits die grobfahrlässige Unkenntnis. Außerdem ist zu bemerken, daß der gutgläubige Erwerb von gestohlenen oder sonst gegen den Willen des Eigentümers abhanden gekommenen Gegenständen nicht möglich ist, es sei denn, es handle sich um Geld oder Inhaberpapiere sowie um Sachen, die im Wege öffentlicher Versteigerung veräußert wurden.

III. Arten des Eigentumserwerbs an beweglichen Sachen

Lernziel:

Der nachfolgende Abschnitt behandelt die verschiedenen Möglichkeiten, wie man an beweglichen Sachen Eigentum erwerben kann. Hier müssen Sie vor allen Dingen die rechtliche Konstruktion kennen, die der Sicherungsübereignung zugrundeliegt.

1. Die beiden Elemente des Eigentumserwerbs

Zur Übertragung des Eigentums an einer beweglichen Sache ist nach § 929 BGB zweierlei erforderlich:

- der Eigentümer muß die Sache dem Erwerber übergeben und
- beide müssen sich hinsichtlich des Eigentumsübergangs einig sein.

Ist der Erwerber bereits im Besitz der Sache, so genügt die Einigung über den Übergang des Eigentums (§ 929 S. 2 BGB). Man nennt diese Modalität des Eigentumserwerbs auch „brevi manu traditio" (schlichte Einigung).

Einigung und Übergabe sind also die beiden Elemente des Eigentumserwerbs an beweglichen Sachen.

2. Übergabesurrogate

Wie eben ausgeführt, muß im Regelfall zum Eigentumserwerb die Übergabe der Sache, also die reale Verschaffung des Besitzes hinzukommen. Das aber kann in vielen Fällen entweder unerwünscht oder doch mit Schwierigkeiten verbunden sein. Gleichwohl muß der Eigentümer die Möglichkeit zur Eigentumsübertragung haben. In diesen Fällen kann die Übergabe ersetzt werden.

a) Besitzkonstitut

Ausgangspunkt ist folgender Fall: Der Eigentümer will das Eigentum an einer beweglichen Sache veräußern, der Erwerber möchte jedoch nicht zugleich den Besitz erlangen. Hier kann gemäß § 930 die Übergabe ersetzt werden dadurch, daß zwischen dem Eigentümer und dem Erwerber ein Rechtsverhältnis vereinbart wird, vermöge dessen der Erwerber den mittelbaren Besitz erlangt.

Veräußerer und Erwerber vereinbaren etwa, daß der bisherige Eigentümer nunmehr die Sache als Mieter oder Entleiher weiterhin benutzen darf.

Veräußerer	Übereignung	Erwerber
= bleibt unmittelbarer Besitzer	„Besitzmittlungsverhältnis" § 930 BGB	= wird mittelbarer Besitzer

Diese Konstruktion liegt insbesondere der **„Sicherungsübereignung"** zugrunde. Der Eigentümer überträgt sein Eigentum als Sicherungsgeber an einen Sicherungsnehmer (ein Kreditinstitut) zur Absicherung eines Kredits. Hier wäre die reale Übergabe an den Sicherungsnehmer doppelt unerwünscht. Zum einen wäre

die Verwahrung der sicherungsübereigneten Gegenstände für die Bank eine Last, und zum anderen wären sie dem Produktionsprozeß des Sicherungsgebers entzogen (man denke nur an die Sicherungsübereignung eines Maschinenparks oder eines Warenlagers). Aus all diesen Gründen bleibt der Eigentümer nach wie vor im Besitz der betreffenden Gegenstände. Es erfolgt lediglich ein rechtlicher Austausch, die wirtschaftlichen Verhältnisse verändern sich nicht. Der bisherige Eigentümer bleibt unmittelbarer Besitzer, die Bank als Sicherungsnehmer wird Eigentümer und zugleich mittelbarer Besitzer.

b) Abtretung des Herausgabeanspruchs

Hat der Eigentümer die Gegenstände einem anderen überlassen (vermietet, verliehen), so ist er mittelbarer Besitzer. Will er das Eigentum an Gegenständen übertragen, die er in mittelbarem Besitz hat, so wird die reale Übergabe dadurch ersetzt, daß er den Herausgabeanspruch gegen den unmittelbaren Besitzer nach § 931 BGB an den Erwerber abtritt.

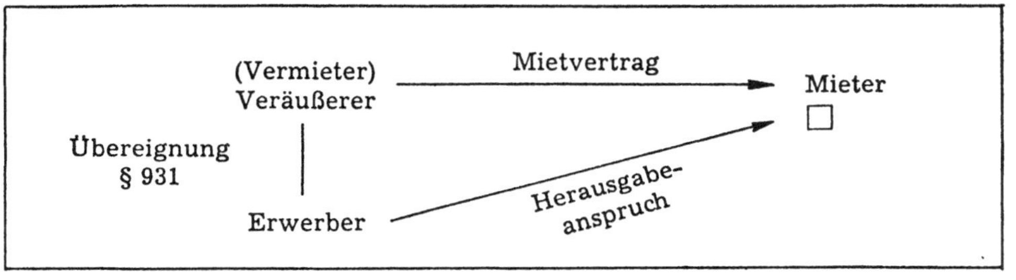

Mit der Abtretung des Herausgabeanspruchs wird der Erwerber mittelbarer Besitzer.

3. Beispiele

a) Einigung und Übergabe: V verkauft an K einen Barockschrank. Mit dem Abschluß des Kaufvertrags und der Bezahlung des Kaufpreises wird man sich einig, daß K das Eigentum erwerben soll. Er verfrachtet es auf einen mitgebrachten Kleinlastwagen. Hier liegt Einigung und Übergabe vor. Das Eigentum ist erworben.

b) Schlichte Einigung: M hat von V Büromaschinen gemietet. Zum Kauf konnte er sich anfänglich nicht entschließen, weil er den Mietzins als Betriebsausgabe abziehen und die Annehmlichkeiten einer kostenlosen Wartung genießen wollte. Nach geraumer Zeit erscheinen ihm die Mietpreisraten zu hoch. Er einigt sich mit V, daß nach Zahlung einer Restsumme das Eigentum auf ihn übergeht. Hier ist mit der bloßen Einigung M Eigentümer geworden, da er zu diesem Zeitpunkt bereits den Besitz an den Büromaschinen hatte.

c) Besitzkonstitut: V ist Eigentümer eines Kraftfahrzeugs, das er als Angehöriger eines großen Automobilwerks in Form eines „Jahreswagens“ zum Vorzugspreis erhalten hat. Er hat jedoch die Verpflichtung, das Kraftfahrzeug eine Mindestkilometerzahl und eine Mindestzeit zu fahren, bevor er es einem anderen überläßt. Um diese Verpflichtung seinem Arbeitgeber gegenüber offiziell ein-

zuhalten, andererseits aber auch einen sicheren Abnehmer zu haben, einigt er sich mit dem Interessenten I, daß das Eigentum bereits jetzt übergehen soll, V jedoch nach wie vor als Besitzer des Kraftfahrzeugs das Recht zur kostenlosen Weiterbenutzung haben soll. Hier haben sich Veräußerer und Erwerber geeinigt, daß das Eigentum übergeht. Sie haben die Übergabe ersetzt durch die Vereinbarung, daß V weiterhin zum Besitz des Kraftfahrzeugs berechtigt sei. Dies kann durch Vereinbarung eines unentgeltlichen Leihverhältnisses erfolgen.

d) Abtretung des Herausgabeanspruches: E ist Inhaber einer Firma, die Musikboxen und Spielautomaten vermietet. E hat ca. 50 solcher Geräte in verschiedenen Gastwirtschaften abgestellt. Er entschließt sich, seinen Betrieb aufzugeben und die Automaten gewinnbringend an einen Geschäftsfreund zu veräußern. In diesem Fall ist er Eigentümer der Geräte, die einzelnen Gastwirte sind unmittelbare Besitzer auf Grund des jeweils bestehenden Mietvertrags. Der Eigentumserwerb zwischen E und dem erwerbenden Geschäftsfreund spielt sich nach § 931 BGB in der Form ab, daß sich E und der Geschäftsfreund über den Übergang des Eigentums einigen, die Übergabe der Apparate jedoch durch die Abtretung des aus dem Mietvertrag folgenden Herausgabeanspruchs ersetzen. Damit wird der Geschäftsfreund Eigentümer der Geräte. Die Gastwirte als Mieter sind gem. § 986 Abs. 2 insofern geschützt, als sie auch dem neuen Eigentümer alle Einwendungen entgegensetzen können, welche ihnen gegen den abgetretenen Anspruch zustanden. Sie können also die Einhaltung des Mietvertrages, insbesondere die Einhaltung der Mietzeit verlangen.

IV. Eigentumserwerb an Grundstücken

Lernziel:

> Nach Durcharbeitung des nachfolgenden Abschnittes sollten Sie die bei der Grundstücksübereignung erforderlichen Vorgänge beherrschen und wissen, wie man hier den Eigentumserwerb durch eine Vormerkung sichern kann.

1. Der Übereignungstatbestand

Zum Erwerb des Eigentums an Grundstücken müssen zwei Tatbestandsmerkmale vorliegen (§ 873 BGB):

- der Veräußerer muß mit dem Erwerber über den Übergang des Eigentums einig sein („Einigung") und
- die Rechtsänderung muß in das Grundbuch eingetragen werden.

Die Einigung bei der Grundstücksveräußerung nennt man Auflassung (§ 925 BGB). Sie muß bei gleichzeitiger Anwesenheit beider Teile (in der Regel) vor einem Notar erklärt werden.

Die Eigentumsübertragung an Grundstücken erfolgt also in Form eines „gestreckten" Tatbestandes. Eigentum wird erst erworben, wenn die Eintragung im Grundbuch erfolgt ist. Bis dahin kann erhebliche Zeit vergehen. Man bedenke nur, daß die Eintragung im Grundbuch erst erfolgen kann, wenn sämtliche Genehmigungserfordernisse (Unbedenklichkeitsbescheinigung des Finanzamtes!) vorliegen.

2. Sicherung des Eigentumserwerbs durch die Vormerkung

Da bis zu diesem Zeitpunkt der Veräußerer immer noch Berechtigter ist, droht dem Erwerber Gefahr, wenn der Veräußerer inzwischen abweichend verfügt (noch einmal veräußert) oder später seine Verfügungsbefugnis verliert (etwa in Konkurs fällt). Zum Schutz des Erwerbers bestimmt daher § 878 BGB, daß eine von dem Berechtigten abgegebene Erklärung nicht dadurch unwirksam wird, daß er in der Verfügung beschränkt wird, nachdem die Erklärung für ihn bindend geworden und der Antrag auf Eintragung bei dem Grundbuchamt gestellt worden ist. Wenn also der Veräußerer den Antrag auf Eintragung des Eigentums gestellt hat und dieser beim Grundbuchamt einging, schaden zwischenzeitliche Verfügungsbeschränkungen nicht mehr.

Nicht selten wird jedoch der Veräußerer den Auflassungsantrag noch nicht stellen. Insbesondere dann nicht, wenn der entsprechende Kaufpreis noch nicht bezahlt ist. Sonst würde nunmehr der Verkäufer vorleisten und müßte umgekehrt hinsichtlich des Kaufpreisanspruchs hinter dem Käufer herlaufen.

Aus dieser mißlichen Situation gibt es einen Ausweg: Der Veräußerer bewilligt die Eintragung einer Vormerkung. Diese wird zur Sicherung des Anspruches auf Einräumung oder Aufhebung des Rechts an einem Grundstück in das Grundbuch eingetragen (§ 883 BGB). Sie bewirkt, daß eine Verfügung, die nach der Eintragung der Vormerkung über das Grundstück getroffen wird, dem Berechtigten gegenüber unwirksam ist. Der durch eine Vormerkung gesicherte Grundstückskäufer kann also darauf vertrauen, daß er später auch tatsächlich Eigentümer des verkauften Grundstückes wird. Das gilt selbst für den Fall, daß der Verkäufer in Konkurs fällt (vgl. § 24 Konkursordnung).

B. Sicherungsrechte am Eigentum

Lernziel:

Der nachfolgende Abschnitt behandelt die verschiedenen Möglichkeiten der Kreditsicherung. Nach Durcharbeitung sollten Sie die rechtlichen Vorgänge beim Eigentumsvorbehalt und die verschiedenen Arten der Grundpfandrechte kennen.

Wer Kredit gibt, möchte sich sichern. Dieses Bedürfnis ist so alt wie das Wirtschaftsleben selbst. Nicht erst die angestiegenen Insolvenzraten der letzten Jahre zeigen die Vordringlichkeit der Kreditsicherung. Ungesicherte Gläubiger erreichten im Konkurs des Kreditnehmers im Jahre 1973 gerade noch eine Konkursquote von 3,2 Prozent. Wie kann man sich sichern? Unter den denkbaren Möglichkeiten nehmen die Sicherungsrechte am Eigentum einen überragenden Platz ein.

I. Eigentumsvorbehalt

Schon beim Kaufrecht wurde auf die Sonderform des Kaufs unter Eigentumsvorbehalt hingewiesen (vgl. S. 66). Hier liefert der Verkäufer Waren auf Kredit. Seine Sicherung erfolgt dadurch, daß er sich das Eigentum bis zur vollständigen Bezahlung des Restkaufpreises vorbehält. Die Übereignung ist bis zu diesem Zeitpunkt a u f s c h i e b e n d b e d i n g t. Kommt der Käufer mit der Zahlung in Verzug, so kann der Lieferant die kreditierte Ware zurückverlangen.

II. Pfandrecht an beweglichen Sachen

1. Das Prinzip des Faustpfandes

Zur Sicherung einer Forderung kann eine bewegliche Sache verpfändet werden. Dann ist nach § 1204 BGB der Gläubiger berechtigt, Befriedigung aus der Sache zu suchen (indem er sie letztlich versteigern läßt).

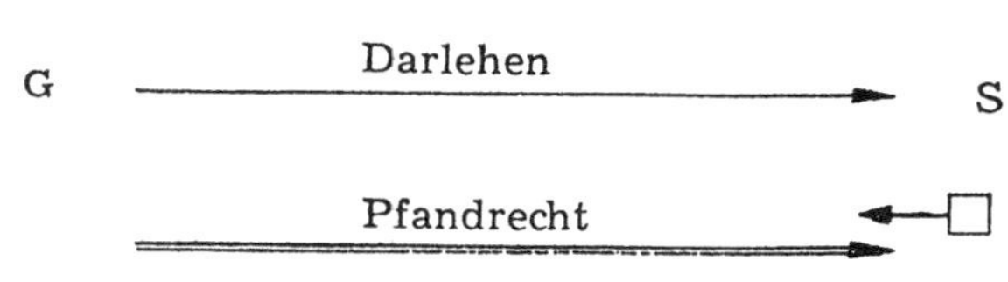

Voraussetzung für die Bestellung des Pfandrechts ist jedoch die Übergabe des verpfändeten Gegenstandes. Man spricht daher vom Prinzip des **Faustpfandes** (der Gläubiger nimmt die Sache an sich). Ein heimliches Pfandrecht kann nicht bestellt werden!

2. Nachteile des Faustpfandes

Es läßt sich unschwer einsehen, daß das gesetzliche Prinzip des Faustpfandes den Bedürfnissen des Wirtschaftslebens widerspricht. Wenn der Kreditnehmer zur Absicherung des Kredits die betreffenden Gegenstände real übergeben muß, dann entzieht man ihm insofern zugleich seine Produktionsgrundlage. Außerdem liegt es meist gar nicht im Interesse des Kreditgebers, die verpfändeten Gegenstände auch tatsächlich in Besitz zu nehmen. (Groteske Vorstellung: Eine Bank müßte den verpfändeten Maschinenpark in der Schalterhalle aufstellen!) Aus diesem Grunde spielt das Pfandrecht an beweglichen Sachen im Wirtschaftsleben keine oder doch nur eine untergeordnete Rolle. Immer wenn als Sicherungsmittel Gegenstände des beweglichen Anlagevermögens (Maschinen, Kraftfahrzeuge) in Betracht kommen, scheidet das Pfandrecht als solches aus.

3. Ausweichen in andere Rechtsformen

Kann der Kreditnehmer keine anderen Sicherheiten anbieten als eben solche Gegenstände, die normalerweise zum Pfand gegeben werden, die er aber für seine eigene Produktion dringend benötigt, dann bietet sich nur eine Alternative an: Man bestellt nicht nur ein Pfandrecht, sondern überträgt das Vollrecht, also das Eigentum, an den Gegenständen.

Wie oben ausgeführt, kann Eigentum an beweglichen Gegenständen unter anderem auch dadurch erworben werden, daß die reale Übergabe durch die Vereinbarung eines Besitzkonstituts ersetzt wird. Konkret: Die Bank einigt sich mit dem Kreditnehmer in zweifacher Weise: es soll das Eigentum übergehen, der Kreditnehmer soll die Gegenstände jedoch weiterhin (auf Grund eines Leihverhältnisses und dgl.) besitzen.

Zwischenbemerkung: Genauso verfährt man im übrigen bei der **Verpfändung von Forderungen**: Nach § 1280 BGB wäre zur Verpfändung einer Forderung die Anzeige an den (Dritt-)Schuldner erforderlich. Diese Mitteilung hätte jedoch für die Bonität des Kreditnehmers möglicherweise verheerende Auswirkungen. Aus diesem Grunde weicht man auch hier in die Übertragung des Vollrechts (nämlich die Abtretung der Forderung) aus, bei der bekanntlich eine Anzeige an den Schuldner nicht erforderlich ist.

III. Grundpfandrechte

Unter den Grundpfandrechten versteht man Pfandrechte an Grundstücken. Das Gesetz kennt drei Arten:

- die **Hypothek** (§§ 1113—1190 BGB),

- die **Grundschuld** (§§ 1191—1198 BGB),
- die **Rentenschuld** (§§ 1199—1203 BGB).

Kennzeichnend für die Grundpfandrechte ist die Belastung eines Grundstückes zur Sicherung einer bestimmten Geldforderung mit der Folge, daß in das Grundstück vollstreckt werden kann, wenn der Schuldner nicht zahlt. Dabei ist es nicht notwendig, daß das Grundstück dem Schuldner selbst gehört. Es kann auch das Grundstück eines anderen Eigentümers mit einem Grundpfandrecht belastet werden, zugunsten des Gläubigers eines nicht mit dem Eigentümer identischen Schuldners.

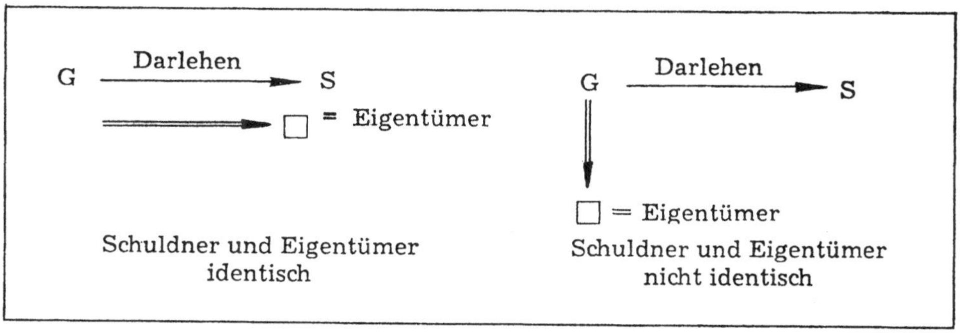

Der Unterschied zwischen Hypothek und Grundschuld besteht in der verschieden starken Abhängigkeit zwischen dem Grundpfandrecht einerseits und der abgesicherten Forderung andererseits.

Die Hypothek ist vom Bestehen der Forderung abhängig (sie ist „akzessorisch“),

die Grundschuld dem Prinzip nach unabhängig.

Am strengsten ist diese Akzessorität bei der **Sicherungshypothek** (§ 1184 BGB). Hier bestimmt sich das Recht des Gläubigers aus der Hypothek ausschließlich nach der Forderung. Der Gläubiger kann sich zum Beweis der Forderung nicht auf die Eintragung im Grundbuch berufen. Die Sicherungshypothek ist also für den Schuldner sicherer. Für den Gläubiger ist dagegen die Bestellung einer Grundschuld sicherer, weshalb die Kreditpraxis in der Regel nicht zur Hypothek, sondern zur Grundschuld neigt.

Bei der **Rentenschuld** handelt es sich um eine Grundschuld, bei der in regelmäßig wiederkehrenden Terminen eine bestimmte Geldsumme aus dem Grundstück zu zahlen ist. Sie ist relativ selten.

Die Bestellung der Grundpfandrechte erfolgt durch Einigung in einem notariellen Vertrag und Eintragung in das Grundbuch.

Die Eintragung erfolgt im Grundbuch in Abteilung III (Hypotheken-, Grund- und Rentenschulden). Während der Einblick in das Grundbuch an sich bei einem berechtigten Interesse jedermann gestattet ist, wird für Abteilung III ein darüber hinausgehendes Interesse verlangt („finanzielle Intimsphäre“ des Eigentümers).

Die zusätzliche Ausstellung eines Briefes bei Begründung der Grundpfandrechte ist die Regel **(Briefhypothek, Briefgrundschuld).** Dies ermöglicht die Abtretung des Grundpfandrechtes außerhalb des Grundbuches. Ist kein Brief ausgestellt, so spricht man von **Buchhypothek.** Die Sicherungshypothek ist nur Buchhypothek.

Fragen:

1. Wie definiert das BGB den Begriff des Eigentums?
2. Welche beiden Hauptansprüche folgen aus dem Eigentum?
3. Welche Fälle des originären Eigentumserwerbs kennen Sie?
4. Was versteht man unter der Ersitzung?
5. Kann man eine dem Veräußerer nicht gehörende Sache zu Eigentum erwerben?
6. Wie vollzieht sich rechtlich der Eigentumsübergang bei der Sicherungsübereignung?
7. Welche beiden Tatbestände sind zum Erwerb von Grundstückseigentum erforderlich?
8. Wie kann nach Abschluß eines Kaufvertrages über ein bestimmtes Grundstück der Käufer seinen Anspruch auf Übertragung des Eigentums sichern?
9. Warum ist das Pfandrecht an beweglichen Sachen in der Praxis selten anzutreffen?
10. Welche Grundpfandrechte kennt das Bürgerliche Gesetzbuch?

Zivilgerichtsbarkeit, Zivilprozeß, Mahnprozeß

C. Aufbau der Zivilgerichtsbarkeit

Lernziel:

Der nachfolgende Abschnitt gibt einen Überblick über den Aufbau der Zivilgerichtsbarkeit. Nach Durcharbeitung müssen Sie wissen, was man unter der örtlichen und der sachlichen Zuständigkeit eines Gerichts versteht. Außerdem sollten Sie den Instanzenweg kennen und wissen, welches Gericht über Beschwerden, welches über Berufungen und welches über Revisionen zu entscheiden hat.

I. Ordentliche Gerichte

Unter den ordentlichen Gerichten sind die Zivil- und Strafgerichte zu verstehen.

Im Vorliegenden kann es nur um die Angelegenheiten der Zivilgerichtsbarkeit gehen.

II. Zuständigkeitsregelung

Bei der Zuständigkeitsregelung geht es um die Frage, welches Gericht zur Entscheidung eines bestimmten Rechtsstreites berufen ist. Man unterscheidet die örtliche, sachliche und funktionelle Zuständigkeit.

1. Örtliche Zuständigkeit

a) Allgemeiner Gerichtsstand

Hierbei geht es um die Frage, wo (geographisch gesehen) ein Rechtsstreit anhängig gemacht werden kann. Bei der örtlichen Zuständigkeit spricht man vom **Gerichtsstand.** Er ist in der Zivilprozeßordnung geregelt. Danach gilt für natürliche Personen der Wohnsitz des Beklagten als allgemeiner Gerichtsstand (§§ 12, 13 ZPO). Juristische Personen haben den allgemeinen Gerichtsstand an ihrem Sitz.

b) Besondere Gerichtsstände

Daneben gibt es besondere Gerichtsstände. Das Gesetz kennt den besonderen Gerichtsstand der Niederlassung, den besonderen Gerichtsstand der belegenen Sache, der Erbschaft, des Erfüllungsortes, der unerlaubten Handlung, der Widerklage usw.

c) Ausschließliche Gerichtsstände

Darüber hinaus kennt das Gesetz noch den ausschließlichen Gerichtsstand. Ist für eine Streitigkeit ein ausschließlicher Gerichtsstand bestimmt, dann heißt dies, daß die sonstigen Gerichtsstände ausscheiden, eine Streitigkeit also ausschließlich an dem für sie vom Gesetz vorgesehenen Ort zu entscheiden ist. Hauptfall hierfür sind etwa die Mietstreitigkeiten: Für Klagen aus Streitigkeiten aus einem Mietverhältnis ist das Amtsgericht ausschließlich zuständig, in dessen Bezirk sich der Wohnraum befindet. Also auch dann, wenn sich weder der Vermieter noch der Mieter (nicht mehr) am Ort der Wohnung befinden. Liegt ein ausschließlicher Gerichtsstand vor, dann kann ein anderer Gerichtsstand auch nicht durch die Vereinbarung der Parteien wirksam begründet werden.

2. Sachliche Zuständigkeit

Bei der sachlichen Zuständigkeit geht es um die Frage, welches Gericht für die zu entscheidende Materie (also der Sache nach) berufen ist. Diese Frage ist nicht in der Zivilprozeßordnung, sondern im **Gerichtsverfassungsgesetz** geregelt. Danach sind die **Amtsgerichte** zuständig für vermögensrechtliche Streitigkeiten bis 3000 DM sowie ohne Rücksicht auf den Streitwert für folgende Angelegenheiten:

- Mietstreitigkeiten,
- Streitigkeiten aus Anlaß von Auswanderungen u. dgl. (hat an Bedeutung verloren),
- Streitigkeiten über Geltendmachung von Viehmängeln,
- Ansprüche aus der Verursachung von Wildschäden,
- Streitigkeiten bei Altenteilsverträgen,
- Abwicklung des Aufgebotsverfahrens,
- vor allem für das gerichtliche Mahnverfahren.

Nach anderen Gesetzen ist das Amtsgericht ebenfalls ausschließlich zuständig, z. B. für Konkurs- und Vergleichssachen.

Das Landgericht dagegen ist zuständig für Streitigkeiten mit einem Streitwert über 3000 DM sowie ohne Rücksicht auf den Streitwert für Amtshaftungsangelegenheiten.

3. Der Instanzenzug

Die ordentlichen Gerichte kennen in Zivilsachen einen bestimmten Instanzenzug. Hierbei geht es um die Frage, welches Gericht zur Entscheidung von Rechtsmitteln gegen Urteile und Beschlüsse einer untergeordneten Instanz zuständig ist. Im einzelnen gilt folgendes:

a) Wer entscheidet?

Das Landgericht entscheidet in 2. Instanz über die Berufungen und Beschwerden gegen amtsgerichtliche Entscheidungen. Über Entscheidungen des Land-

gerichts in 1. Instanz entscheidet wiederum das Oberlandesgericht. Zur Überprüfung der oberlandesgerichtlichen Urteile ist der Bundesgerichtshof zuständig.

b) Worüber wird entschieden?

Die Rechtsmittel selbst sind wiederum zu unterscheiden, je nachdem, welche Art der Überprüfung sie ermöglichen.

Bei der **Berufung** wird die gerichtliche Entscheidung sowohl in tatsächlicher als auch in rechtlicher Hinsicht überprüft. Bei der **Revision** hingegen findet nur eine Überprüfung in rechtlicher Hinsicht statt (Fragen des Sachverhalts bleiben außer Betracht, die Benennung zusätzlicher Zeugen etwa wäre nicht mehr möglich). Bei der **Beschwerde** geht es um die Überprüfung von Entscheidungen, die als Beschlüsse, also nicht in Urteilsform, ergingen.

c) Rechtsmittelgrenzen

Es mag einleuchten, daß nicht jedes Urteil mit Berufung und/oder Revision angefochten werden kann. Schon jetzt ist die Arbeitsüberlastung der Gerichte eine bedenkliche Erscheinung. Demzufolge sind bestimmte Streitwertgrenzen für Rechtsmittel eingeführt. Bei der Berufung amtsgerichtlicher Urteile an das Landgericht beträgt diese 500 DM; bei der Revision beträgt sie 40 000 DM, sofern nicht das Oberlandesgericht die Revision an den Bundesgerichtshof aus grundsätzlichen Erwägungen zuläßt.

Fragen:

11. Wo haben natürliche und juristische Personen ihren allgemeinen Gerichtsstand?
12. Welches Gericht ist für das Mahnverfahren zuständig?
13. Welches Gericht ist zuständig für eine Klage mit einem Streitwert von 5000 DM?
14. Wie unterscheiden sich Berufung und Revision?

D. Der Zivilprozeß

Lernziel:

Der nachfolgende Abschnitt informiert über die verschiedenen Verfahrensabschnitte im Prozeß. Nach der Durcharbeitung müssen Sie sich verdeutlicht haben, daß zwischen dem Erkenntnisverfahren und dem Vollstreckungsverfahren zu unterscheiden ist. Außerdem sollten Sie die verschiedenen Abschnitte des Prozesses von der Einreichung der Klage bis zum Urteil beherrschen.

I. Die Trennung in Erkenntnisverfahren und Vollstreckungsverfahren

Man unterscheidet in prozessualer Hinsicht zwei grundsätzlich verschiedene Stadien: Das Erkenntnisverfahren und das Vollstreckungsverfahren.

1. Das Erkenntnisverfahren

Hier wird nachgeprüft, ob ein geltend gemachter Anspruch überhaupt besteht. In der Regel wird das Erkenntnisverfahren durch Klageerhebung eröffnet und durch den Erlaß eines Urteils abgeschlossen.

2. Das Vollstreckungsverfahren

An das Erkenntnisverfahren schließt sich das Vollstreckungsverfahren an. Hierbei geht es um die Durchsetzung des Urteils, wenn die gerichtliche Entscheidung im Urteil bzw. in einer urteilsgleichen Urkunde vom Beklagten nicht befolgt wird. Wenn etwa der verurteilte Käufer den Kaufpreis nicht bezahlt, dann muß das Urteil vollstreckt werden. Mit anderen Worten: Der Kläger muß die Hilfe staatlicher Instanzen zur Durchsetzung seiner gerichtlich festgestellten Forderung in Anspruch nehmen.

Nicht an jedes Erkenntnisverfahren muß sich auch ein Vollstreckungsverfahren anschließen. Wenn es den Parteien in erster Linie um die Klärung einer streitigen Rechtsfrage ging (der Beklagte hielt sich auf Grund der von ihm falsch eingeschätzten Rechtslage nicht zur Zahlung verpflichtet), dann wird in aller Regel der Verurteilte freiwillig bezahlen. Handelt es sich jedoch um einen besonders hartnäckigen Schuldner oder kann er beim Fehlen flüssiger Mittel den entsprechenden Betrag nicht aufbringen, dann wird der Kläger im Vollstreckungsverfahren auf das vorhandene Vermögen des Schuldners zugreifen.

II. Die einzelnen Verfahrensabschnitte des Erkenntnisverfahrens

1. Die Klage

Das Erkenntnisverfahren wird im Regelfall durch die Klage eröffnet und beginnt mit der Einreichung einer Klageschrift, die dem Beklagten mit der Aufforderung um Stellungnahme zugestellt wird. Bestreitet der Beklagte die vom Kläger geltend gemachten Behauptungen, dann muß Beweis erhoben werden. Dies geschieht in Form der Beweisaufnahme.

2. Beweisaufnahme und Beweismittel

Die Beweisaufnahme erfolgt vor Gericht. Jede Partei ist für die ihr günstigen Tatsachen und Behauptungen beweispflichtig, sofern nicht das Gesetz in Ausnahmefällen eine Umkehr der Beweislast anordnet. Als Beweismittel kennt das Gesetz:

- den Zeugenbeweis,
- den Urkundenbeweis,
- den Beweis durch Einnahme eines Augenscheins,
- den Sachverständigenbeweis und in Ausnahmefällen
- die Parteivernehmung.

Das Ergebnis der Beweisaufnahme wird vom Gericht in freier Beweiswürdigung zur Grundlage der Urteilsfällung herangezogen.

3. Das Urteil

Ist die Streitsache entscheidungsreif, so trifft das Gericht seine Entscheidung in Form eines Urteils.

a) Das Urteil im allgemeinen

Urteile werden im Namen des Volkes vom Gericht verkündet und enthalten einen Tenor und eine Urteilsbegründung. Der Tenor enthält die Aussage darüber, ob die Klage abgewiesen oder der Beklagte verurteilt wird; außerdem noch die Entscheidung über die zu tragenden Kosten und über die vorläufige Vollstreckbarkeit.

b) Das Versäumnisurteil

Erscheint eine Partei im Termin nicht, so kann die andere Partei das Versäumnisurteil beantragen. Das Versäumnisurteil steht einem normalen Urteil gleich. Zu unterscheiden sind zwei Fälle:

(aa) Versäumnisurteil gegen den Kläger

Bleibt der Kläger dem Termin fern, so wird die Klage abgewiesen. Hier kann man unterstellen, daß die klägerische Partei, wenn sie einen Prozeß anfängt und nicht vor Gericht erscheint, auch kein Interesse an der Fortführung des Rechtsstreits hat.

(bb) Versäumnisurteil gegen den Beklagten

Bleibt jedoch die beklagte Partei fern, so ist nicht automatisch ein Versäumnisurteil zu verkünden. Vielmehr ist zu prüfen, ob der vom Kläger vorgebrachte Sachverhalt sein Begehren rechtfertigt. Mit anderen Worten, es wird geprüft, ob das Vorbringen des Klägers schlüssig ist. Wird diese Frage bejaht, so liegt die Besonderheit des Versäumnisverfahrens darin, daß das klägerische Vorbringen als zugestanden gilt; demzufolge ist der Beklagte antragsgemäß zu verurteilen.

(cc) Rechtsmittel

Gegen das Versäumnisurteil besteht die Möglichkeit des Einspruchs. Wird der Einspruch eingelegt, so geht das Verfahren in das normale Verfahren über. Die säumige Partei hat allerdings die Kosten der Säumnis zu tragen.

Fragen:

15. Welchen Verfahrensabschnitt bezeichnet man als Erkenntnisverfahren?
16. Muß sich an jedes Erkenntnisverfahren notwendigerweise ein Vollstreckungsverfahren anschließen?
17. Welche Beweismittel kennt man im Zivilprozeß?
18. Was versteht man unter einem Versäumnisurteil?
19. Macht es beim Versäumnisurteil einen Unterschied, ob der Kläger oder der Beklagte ausbleibt?
20. Welches Rechtsmittel ist gegen ein Versäumnisurteil zulässig?

E. Besonderheiten des gerichtlichen Mahnverfahrens

Lernziel:

> Im nachfolgenden Abschnitt wird der Ablauf des Mahnverfahrens dargestellt. Nach Durcharbeitung des Abschnitts sollten Sie wissen, welches Gericht für den Erlaß eines Mahnbescheids (Zahlungsbefehls) zuständig ist und was man tun muß, um einen Mahnbescheid zu erlangen bzw. um sich gegen einen Mahnbescheid zu wehren.

I. Allgemeines

Zivilprozesse können langwierig und kostspielig sein. Aus diesem Grunde hat das Gesetz ein abgekürztes Verfahren geschaffen, mit dem sehr rasch eine gerichtliche Entscheidung unter Vernachlässigung von Einzelfragen herbeigeführt werden kann. Dieses Verfahren ist in der Zivilprozeßordnung unter dem Abschnitt „Mahnverfahren“ geregelt.

Zu betonen ist, daß das gerichtliche Mahnverfahren nichts zu tun hat mit der Mahnung des bürgerlichen Rechts, von der etwa im Schuldrecht (§ 284 Abs. 2 BGB) die Rede ist. Die bürgerlich-rechtliche Mahnung stellt eine Zahlungsaufforderung des Gläubigers gegen den Schuldner dar, mit der spätestens der Schuldner in Verzug gerät.

Die gerichtliche Mahnung dagegen ist ein Ersatz für die Klage; demzufolge unterbricht zwar das gerichtliche Mahnverfahren die Verjährung, nicht jedoch die schuldrechtliche Mahnung.

Um Mißverständnisse zu vermeiden, wäre es deshalb besser, vom „Mahnbescheidsverfahren“ zu sprechen.

II. Zuständigkeit im Mahnverfahren

Zuständig für das Mahnverfahren sind die Amtsgerichte, und zwar ohne Rücksicht auf den Streitwert. Dies gilt jedoch nur eingeschränkt: Übersteigt die geltend gemachte Summe die Zuständigkeitsgrenze des Amtsgerichts (3000 DM), dann wird im Falle von Rechtsmitteln gegen die Entscheidungen im Mahnverfahren in aller Regel eine Verweisung an das zuständige Landgericht erfolgen.

III. Der Ablauf des Mahnverfahrens

1. Antrag auf Erlaß eines Mahnbescheids

Das Mahnverfahren beginnt mit dem Antrag auf Erlaß eines Mahnbescheids (bis 30. 6. 1977 Zahlungsbefehl genannt). Hierbei handelt es sich um eine über das

Gericht geleitete Zahlungsaufforderung an den Schuldner. Es gibt dafür im Papierhandel die entsprechenden Formulare, in denen nur noch der Name des Gläubigers, des Schuldners, der Betrag und Grund der geltend gemachten Forderung einschließlich der Nebenpositionen einzusetzen sind.

2. Die Tätigkeit des Rechtspflegers

Der Antrag auf Erlaß eines Mahnbescheids wird beim Amtsgericht vom Rechtspfleger auf Einhaltung der Formalien überprüft und mit Unterschrift und Stempel versehen an den Schuldner versandt.

3. Die Widerspruchsmöglichkeit des Schuldners

Der Schuldner hat dann die Möglichkeit des Widerspruchs. Diesen muß er binnen 2 Wochen seit Zustellung des Mahnbescheids einlegen. Bis 30. 6. 1977 beträgt die Widerspruchsfrist 1 Woche bzw. lediglich 3 Tage, wenn der Schuldner seinen Wohnsitz am Ort des Gläubigers hat. Legt der Schuldner Widerspruch ein, so geht das Verfahren in das ordentliche Erkenntnisverfahren über. Zuvor wird der Gläubiger vom Widerspruch benachrichtigt und aufgefordert, die restliche Hälfte der Gerichtskosten zu entrichten. Beim Antrag auf Erlassen eines Mahnbescheids ist zunächst nur die Hälfte der Gerichtskosten fällig.

4. Der Vollstreckungsbescheid

Legt der Schuldner keinen Widerspruch ein, so ist nicht etwa der inzwischen rechtskräftig gewordene Mahnbescheid bereits Vollstreckungsgrundlage. Vielmehr kann jetzt der Antragsteller innerhalb von 6 Monaten den Erlaß eines Vollstreckungsbescheids (bis 30. 6. 1977 hieß er „Vollstreckungsbefehl") beantragen. Der Vollstreckungsbescheid wird dem Schuldner wiederum zugestellt. Auch hiergegen kann dieser noch Rechtsmittel (den Einspruch) einlegen. Die Einspruchsfrist beträgt 2 Wochen. Wird Einspruch eingelegt, so geht das Verfahren wiederum in das Erkenntnisverfahren über. Das Mahnverfahren war also insofern umsonst (freilich hat der Schuldner hinsichtlich seiner Säumnis die Kosten zu tragen). Wird die Einspruchsfrist versäumt, so wird der Vollstreckungsbescheid rechtskräftig.

Fragen:

21. Welches Gericht ist für den Erlaß eines Mahnbescheids zuständig?
22. Welches Rechtsmittel hat man gegen einen Mahnbescheid?
23. Kann aus einem Mahnbescheid vollstreckt werden?
24. Welches Rechtsmittel ist gegen den Vollstreckungsbescheid zulässig?

Rechtsformen der Unternehmen

Lernziel:

> Der nachfolgende Abschnitt gibt einen Überblick über die verschiedenen Rechtsformen der Unternehmen, insbesondere der Gesellschaften. Sie sollten zunächst die Übersicht auf Seite 116 durcharbeiten und sich daran anschließend die Auswahldeterminanten für die Wahl der einzelnen Gesellschaftsformen einprägen. Danach werden die jeweiligen Regelungskomplexe, vor allem die innere Organisation der Gesellschaften, kurz erörtert.

F. Die verschiedenen Rechtsformen

I. Einzelfirma oder Gesellschaft

Für die rechtliche Organisation eines Betriebes gibt es zwei grundsätzliche Möglichkeiten: entweder der Betrieb wird als Einzelunternehmen durch einen Inhaber allein (Einzelfirma) geführt oder es schließen sich mehrere zusammen zum gemeinschaftlichen Betrieb eines Gewerbes (Gesellschaft).

Die gemeinsame Zweckverfolgung mehrerer ist das verbindende Kennzeichen des Gesellschaftsrechts.

Das geltende Recht kennt nur eine beschränkte Anzahl von Gesellschaftsformen. Zu unterscheiden ist im wesentlichen die Personengesellschaft und die Kapitalgesellschaft.

II. Auswahldeterminanten für die Wahl der verschiedenen Gesellschaftsformen

1. Haftungsfragen

Die Wahl der Gesellschaftsform wird in erster Linie vom Umfang der Haftung beeinflußt. Während bei den Personengesellschaften eine persönliche Haftung der Gesellschafter selbst in Betracht kommt, ist bei den Kapitalgesellschaften diese Gefahr ausgeschlossen. Es haftet die Kapitalgesellschaft selbst, die Gesellschafter dagegen können allenfalls ihre Einlage verlieren.

Auch bei der Personengesellschaft läßt sich das Haftungsrisiko reduzieren. Bei der Kommanditgesellschaft haften lediglich die persönlich haftenden Gesellschafter (Komplementäre) für die Gesellschaftsschulden unbeschränkt, wohingegen bei den Kommanditisten die Haftung auf den Betrag der

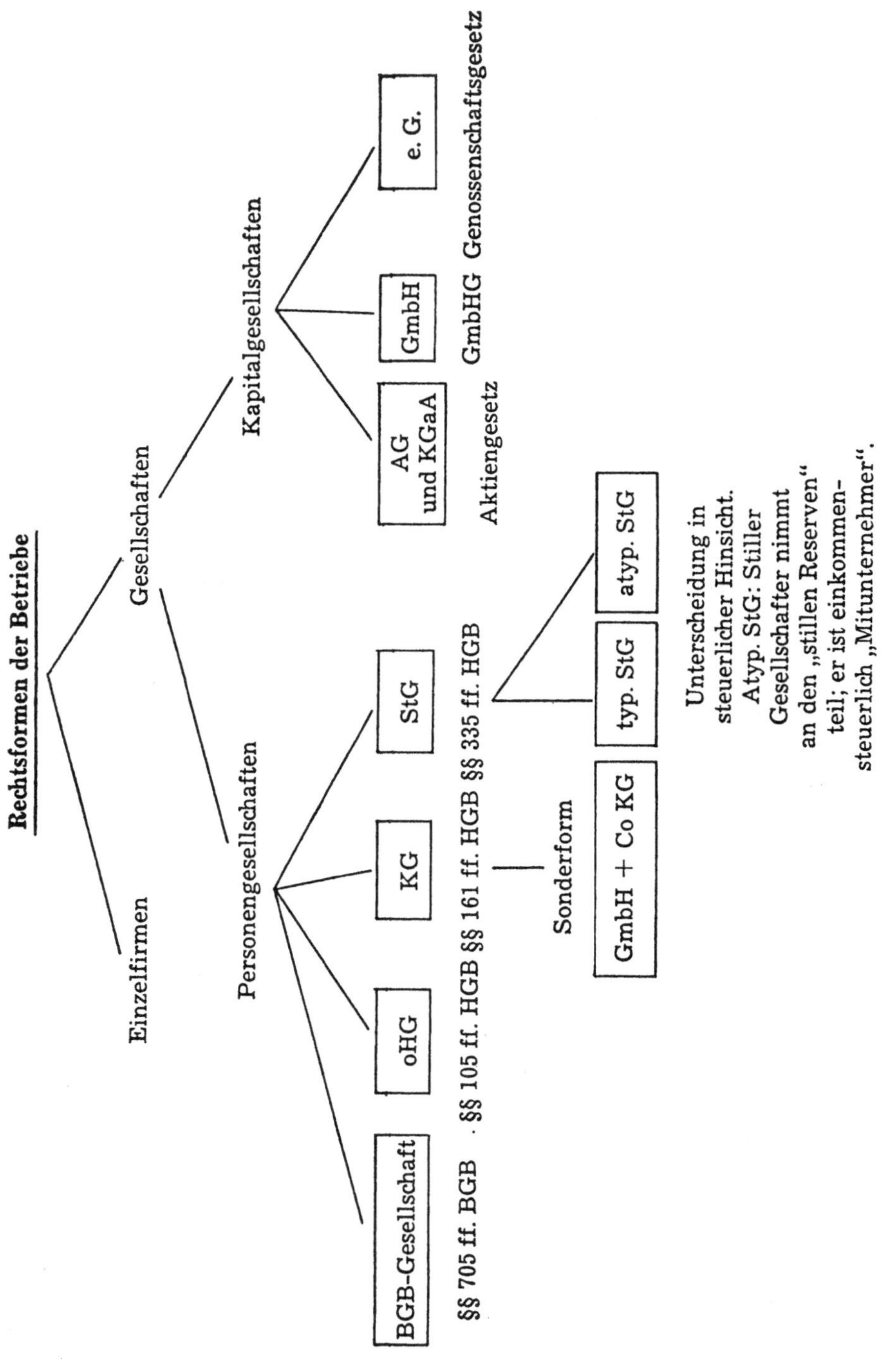
Rechtsformen der Betriebe
Einzelfirmen
Gesellschaften
Personengesellschaften
Kapitalgesellschaften
BGB-Gesellschaft
oHG
KG
StG
AG und KGaA
GmbH
e. G.
§§ 705 ff. BGB
§§ 105 ff. HGB
§§ 161 ff. HGB
§§ 335 ff. HGB
Aktiengesetz
GmbHG
Genossenschaftsgesetz
Sonderform
GmbH + Co KG
typ. StG
atyp. StG
Unterscheidung in steuerlicher Hinsicht. Atyp. StG: Stiller Gesellschafter nimmt an den „stillen Reserven" teil; er ist einkommensteuerlich „Mitunternehmer".

Einlage beschränkt ist. Bei der Stillen Gesellschaft findet eine Haftung des Stillen Gesellschafters ohnehin nicht statt, da dieser seine Einlage so zu bewirken hat, daß sie in das Vermögen des anderen übergeht, womit gar kein Gesellschaftsvermögen entsteht und Ansprüche von Gläubigern nur gegen den (tätigen) Inhaber des Handelsgeschäfts gestellt werden können.

2. Steuerliche Überlegungen

Für die Auswahl der optimalen Unternehmensform spielen steuerliche Überlegungen mit eine entscheidende Rolle. Während bei den Personengesellschaften die Körperschaftsteuer entfällt, unterlagen die Kapitalgesellschaften vor Einführung des sog. „Anrechnungsverfahrens" (1. 1. 1977) insoweit einer Doppelbesteuerung, als ihr Gewinn der Körperschaftsteuer unterworfen war und die Bezüge der Gesellschafter zusätzlich zur Einkommensteuer herangezogen wurden (vgl. auch den Beitrag „Steuern im Betrieb" von Kostka/Rieth).

Um diesen Doppelbelastungseffekt möglichst zu vermeiden, andererseits die Haftungsbeschränkung beizubehalten, wurde die GmbH & Co. KG geschaffen. Als Komplementärin beteiligt sich eine Gesellschaft mit beschränkter Haftung an einer Kommanditgesellschaft, wohingegen die natürlichen Personen (meist zugleich identisch mit den Gesellschaftern der GmbH) lediglich Kommanditeinlagen übernehmen.

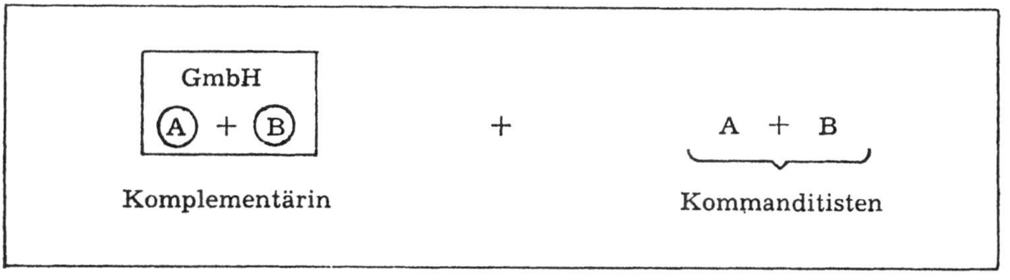

Denkbar ist es auch, daß nach der Gründung die Geschäftsanteile der GmbH auf einen Gesellschafter zurückübertragen werden, wodurch eine „Einmann-GmbH" entsteht, die ihrerseits nun wieder mit ihrem Gesellschafter eine „Einmann-GmbH & Co. KG" gründen kann.

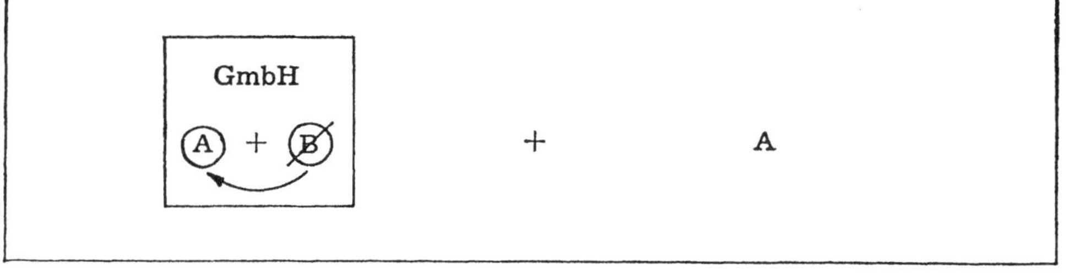

3. Sonstige Erwägungen

Neben der Haftungsfrage und den steuerlichen Überlegungen gibt es noch eine Reihe sonstiger Erwägungen, die bei der Auswahl der geeigneten Rechtsform eines Betriebes mitbestimmend sein können.

a) Selbstorganschaft und Fremdorganschaft

Die Frage ist, wer die Gesellschaft vertreten kann (also für die Gesellschaft handelt).

Bei den Personengesellschaften sind dies die Gesellschafter. Sie organisieren sich selbst (Selbstorganschaft).

Bei den Kapitalgesellschaften brauchen jedoch Gesellschafter und Vertreter der Gesellschaft (bei der GmbH: Geschäftsführer, bei der AG: Vorstand) nicht identisch zu sein. Es besteht also insbesondere die Möglichkeit, die Kapitalgesellschaft durch einen mit den Erfordernissen der Branche vertrauten Manager führen zu lassen und sich selbst als Gesellschafter im Hintergrund zu halten.

b) Übertragbarkeit der Mitgliedschaft

Die einzelnen Gesellschaftsformen unterscheiden sich vor allem auch in der Frage, ob die Mitgliedschaft übertragbar ist oder nicht. Während bei den Kapitalgesellschaften von Gesetzes wegen die Gesellschaftsbeteiligung grundsätzlich übertragbar ist, bedingt bei den Personengesellschaften das enge persönliche Verhältnis der Gesellschafter untereinander in der Regel einen Ausschluß der Übertragbarkeit.

Es muß aber erwähnt werden, daß dies nur die gesetzliche Leitvorstellung ist. Durch den Gesellschaftsvertrag kann Abweichendes geregelt werden. Es können also insbesondere auch die Mitgliedschaftsrechte bei der Personengesellschaft übertragbar und umgekehrt die der Kapitalgesellschaft unübertragbar ausgestaltet werden.

c) Einfluß schwerer Erschütterungen im Gesellschafterbestand auf die Gesellschaft

Die Personengesellschaft ist durch eine intensivere persönliche Beziehung der Gesellschafter untereinander gekennzeichnet als dies bei den Kapitalgesellschaften der Fall ist. Aus diesem Grunde sieht das Gesetz bei der OHG die Auflösung der Gesellschaft unter anderem vor, wenn ein Gesellschafter stirbt oder in Konkurs fällt. Die Auflösung der Gesellschaft kann zwar durch entsprechende Klauseln im Gesellschaftsvertrag vermieden werden, jedoch läßt sich nicht bestreiten, daß persönliche Schicksalsschläge der Gesellschafter ein erhebliches Risiko für den Fortbestand der Gesellschaft überhaupt darstellen.

Anders bei den Kapitalgesellschaften: Hier entsteht eine neue Rechtspersönlichkeit, deren Existenz von Erschütterungen im Gesellschafterbereich nicht in Frage gestellt werden kann. Nicht umsonst wird deshalb gerade im Hinblick auf die Generationenfolge empfohlen, eine GmbH zu gründen („die GmbH stirbt nicht").

III. Die innere Organisation der Gesellschaften

1. Unterscheidung zwischen Außen- und Innenverhältnis

Bei der Organisation von Gesellschaften ist das Innen- und das Außenverhältnis zu trennen.

Beim Innenverhältnis spricht man von Geschäftsführung;

beim Außenverhältnis von Vertretung.

Die Geschäftsführung beantwortet die Frage, was man intern in der Gesellschaft tun d a r f , die Vertretungsbefugnis trifft eine Aussage, wer was nach außen hin tun k a n n.

Gesellschaft	Geschäfts- / führung in der Gesellschaft	Gesellschafter	Vertretung / nach außen	Dritte

2. Geschäftsführung und Vertretung bei den einzelnen Gesellschaften

Bei der **BGB-Gesellschaft** steht die Geschäftsführung allen Gesellschaftern gemeinschaftlich zu. Die Vertretungsbefugnis knüpft hieran an: Es sind deshalb alle Gesellschafter nur gemeinschaftlich zur Vertretung der Gesellschaft befugt (§§ 709 ff., 714 ff. BGB). Durch Gesellschaftsvertrag kann jedoch Abweichendes geregelt werden.

Bei der **Offenen Handelsgesellschaft** ist jeder Gesellschafter einzeln zur Geschäftsführung und zur Vertretung der Gesellschaft befugt. Auch hier kann durch Gesellschaftsvertrag etwas Abweichendes geregelt werden. Insbesondere ist es möglich, die Vertretung nur mehreren gemeinschaftlich oder mit einem Prokuristen zu gestatten (§ 125 HGB).

Bei der **Kommanditgesellschaft** sind nur die Komplementäre, nicht dagegen die Kommanditisten zur Geschäftsführung und Vertretung befugt (§§ 164, 170 HGB). Die Kommanditisten haben lediglich ein Widerspruchsrecht, wenn die Komplementäre Handlungen vornehmen, die über den gewöhnlichen Betrieb des Handelsgewerbes der Gesellschaft hinausgehen. Außerdem stehen ihnen gemäß § 166 HGB Kontrollrechte zu. Die Kommanditisten können die abschriftliche Mitteilung der jährlichen Bilanz verlangen und ihre Richtigkeit unter Einsicht der Bücher und Papiere prüfen.

Hinsichtlich der (internen) Geschäftsführung können durch den Gesellschaftsvertrag dem Kommanditisten weitergehende Mitwirkungsrechte eingeräumt

werden. Nicht ist dies der Fall hinsichtlich der Vertretungsbefugnis. Hier besteht dann nur die Möglichkeit, dem Kommanditisten Prokura zu übertragen, was in Anbetracht der weitreichenden Vertretungsmacht des Prokuristen auf ein gleiches Ergebnis hinausläuft.

Bei der **Stillen Gesellschaft** (Innengesellschaft!) liegt die Geschäftsführungs- und Vertretungsbefugnis ausschließlich beim tätigen Gesellschafter. Der Stille Gesellschafter hat gem. § 338 HGB lediglich Kontrollrechte (wie der Kommanditist).

Bei den **Kapitalgesellschaften** steht die Geschäftsführung und Vertretungsbefugnis den gesetzlichen Vertretern der Gesellschaft zu. Das ist bei der Aktiengesellschaft gemäß §§ 76 ff. AktG der Vorstand. Bei der GmbH ist dies gemäß §§ 35 ff. GmbHG der Geschäftsführer.

Fragen:

25. Welche Auswahlkriterien kommen bei den einzelnen Gesellschaftsformen in Betracht?
26. Was bezeichnet man als „Geschäftsführung", was als „Vertretung" bei den Gesellschaftern?
27. Sind die Kommanditisten einer Kommanditgesellschaft zur Vertretung berechtigt?

Antworten zu den Fragen

1. Eigentum wird nach BGB definiert als das Recht, mit einer Sache, soweit das Gesetz oder Rechte Dritter nicht entgegenstehen, nach Belieben zu verfahren und andere von jeder Einwirkung auszuschließen.

2. Der Herausgabeanspruch und der Unterlassungsanspruch.

3. Verbindung, Vermischung und Verarbeitung.

4. Ersitzung ist Eigentumserwerb durch Zeitablauf.

5. Ja, sofern man bei dem Erwerb gutgläubig ist und die Sache nicht gestohlen oder sonst abhanden gekommen war.

6. Hier wird die Übergabe der Sache durch ein Besitzkonstitut (Besitzmittlungsverhältnis) ersetzt.

7. Einigung (Auflassung) und Eintragung in das Grundbuch.

8. Durch eine Auflassungsvormerkung, die den Käufer vor nachfolgenden, den Eigentumserwerb gefährdenden Verfügungen schützt.

9. Weil im bürgerlichen Recht das Prinzip des Faustpfandes gilt. Der Pfandgläubiger muß die Sache in Besitz nehmen. Dies ist unerwünscht, wenn der Sicherungsgeber den Pfandgegenstand zur Aufrechterhaltung seiner Produktion benötigt. Aus diesem Grunde wählt die Praxis anstelle des Faustpfandrechtes die Sicherungsübereignung, die eine Übergabe der Sache nicht voraussetzt.

10. Hypothek, Grundschuld, Rentenschuld.

11. Natürliche Personen haben ihren allgemeinen Gerichtsstand am Wohnsitz, juristische Personen an ihrem Sitz.

12. Das Amtsgericht.

13. Das Landgericht, sofern nicht ausnahmsweise eine ausschließliche Zuständigkeit des Amtsgerichts begründet ist (wie beispielsweise in Mietsachen).

14. Bei der Berufung wird die gerichtliche Entscheidung sowohl in tatsächlicher als auch in rechtlicher Hinsicht überprüft. Insbesondere können neue Beweismittel eingeführt werden. Bei der Revision dagegen findet lediglich eine Überprüfung in rechtlicher Hinsicht statt.

15. Das Erkenntnisverfahren beginnt mit der Klageerhebung und wird durch das Urteil abgeschlossen.

16. Nein. Wenn es den Parteien in erster Linie um die Klärung einer streitigen Rechtsfrage geht, wird in aller Regel die unterlegene Partei der Anordnung im Urteil freiwillig nachkommen. Nur wenn dies nicht geschieht, ist in einem Vollstreckungsverfahren der gerichtliche Ausspruch durchzusetzen (etwa durch den Gerichtsvollzieher).

17. Zeugen, Urkunden, Augenschein, Sachverständigenbeweis, Parteivernehmung.

18. Beim Ausbleiben einer ordnungsgemäß geladenen Partei im Prozeß kann auf Antrag der erschienenen Partei ein Versäumnisurteil ergehen.

19. Ja, beim Ausbleiben des Klägers wird auf Antrag des Beklagten die Klage ohne nähere Nachprüfung abgewiesen. Beim Nichterscheinen des Beklagten wird geprüft, ob der vom Kläger vorgebrachte Sachverhalt seinen Klageantrag rechtfertigt. Trifft dies zu, so gilt das klägerische Vorbringen als zugestanden; es ergeht Versäumnisurteil gegen den Beklagten.

20. Der Einspruch.

21. Zuständig ist das Amtsgericht, und zwar ohne Rücksicht auf den Streitwert. Übersteigt allerdings die geltend gemachte Summe die Zuständigkeitsgrenze des Amtsgerichts, dann wird im Falle von Rechtsmitteln eine Verweisung an das zuständige Landgericht erfolgen.

22. Den Widerspruch.

23. Nein. Hierzu müßte aus dem Mahnbescheid der Vollstreckungsbescheid beantragt werden. Freilich geht dies nur, wenn der Antragsgegner nicht inzwischen Rechtsmittel gegen den Mahnbescheid eingelegt hat.

24. Der Einspruch.

25. Haftungsfragen, steuerliche Überlegungen, Fragen der Geschäftsführung und Vertretung, die Übertragbarkeit der Mitgliedschaft, das Schicksal der Gesellschaft beim Tode eines Gesellschafters u. a.

26. Mit „Geschäftsführung" bezeichnet man die Rechtsbeziehungen der Gesellschafter untereinander. Der Ausdruck „Vertretung" beschreibt die Rechtsmacht im Namen der Gesellschaft, mit deren Vertragspartnern Rechtsgeschäfte abschließen zu können.

27. Nein, vertretungsbefugt sind lediglich die Komplementäre.

E vermietet seine Eigentumswohnung an den M. Auch hier ist E Eigentümer und M unmittelbarer Besitzer der Sache. E hätte also einen Herausgabeanspruch gem. § 985 BGB. M ist jedoch auf Grund des Mietvertrages für dessen Dauer zum Besitze der Sache berechtigt. Er könnte einem etwaigen Herausgabeverlangen deshalb die Einrede des § 986 BGB entgegenhalten.

Es kann vorkommen, daß der Eigentümer seine Sache einem anderen auf Grund eines Vertrages überläßt und dieser sie an einen Dritten weitergibt. Ist der Erstempfänger der Sache hierzu nicht berechtigt, dann kann der Eigentümer gem. § 986 Abs. 1 Satz 2 BGB die Zurückgabe der Sache an den Erstbesitzer verlangen oder, wenn dieser den Besitz nicht wieder übernehmen kann oder will, an sich selbst.

Beispiel:

E vermietet seine Eigentumswohnung an M, dieser vermietet die Eigentumswohnung an U weiter. Es liegt also ein Fall der Untervermietung vor. Zur Untervermietung ist der Mieter jedoch nur bei ausdrücklicher Ermächtigung im Mietvertrag berechtigt. Fehlt eine solche Bestimmung, dann besteht gem. § 549 BGB ein Verbot der Untermiete. Bei einem Verstoß hiergegen ist nur U dem E gegenüber nicht zum Besitz berechtigt, wohl wäre es M. E kann deshalb gem. § 986 Abs. 1 Satz 2 BGB die Herausgabe der Sache nur an M verlangen. An sich selbst kann er Herausgabe nur dann verlangen, wenn M den Besitz nicht wieder übernehmen kann oder will.

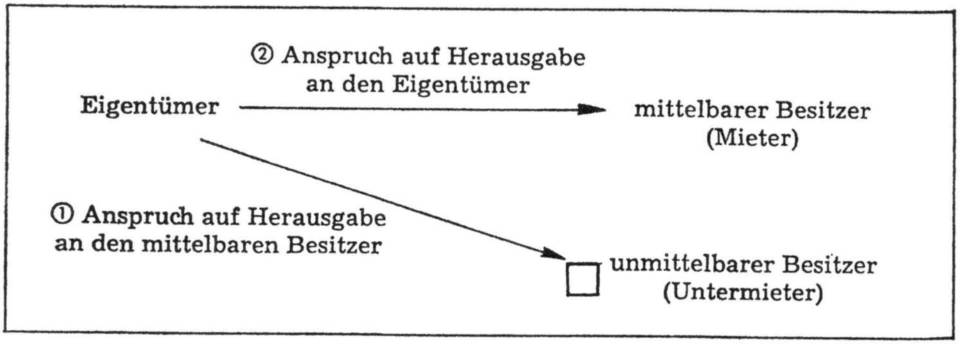

2. Der Unterlassungsanspruch

Wird das Eigentum in anderer Weise als durch Entziehung des Besitzes beeinträchtigt, so kann der Eigentümer von dem Störer die Beseitigung der Beeinträchtigung verlangen (§ 1004 BGB).

Aus dem Sachenrecht

A. Eigentum

I. Wesen und Schutz des Eigentums

Lernziel:

Der nachfolgende Abschnitt macht mit dem Wesen des Eigentums vertraut und nennt die beiden Hauptansprüche, die aus dem Eigentum folgen.

Das Eigentum ist in § 903 definiert als das „Recht, mit einer Sache, soweit das Gesetz oder Rechte Dritter nicht entgegenstehen, nach Belieben zu verfahren und andere von jeder Einwirkung auszuschließen".

Dieses unumschränkte Herrschaftsrecht ist freilich durch die Sozialbindung des Eigentums in Artikel 14 Grundgesetz eingeschränkt: Eigentum verpflichtet. Die absolute Sachherrschaft des Eigentums zeigt sich nach bürgerlichem Recht in zwei typischen Situationen:

1. Der Herausgabeanspruch

Der Eigentümer kann von dem Besitzer nach § 985 BGB die Herausgabe der Sache verlangen, sofern der Besitzer nicht gemäß § 986 zum Besitz berechtigt ist (etwa auf Grund eines Mietvertrages).

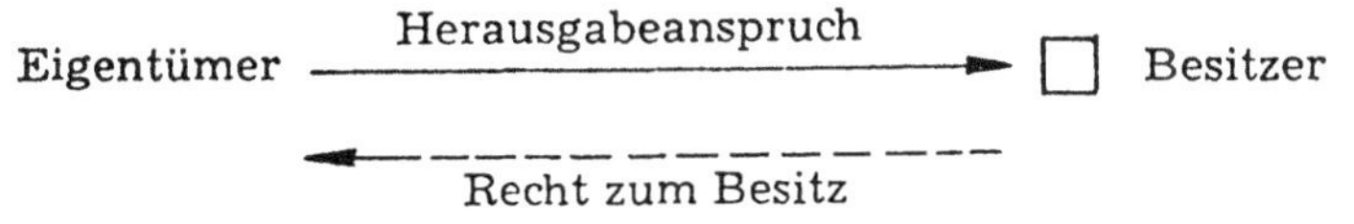

Beispiele:

D stiehlt das Kraftfahrzeug des E. E hat gegen D einen Herausgabeanspruch nach § 985 BGB.

Der Autor

Professor Dr. Eugen Klunzinger,

geboren 1938 in Böblingen (Württ.), studierte Rechts- und Wirtschaftswissenschaften in Hamburg, München, Kiel und Tübingen und promovierte zum Dr. jur. an der Juristischen Fakultät der Universität Tübingen. 1975 wurde er zum Professor für Bürgerliches Recht, Handels-, Gesellschafts- und Arbeitsrecht, Fachbereich Betriebswirtschaft, der Fachhochschule Nürtingen (Württ.), ernannt. Zur Zeit ist er Lehrbeauftragter für Handels- und Gesellschaftsrecht am Fachbereich Wirtschaftswissenschaften der Universität Tübingen.

ISBN 978-3-322-96086-3 ISBN 978-3-322-96220-1 (eBook)
DOI 10.1007/978-3-322-96220-1

BGB-Sachenrecht

Verfahrensrecht

Rechtsformen der Unternehmen

Von

Prof. Dr. Eugen Klunzinger

Inhaltsverzeichnis

www.ingramcontent.com/pod-product-compliance
Lightning Source LLC
LaVergne TN
LVHW082053051026
849532LV00011B/3588
9783322960863

Survei Ekonomi OECD
Indonesia
2024

OECD
BETTER POLICIES FOR BETTER LIVES

Dokumen ini, beserta data dan peta apa pun yang disertakan di sini, tidak mengurangi status atau kedaulatan atas wilayah mana pun terhadap penetapan batas-batas internasional, nama wilayah, nama kota atau nama daerah mana pun.

Data statistik untuk Israel disediakan oleh dan di bawah tanggung jawab otoritas Israel yang bersangkutan. Penggunaan data tersebut oleh OECD tidak mengurangi status Dataran Tinggi Golan, Yerusalem Timur, dan permukiman Israel di Tepi Barat menurut ketentuan hukum internasional.

Catatan oleh Republik Turki
Informasi dalam dokumen ini yang merujuk pada "Siprus" berkaitan dengan bagian selatan Pulau. Tidak ada otoritas tunggal yang mewakili masyarakat Siprus Turki dan Yunani di pulau tersebut. Turki mengakui Republik Turki Siprus Utara (TRNC). Turki akan mempertahankan posisinya atas "persoalan Siprus" hingga solusi permanen dan adil diatur dalam konteks Perserikatan Bangsa-Bangsa.

Catatan oleh semua Negara Anggota Uni Eropa OECD dan Uni Eropa
Republik Siprus diakui oleh semua anggota Perserikatan Bangsa-Bangsa kecuali Turki. Informasi dalam dokumen ini berkaitan dengan wilayah yang berada di bawah kendali efektif Pemerintah Republik Siprus.

Silakan mengutip publikasi ini sebagai:
OECD (2024), *Survei Ekonomi OECD Indonesia 2024*, OECD Publishing, Paris, https://doi.org/10.1787/9d9fdbd2-id.

ISBN 978-92-64-85817-6 (cetak)
ISBN 978-92-64-36495-0 (PDF)
ISBN 978-92-64-73978-9 (HTML)

Judul asli: OECD (2024), *OECD Economic Surveys: Indonesia 2024*, OECD Economic Surveys, OECD Publishing, Paris, https://doi.org/10.1787/de87555a-en.
Ini adalah adaptasi dari karya asli OECD. Pendapat yang diungkapkan dan argumen yang digunakan dalam adaptasi ini tidak boleh dilaporkan sebagai mewakili pandangan resmi OED atau negara-negara anggotanya.

Kredit foto: Sampul © kalilipatvideoart/Shutterstock.com. Ringkasan Eksekutif © Indra_aldyla/Shutterstock.com.

Corrigenda untuk publikasi dapat ditemukan secara daring di: https://www.oecd.org/en/publications/support/corrigenda.html.

Kata Pengantar

Survei Ekonomi ini disusun oleh Andrea Goldstein dan Charles Dennery, di bawah pengawasan Philip Hemmings. Bantuan penelitian diberikan oleh Eun Jung Kim, dan dukungan editorial oleh Michelle Ortiz dan Emily Derry.

Survei ini diterbitkan dengan tanggung jawab Komite Tinjauan Ekonomi dan Pembangunan *(Economic and Development Review Committee)* OECD. Komite mendiskusikan rancangan survei pada 24 September 2024 dengan batas pengumpulan data pada 12 November 2024.

Informasi mengenai survei ini, survei-survei sebelumnya, dan detail lebih lanjut tentang proses penyusunannya dapat ditemukan di https://www.oecd.org/en/topics/economic-surveys.html.

Pada Februari 2024, Dewan OECD memutuskan untuk membuka diskusi aksesi dengan Indonesia. Kemudian pada tanggal 29 Maret 2024, Dewan OECD mengadopsi Peta Jalan (*Roadmap)* untuk proses Aksesi Indonesia [C(2024)66/FINAL], yang menetapkan syarat, kondisi, dan proses aksesi Indonesia.

Sesuai dengan Peta Jalan ini, komite teknis OECD yang terdiri dari pembuat kebijakan ahli dari 38 negara anggota OECD akan melakukan penilaian mendalam terhadap undang-undang, kebijakan, dan praktik Indonesia berdasarkan instrumen hukum OECD serta kebijakan dan praktik terbaik OECD, mencakup berbagai bidang kebijakan pemerintah, termasuk kebijakan ekonomi, pasar tenaga kerja, kebijakan sosial, pendidikan, dan kesehatan.

Tujuan utama dari proses aksesi OECD adalah untuk mendorong konvergensi Indonesia sesuai standar kebijakan terbaik, dan praktik terbaik OECD, yang pada akhirnya menghasilkan manfaat yang lebih baik bagi anggota OECD serta Indonesia dan penduduknya. Sepanjang proses aksesi, OECD akan berkerja sama erat dengan Indonesia untuk mendukung penerapan reformasi jangka panjang demi tujuan tersebut.

Publikasi dokumen ini, serta analis dan rekomendasi yang terkandung di dalamnya, sama sekali tidak menentukan hasil peninjauan Indonesia oleh Komite Tinjauan Pemabangunan Ekonomi sebagai bagian dari proses aksesi ke OECD.

Daftar isi

ANGKA

TABEL

KOTAK

Statistik dasar Indonesia, 2024
(Angka dalam tanda kurung mengacu pada rata-rata OECD)[1]

LAHAN, MASYARAKAT, DAN SIKLUS PEMILU					
Populasi (juta)	277,5		Kepadatan penduduk per km²	146,6	(39,2)
Di bawah 15 tahun (%)	24,9	(17,0)	Angka harapan hidup saat lahir (tahun, 2022)	68,3	(79,6)
Di atas 65 tahun (%)	7,0	(18,3)	Pria (2022)	66,2	(77,0)
Stok pekerja migran internasional (% dari populasi, 2020)	0,1	(13,9)	Perempuan (2022)	70,4	(82,4)
Pertumbuhan rata-rata 5 tahun terakhir (%)	0,8	(0,4)	Pemilihan umum terakhir	Februari-2024	
EKONOMI					
Produk domestik bruto (PDB)			Pangsa Nilai tambah (%)		
Dalam harga saat ini (miliar USD)	1.371,6		Pertanian, kehutanan, dan perikanan	13,1	(2,8)
Dalam harga saat ini (triliun Rp)	20.892, 3		Industri, termasuk konstruksi	42,1	(27,2)
Pertumbuhan riil rata-rata 5 tahun terakhir (%)	3,4	(1,7)	Jasa	44,8	(70,0)
Per kapita (ribu USD PPP)	15,6	(59,0)			
PEMERINTAHAN UMUM Persen dari PDB					
Belanja negara	16,7	(43,9)	Utang bruto (*Gross Financial debt*) (2022)	45,3	(109,5)
Pendapatan negara	15,0	(39,0)	Utang bersih (*Net financial debt*) (2022)	16,2	(66,9)
AKUN EKSTERNAL					
Nilai tukar (Rp per USD)	15.232,29		Ekspor utama (% dari total ekspor barang dagangan, 2022)		
Nilai tukar PPP (AS = 1)	4.821,59		Bahan bakar	24,3	
Dalam persen dari PDB			Logam	14,4	
Ekspor barang dan jasa	21,7	(31,3)	Sayuran	13,5	
Impor barang dan jasa	19,6	(31,2)	Impor utama (% dari total impor barang dagangan, 2022)		
Neraca transaksi berjalan	-0,1	(-0,3)	Mesin dan elektronik	24,4	
Posisi investasi internasional (PII) bersih (2020)	-26,4		Bahan bakar	18,9	
			Logam	10,2	
PASAR TENAGA KERJA, KETERAMPILAN DAN INOVASI					
Tingkat kesempatan kerja (usia 15 tahun ke atas, %)	65,7	(58,0)	Tingkat pengangguran, Survei Angkatan Kerja (usia 15 tahun ke atas, %)	5,3	(4,8)
Laki-laki	79,4	(65,5)	Pemuda (usia 15-24 tahun, %)	13,[illegible]	(10,6)
Perempuan	51,7	(50,8)	Pengangguran jangka panjang (1 tahun ke atas, %)	1,1	(1,0)
Tingkat partisipasi (usia 15 tahun ke atas, %)	67,9	(60,9)	Angka tamat pendidikan tinggi (usia 25-64 tahun, %, 2022, OECD: 2023)	13,[illegible]	(41,0)
Rata-rata jam kerja per minggu	38	(37,3)	Pengeluaran domestik bruto untuk litbang (% dari PDB, 2020, OECD: 2021)	0,3	(2,9)
LINGKUNGAN					
Total pasokan energi primer per kapita (TOE, 2022, OECD: 2022)	0,9	(3,8)	Emisi CO_2 dari pembakaran bahan bakar per kapita (ton, 2022, OECD: 2023)	2,4	(7,6)
Energi terbarukan (%, 2022, OECD: 2023)	22,8	(12,5)			
Paparan polusi udara (lebih dari 10 g/m dari PM2,5, % populasi, 2020)	98,5	(56,5)			
MASYARAKAT					
Ketimpangan pendapatan (koefisien Gini, OECD: data terbaru)	0,361	(0.315)	Capaian pendidikan (skor PISA 2022)		
Kesenjangan kemiskinan sebesar USD 3,65 per hari (PPP 2017, %)	3,6		Membaca	359	(476)
Pengeluaran pemerintah dan swasta (% dari PDB)			Matematika	366	(472)
Pelayanan kesehatan (2021, OECD: 2022)	3,7	(9.2)	Sains	383	(485)
Pendidikan (belanja negara, % dari PNB, 2021)	3,3	(4.4)	Persentase perempuan di parlemen (%)	21,5	(32,8)

1. The year refers to the latest calendar year (2023) unless otherwise indicated. Jika agregat OECD tidak tersedia dalam basis data (*database*) sumber, maka dilakukan perhitungan rata-rata sederhana OECD dari data terbaru yang tersedia untuk data yang ada bagi setidaknya 80% negara anggota.
2. Agregat OECD mengacu pada rata-rata tertimbang.
Sumber: Perhitungan berdasarkan data yang diambil dari basis data organisasi-organisasi berikut: OECD, International Energy Agency, International Labour Organisation (ILO), International Monetary Fund (IMF), Perserikatan Bangsa-Bangsa (PBB), Bank Dunia.

Ringkasan Eksekutif

Pesan-pesan utama

Pertumbuhan PDB telah pulih, namun kebijakan moneter dan fiskal tetap perlu berhati-hati agar stabilitas makroekonomi dapat dipertahankan. Dalam jangka yang lebih panjang, pendapatan negara harus ditingkatkan untuk memenuhi kebutuhan masyarakat yang terus bertumbuh serta menjawab tantangan perubahan iklim dan penuaan penduduk.

Dibutuhkan pertumbuhan yang lebih cepat agar tujuan pemerintah meraih status ekonomi maju tercapai pada pertengahan abad ini. Pendidikan, infrastruktur, dan lapangan kerja formal perlu ditingkatkan, sementara lingkungan usaha dapat lebih dikuatkan.

Kebutuhan infrastruktur digital baru terpenuhi sebagian. Akses dan adopsi digital di kalangan usaha masih rendah, dan keterampilan di bidang digital masih belum memadai. Penghapusan peraturan yang tidak diperlukan dapat memacu transisi digital.

Dekarbonisasi perlu didorong dengan menurunkan penggunaan pembangkit listrik tenaga uap (PLTU) batu bara, memperluas pangsa energi terbarukan dalam bauran energi, memperkuat mekanisme pasar, dan berinvestasi pada transportasi massal.

Pertumbuhan PDB telah pulih dan kebijakan makroekonomi tetap perlu berhati-hati

Kebijakan moneter dan fiskal tetap perlu berhati-hati dan mengandalkan data. Pertumbuhan PDB telah pulih dari resesi COVID-19 dan inflasi turun drastis, namun paparan ketidakpastian global masih tinggi. Belanja dan pendapatan pemerintah masih rendah jika dibandingkan dengan negara lain dan tekanan pengeluaran di masa depan mensyaratkan peningkatan pendapatan pajak. Basis pajak untuk PPN dan pajak penghasilan (PPh) perlu diperluas dan belanja pemerintah dirancang secara lebih efisien.

***Output* meningkat sebesar 5,0% pada tahun 2023 (Gambar 1).** Konsumsi rumah tangga tetap menjadi mesin utama pertumbuhan, sementara volume ekspor naik berkat permintaan komoditas global yang meningkat. Pariwisata internasional secara umum telah pulih setelah turun karena pandemi. Investasi tetap dinamis, antara lain didorong oleh proyek infrastruktur publik. Akan tetapi, pertumbuhan dalam beberapa tahun terakhir belum cukup untuk menghadirkan konvergensi menuju perekonomian negara maju; PDB per kapita masih sekitar seperempat rata-rata OECD sejak 2010.

Inflasi kembali sesuai target. Inflasi indeks harga konsumen (IHK) mencapai puncaknya sebesar 6,0% pada September 2022 di tengah lonjakan harga pangan dan energi. Suku bunga yang tinggi dan penguatan mata uang memperlambat pertumbuhan harga. Pada Oktober 2024, inflasi IHK sebesar 1,7% berada di dalam kisaran target bank sentral sebesar 1,5% - 3,5%. Suku bunga acuan Bank Indonesia diturunkan menjadi 6,00% pada bulan September 2024.

Pertumbuhan PDB diproyeksikan tetap kuat, yakni 5,1% pada tahun 2024 dan 5,2% pada tahun 2025 (Tabel 1**).** Konsumsi akan tetap kuat dan investasi swasta diperkirakan naik. Defisit fiskal akan sedikit melebar akibat belanja pemerintah untuk ibu kota baru, Nusantara, namun diproyeksikan tetap berada di bawah batas 3% yang ditetapkan dalam peraturan perundang-undangan. Bank Indonesia diperkirakan menurunkan suku bunga acuan pada akhir tahun 2024 dan di tahun 2025. Tekanan infalsi yang meningkat serta tekanan terhadap Rupia menimbulkan risiko yang dapat menghambat penurunan suku bunga lebih lanjut.

Keseimbangan fiskal diperkirakan sesuai target selama periode proyeksi, namun akan berada di bawah tekanan dalam jangka panjang. Tekanan belanja negara akan meningkat karena transisi hijau dan kenaikan permintaan terhadap layanan publik dari populasi yang lebih kaya dan berusia lebih tua. Terdapat ruang untuk peningkatan pendapatan secara struktural untuk menutupi kebutuhan pengeluaran yang lebih besar. Dibutuhkan perluasan basis pajak, termasuk melalui pembatasan pembebasan pajak, penegakan hukum pajak yang lebih kuat, dan peningkatan kepesertaan jaminan hari tua. Program "makan bergizi gratis" di sekolah-sekolah perlu diluncurkan secara bertahap dan menargetkan masyarakat miskin. Efisiensi belanja negara perlu lebih diperhatikan, termasuk melalui pengurangan subsidi energi dan pengawasan biaya untuk pembelanjaan baru.

Gambar 1. Pertumbuhan telah pulih

Kontribusi terhadap pertumbuhan PDB riil

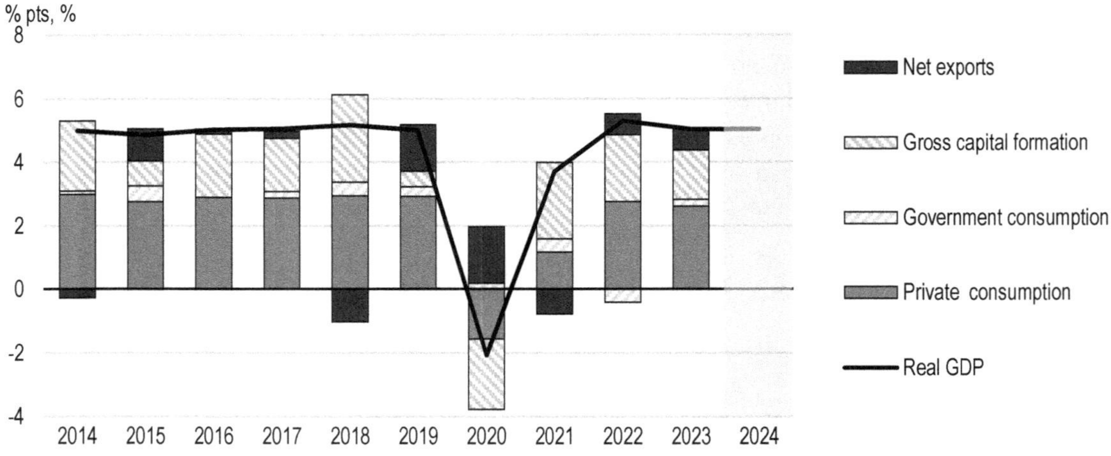

Catatan: Provisional economic forecast for 2024 by OECD in November 2024.
Sumber: OECD Economic Outlook 116 (preliminary); and OECD calculations.

StatLink https://stat.link/5tsqy1

Tabel 1: Pertumbuhan diproyeksikan stabil

Tingkat pertumbuhan tahunan, %, kecuali ditentukan lain

	2022	2023	2024	2025
Produk domestik bruto	5,3	5,0	5,1	5,2
Konsumsi rumah tangga	5,0	4,9	5,1	5,1
Pembentukan modal tetap bruto	3,9	4,4	4,8	6,8
Ekspor	16,2	1,3	5,5	5,1
Impor	15,0	-1,6	464,4	6,3
Inflasi IHK	4,2	3,7	2,3	2,2
Neraca transaksi berjalan (% dari PDB)	1,0	-0,1	-0,4	-0,3
Neraca anggaran pemerintah secara umum (% dari PDB)	-2,2	-1,5	-2,7	-2,5

Catatan: Provisional economic forecast for 2024 by OECD in November 2024.
Sumber: OECD Economic Outlook 116 (preliminary); and OECD calculations.OECD.

Percepatan pertumbuhan dan mencapai konvergensi sosial ekonomi

Pendapatan per kapita telah lebih dari dua kali lipat selama seperempat abad terakhir, dan kemiskinan ekstrem telah menurun. Akan tetapi, pertumbuhan ekonomi dalam satu dekade terakhir belum cukup untuk menghasilkan konvergensi ekonomi lebih lanjut dalam PDB per kapita (Gambar 2). Hal ini mencerminkan perlambatan pertumbuhan produktivitas tenaga kerja. Indonesia berpotensi memetik manfaat lebih besar dari integrasi ke dalam rantai nilai global. Tingkat pendidikan, keterampilan, dan partisipasi dalam pekerjaan formal perlu ditingkatkan, sementara lingkungan usaha dapat dikuatkan. Kebijakan industri dan perdagangan yang perlu memiliki sasaran, dipantau, dan memiliki batas waktu (*time-bound*).

Pengangguran berkurang, tetapi pasar tenaga kerja masih rapuh dan tingkat pekerja informal masih tinggi. Angka pengangguran telah turun dari 7,1% pada pertengahan 2020 saat puncak pandemi menjadi 4,9% pada pertengahan 2024, atau di bawah kisaran sebelum pandemi sebesar 5-5,5%. Indonesia perlu menurunkan kesenjangan gender dalam tingkat kesempatan kerja, dan tingkat pekerjaan di sektor informal, untuk memanfaatkan angkatan kerjanya secara maksimal. Mengubah sumber pendanaan cuti melahirkan dari pengusaha ke skema jaminan sosial dapat meningkatkan angka perempuan bekerja di sektor formal.

Pendidikan berkualitas dibutuhkan untuk merealisasikan bonus demografi populasi muda. Pendidikan dasar hampir universal di Indonesia, tetapi kualitasnya acap kali rendah, dengan variasi yang signifikan di seluruh provinsi. Hal ini berkontribusi pada kekurangan pekerja terampil. Inisiatif untuk memperkuat pelatihan keterampilan harus terus dijalankan, termasuk melalui pemberian insentif untuk pengusaha. Untuk pendidikan dasar dan menengah, penyelarasan kurikulum dan peningkatan anggarannya sangat penting.

Gambar 2. Konvergensi ekonomi terhenti

PDB per kapita terhadap OECD

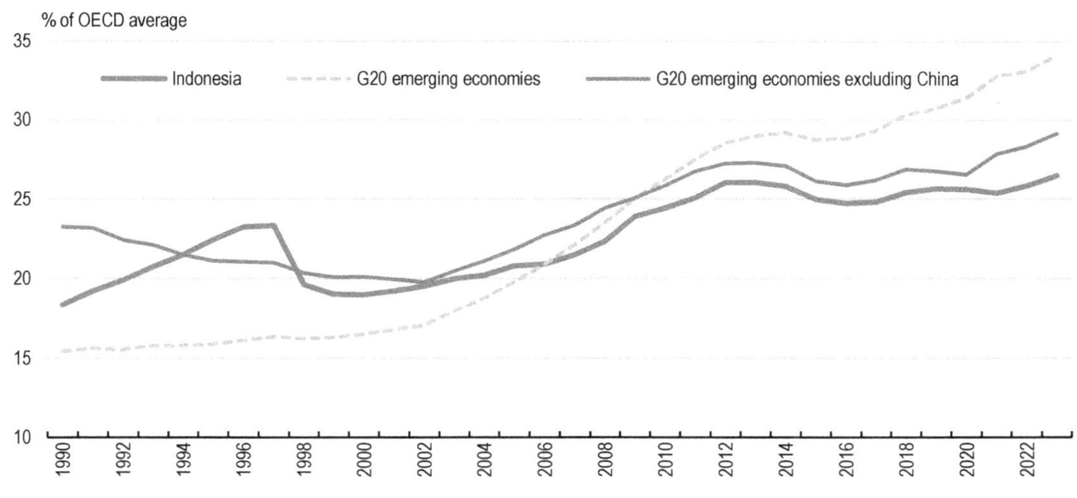

Catatan: Data berdasarkan PDB nominal yang disesuaikan dengan paritas daya beli (PPP dalam dolar internasional harga berlaku). Negara-negara berkembang G20 tidak termasuk Indonesia: Argentina, Brasil, RRT, India, Meksiko, Rusia, Arab Saudi, Afrika Selatan, dan Turki.
Sumber: OECD (2024),OECD National Accounts Statistics (database); Bank Dunia (2024), World Development Indicators.

StatLink https://stat.link/px8v5w

Penguatan lingkungan usaha akan meningkatkan produktivitas dan membantu tercapainya konvergensi ekonomi. Terdapat ruang untuk mengurangi hambatan investasi asing dan perdagangan luar negeri, menegakkan netralitas persaingan usaha dengan lebih baik, serta merasionalisasi dan meningkatkan tata kelola BUMN. Mengurangi hambatan non-tarif dalam perdagangan, seperti perizinan impor dan ekspor, akan meningkatkan produktivitas dan integrasi perdagangan secara luas.

Upaya lebih kuat dalam memerangi korupsi dan penyalahgunaan kekuatan pasar juga akan membantu sektor usaha menjadi lebih kompetitif dan produktif.

Pemerintah ingin memperluas kegiatan ekonomi ekstraksi bahan mentah, namun kebijakan ini membutuhkan kehati-hatian. Kebijakan industri untuk memacu hilirisasi nikel dalam negeri telah menarik minat para investor. Akan tetapi, terdapat risiko implementasi, termasuk terlampauinya kapasitas pengolahan serta dampak fiskal lainnya.

Memetik manfaat digitalisasi

Indonesia memiliki ruang yang luas untuk memanfaatkan digitalisasi. Diperlukan upaya untuk menutup kesenjangan geografis, gender, dan usia dalam hal akses dan adopsi internet serta perangkat terkaitnya. Akses dan adopsi digitalisasi di kalangan usaha juga masih tertinggal perkembangannya dari negara-negara lain yang setara. Percepatan implementasi teknologi 5G dan *broadband* tetap (*fixed broadband*) menjadi kunci. Keterampilan digitalisasi masih belum memadai dan pendidikan STEM harus diperluas.

Sektor digital mewakili pangsa ekonomi yang terus berkembang. Digitalisasi semakin maju dan tumbuh perusahaan-perusahaan *unicom* berteknologi digital. Akan tetapi, kesenjangan dalam hal akses dan penggunaan teknologi digital masih ada, baik di kalangan individu maupun perusahaan. Implementasi jaringan *broadband* yang lebih cepat untuk mengatasi kesenjangan geografis, pendidikan, gender, dan pendapatan dalam penggunaan teknologi digital adalah tantangan besar.

Investasi untuk *broadband* berkecepatan tinggi sangat penting (Gambar 3). Perbaikan sistem komunikasi seluler dan tetap (*fixed*) di Indonesia terhambat oleh prosedur yang rumit dalam mengakses infrastruktur publik. Terkait layanan telekomunikasi, ketiadaan badan regulator independen perlu menjadi perhatian.

Pendidikan dan digitalisasi penting untuk diselaraskan. Skor PISA terbaru menunjukkan capaian pendidikan banyak siswa relatif rendah dan keterampilan mereka tidak memadai untuk memanfaatkan teknologi digital secara maksimal. Sistem pendidikan juga dapat memperoleh manfaat dari penggunaan alat digital yang lebih luas.

Mayoritas perekonomian Indonesia relatif minim dalam menggunakan teknologi digital. Meningkatkan digitalisasi di semua sektor bisnis, termasuk pertanian, akan membantu memacu produktivitas dan pertumbuhan. Perusahaan digital sulit mengakses pembiayaan karena sebagian besar memiliki aset tak berwujud yang tidak diakui sebagai agunan. Digitalisasi sektor usaha dan UKM secara berkesinambungan perlu terus didorong. Hal ini dapat dilakukan antara lain dengan menghapus peraturan yang membebani perusahaan digital (mis. pembatasan aktivitas *e-commerce*). Mempermudah akses ke data pemerintah untuk tujuan usaha dapat membuka peluang baru dan menghasilkan manfaat lebih, sepanjang keamanan digital lebih terjamin.

Gambar 3. Penetrasi fiber masih rendah

Jumlah pelanggan berbasis fiber sebagai pangsa dari total rumah tangga, September 2023

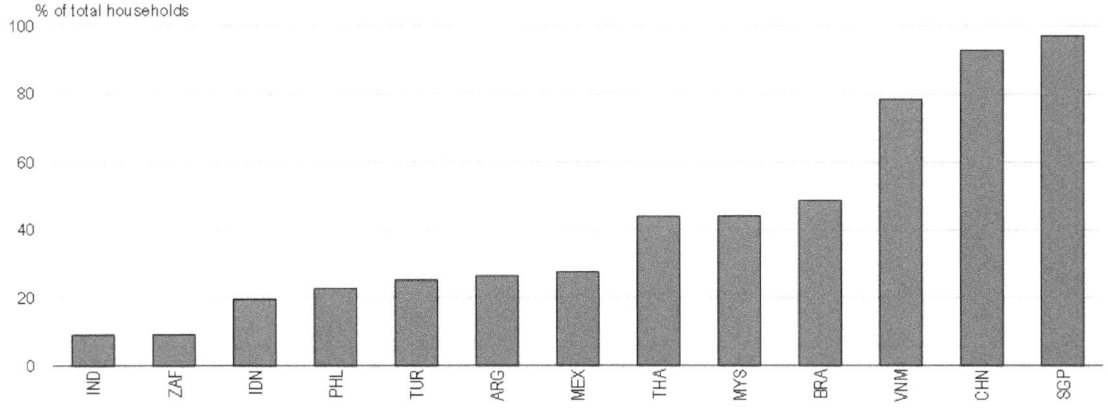

Catatan: Tingkat penetrasi fiber adalah pangsa total pelanggan *Fibre to the Home* (FTTH) dan *Fibre to the Building* (FTTB) dari total rumah tangga.
Sumber: FTTH Council Europe, Peringkat Global FTTH/B 2024.

StatLink https://stat.link/sv8h3b

Mencapai transisi hijau

Indonesia rentan terhadap dampak pemanasan global. Selain itu, tujuan Indonesia untuk mencapai emisi gas rumah kaca (GRK) *net-zero* (emisi nol bersih) pada tahun 2060 menjadi tantangan tersendiri dalam konteks konvergensi ekonomi. Dekarbonisasi perlu ditingkatkan, khususnya dengan mempercepat penonaktifan pembangkit listrik tenaga uap (PLTU), memperluas pembangkit energi terbarukan, menerapkan pajak karbon, memodernisasi jaringan listrik, dan berinvestasi pada transportasi perkotaan massal dan transportasi kereta api. Pengarusutamaan adaptasi perubahan iklim membutuhkan penguatan kapasitas kelembagaan, mekanisme tata kelola, serta kerangka kerja perencanaan dan pemrograman, termasuk dengan dukungan internasional.

Mengganti bahan bakar fosil sehingga emisi GRK mencapai puncaknya selambat-lambatnya pada tahun 2030 dan mencapai emisi nol bersih pada tahun 2060 (Gambar 4) membutuhkan investasi yang cukup besar. Skenario emisi *business-as-usual* memiliki dampak sangat besar terhadap perekonomian dan manusia, dan Indonesia berkomitmen mencapai target ambisius dalam pengurangan emisi GRK. Biaya upaya mitigasi akan terkonsentrasi selama beberapa tahun ke depan. *Just Energy Transition Partnership* (JETP) dapat menjadikan Indonesia contoh transisi hijau.

Mengurangi dampak lingkungan dari sektor energi merupakan prioritas kebijakan. Peralihan ke sumber energi rendah emisi seperti tenaga surya, bayu, dan panas bumi membutuhkan investasi yang cukup besar, termasuk dalam hal sistem transmisi listrik. Untuk meningkatkan investasi swasta, penting untuk memastikan bahwa perusahaan energi milik negara, yang rantai pasoknya terintegrasi secara vertikal, bertindak secara bertanggung jawab sebagai satu-satunya pembeli (*off-taker*) di pasar energi.

Gambar 4. Indonesia perlu memperlambat dan pada akhirnya membalikkan peningkatan emisi GRK

Emisi gas rumah kaca: tren dan target, 2005-60

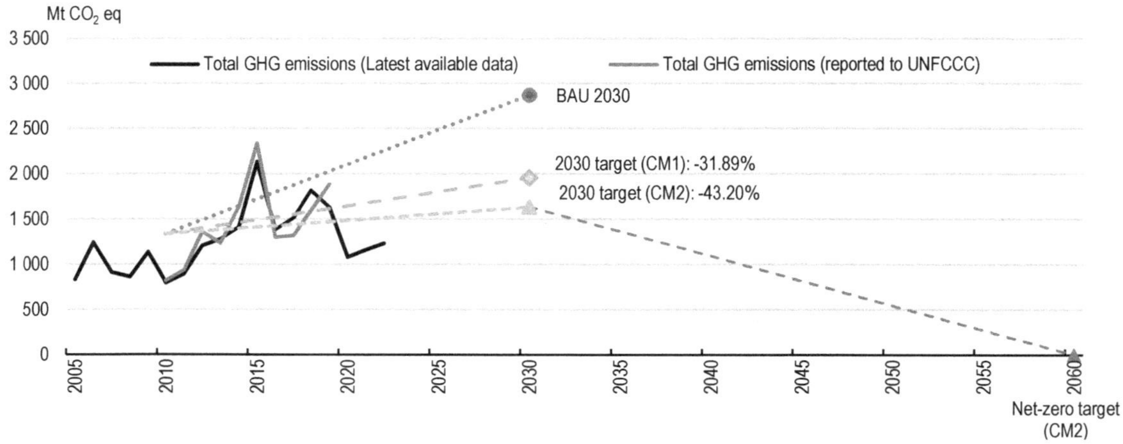

Catatan: Proyeksi *business-as-usual* (BAU) dan upaya penanggulangan (skenario mitigasi tanpa syarat dan bersyarat, CM1 dan CM2) -from the Enhanced Nationally Determined Contribution Report by Indonesia to UNFCCC (2021).
Sumber: Laporan Inventarisasi Gas Rumah Kaca (GRK) dan *Monitoring*, Pelaporan, Verifikasi (MPV) 2023, Volume 9, Januari 2024; MoEF (2022), Enhanced Nationally Determined Contribution (NDC)di bawah United Nations Framework Convention on Climate Change (UNFCCC).

StatLink https://stat.link/yjzb71

Transisi menuju pasar energi yang lebih berbasis harga perlu dipercepat. Tanggung jawab regulasi perlu dialihkan ke otoritas independen dengan wewenang dan sumber daya keuangan yang memadai. Penerapan pajak karbon yang tepat perlu dipercepat.

Transportasi merupakan sumber emisi GRK terbesar kedua. Sistem transportasi massal perkotaan dan antarkota yang efisien dan luas cakupannya harus dikembangkan untuk menurunkan emisi dan mengatasi lonjakan arus lalu lintas. Penggantian kendaraan berbahan bakar tradisional dengan kendaraan alternatif tanpa atau rendah emisi akan sangat penting.

Indonesia juga perlu meningkatkan kebijakan adaptasinya. Risiko dan biaya yang ditimbulkan akibat banjir dan kekeringan yang lebih sering terjadi akan meningkat dengan adanya perubahan iklim. Peraturan penggunaan lahan yang lebih baik, serta pertanggungan asuransi yang lebih luas, dapat membantu mengurangi dampak perubahan iklim terhadap usaha dan masyarakat.

Ketegasan hukum untuk melindungi hutan dan lautan perlu dilanjutkan. Laju deforestasi saat ini merupakan yang terendah dalam 20 tahun terakhir. Akan tetapi, diperlukan upaya lebih lanjut untuk melindungi lahan gambut dan hutan sebagai bagian dari strategi mitigasi dan untuk membantu mengurangi dampak bencana alam terkait iklim.

TEMUAN UTAMA	REKOMENDASI UTAMA
Mempertahankan kebijakan makroekonomi yang efektif	
Tingkat inflasi mereda, meskipun risiko inflasi tetap ada.	Pertahankan kebijakan moneter yang berhati-hati, berpandangan ke depan, dan mengandalkan data, sehingga penurunan suku bunga memperhatikan tren inflasi.
Kebijakan fiskal yang berhati-hati berjalan selama dua dekade terakhir dan tingkat utang moderat. Akan tetapi, biaya pinjaman tetap tinggi, dan terbatasnya penerimaan pajak membuat Indonesia menghadapi risiko utang berulang (*rollover*).	Hindari deviasi kinerja fiskal, pastikan nilai manfaat uang (*value for money*) dari komitmen belanja negara yang baru tercapai, dan jaga rasio defisit terhadap PDB agar tetap berada di bawah pagu yang ditetapkan di dalam peraturan perundang-undangan.
Pelaksanaan layanan publik dapat diperkirakan akan terus meningkat seiring kenaikan permintaan masyarakat dan kebutuhan investasi sejalan dengan perkembangan ekonomi Indonesia.	Pastikan strategi fiskal jangka menengah meliputi langkah-langkah meningkatkan penerimaan negara terhadap PDB untuk mendanai prioritas belanja negara, terutama di bidang pendidikan, infrastruktur, dan penurunan sektor informal.
Penerimaan fiskal tidak besar dibandingkan dengan pendapatan fiskal internasional, termasuk dengan negara-negara lain di kawasan. Hal ini membatasi ruang untuk melakukan kebijakan anti-siklus (*countercyclical*) serta kebutuhan belanja sosial dan belanja ramah lingkungan di masa depan.	Perluas basis pajak, termasuk dengan menurunkan batas penghasilan tidak kena pajak (PTKP) dan batas atas tarif pajak. Perluas basis PPN dan turunkan ambang batas wajib registrasi.
Mencapai konvergensi ekonomi dalam jangka panjang	
Perusahaan wajib menanggung cuti melahirkan selama 3 bulan, namun kepatuhan cenderung rendah, terutama di perusahaan-perusahaan kecil. Hal ini berkontribusi pada rendahnya tingkat partisipasi angkatan kerja dan tingkat kesempatan kerja formal bagi perempuan.	Alihkan pendanaan cuti melahirkan dari perusahaan ke skema jaminan sosial atau pajak umum; fokuskan dukungan pada pekerja berupah rendah.
Kinerja sekolah turun menurut indikator PISA 2022, dan posisi Indonesia masih jauh di bawah negara-negara OECD lainnya. Sekolah umum dan sekolah berbasis agama memiliki kurikulum yang berbeda.	Tingkatkan mutu pendidikan, termasuk dengan menyelaraskan kurikulum sekolah menengah dan pastikan konsistensinya secara nasional, agar pengetahuan inti tersedia lebih luas bagi semua siswa.
Cakupan BUMN dan pangsa PDB BUMN lebih tinggi daripada rata-rata OECD dan rata-rata negara-negara berkembang yang sebanding.	Kembangkan strategi kepemilikan negara yang dengan jelas menentukan sektor-sektor di mana kepemilikan pemerintah tetap relevan.
Otonomi Komisi Pemberantasan Korupsi (KPK) terhambat akibat perubahan undang-undang tahun 2019, sehingga timbul persepsi independensi berkurang.	Jaga independensi, otonomi, dan kewenangan KPK untuk memastikan pencegahan, deteksi, dan investigasi korupsi yang efektif.
Pembatasan perdagangan masih meluas (termasuk Mekanisme Neraca Komoditas yang baru-baru ini diperkenalkan) dan menghambat partisipasi dalam rantai nilai global.	Kurangi jumlah sektor yang memberlakukan kuota impor dan ekspor; jangan perluas Mekanisme Neraca Komoditas terhadap barang-barang lain.
Kebijakan proaktif telah diperkenalkan untuk mengembangkan kegiatan hilirisasi dalam negeri. Beberapa keberhasilan telah dicapai dalam mengembangkan fasilitas peleburan dan pengolahan nikel, namun risiko implementasi masih sangat signifikan.	Pastikan kebijakan industri dapat mengatasi kegagalan pasar dan kebijakan memperhatikan analisis biaya-manfaat terkait target yang ditentukan secara spesifik.
Meningkatkan digitalisasi	
Implementasi infrastruktur 5G secara nasional berbiaya tinggi mengingat kondisi geografis Indonesia yang berupa kepulauan.	Terapkan analisis biaya-manfaat yang terperinci atas investasi infrastruktur digital.
Peluncuran infrastruktur internet berkecepatan tinggi perlu dipercepat. Regulator komunikasi telah ditekan. Partisipasi negara secara langsung dan tidak langsung dalam operator komunikasi menimbulkan potensi konflik kepentingan dan berisiko merusak netralitas persaingan.	Bentuk regulator bidang komunikasi yang sepenuhnya independen dan memiliki sumber daya yang memadai. Kurangi hambatan implementasi *broadband* melalui penyederhanaan prosedur perizinan instalasi infrastruktur, termasuk akses terhadap infrastruktur publik.
Potensi bisnis dari transformasi digital belum sepenuhnya dimanfaatkan. Adopsi perangkat digital tertinggal dari negara-negara OECD, terutama di kalangan UKM.	Terus tingkatkan dukungan publik kepada UKM, bekerja sama dengan sektor usaha, melalui program-program yang ditargetkan untuk memfasilitasi adopsi alat digital.
Fondasi dan keterampilan khusus untuk memanfaatkan digitalisasi masih lemah. Jumlah tenaga profesional TIK masih sedikit dengan bias dalam komposisi gender tenaga kerja.	Jadikan kompetensi digital prioritas dalam kurikulum sekolah, tingkatkan keterampilan digital para guru dan kepala sekolah, dan dorong partisipasi anak perempuan dalam pendidikan STEM.

Menghadapi perubahan iklim dan transisi hijau	
Harga karbon yang efektif terdistorsi oleh subsidi bahan bakar yang tidak tepat sasaran. Subsidi bahan bakar gas cair (LPG) seharusnya hanya diberikan kepada rumah tangga sasaran, namun banyak dinikmati oleh rumah tangga lain di luar sasaran.	Kurangi subsidi energi (termasuk LPG) secara bertahap dan berikan kompensasi kepada rumah tangga yang rentan melalui bantuan yang lebih tepat sasaran.
PLTU adalah sumber dari lebih dari separuh pasokan listrik di Indonesia. Dukungan untuk bertransisi dari batu bara meliputi dana multidonor internasional dalam *Just Energy Transition Partnership* (JETP)	Percepat pensiun dini (*decommissioning*) PLTU dengan memperhatikan ketersediaan dana dan pertimbangan ketahanan energi.
Terdapat ruang untuk memperbaiki struktur pasokan listrik. PLN adalah satu-satunya pembeli (*off-taker*) di pasar listrik dan regulasi membuat harga energi terbarukan menjadi tidak menarik.	Alihkan tanggung jawab regulasi kepada otoritas independen baru. Berikan badan ini kapasitas teknis dan sumber daya keuangan yang memadai. Bangun *pipeline* lelang yang kuat, stabil, bermakna, dan dengan kontrak tahun jamak (*multi-year*) untuk pembangkit energi terbarukan, dengan penetapan tarif yang kompetitif dan transparan.
Sistem transportasi massal perkotaan dan antarkota masih belum berkembang. Ketergantungan yang tinggi pada transportasi jalan raya, terutama kendaraan bermesin pembakaran internal, berkontribusi terhadap emisi gas rumah kaca, tingginya tingkat kematian di jalan raya dan kemacetan lalu lintas, serta buruknya kualitas udara perkotaan.	Tingkatkan investasi pada sistem transportasi massal perkotaan dan antarkota dengan melakukan analisis biaya-manfaat secara saksama. Batasi penggunaan mobil secara bertahap, misalnya melalui tarif jalan (*road pricing*) dan retribusi kemacetan.
Dampak negatif dari perubahan iklim dapat dikurangi dengan mengadaptasi infrastruktur publik dan merelokasi kegiatan agar menjauh dari daerah yang lebih terdampak. Kota-kota pesisir di Indonesia sangat rentan terhadap perubahan iklim.	Sertakan perencanaan ketahanan iklim untuk iklim masa depan ke dalam perencanaan infrastruktur, pengadaan, dan peraturan tata ruang.

1 Memperdalam fondasi makroekonomi untuk pertumbuhan inklusif

Charles Dennery, OECD

Pertumbuhan PDB telah pulih setelah pandemi, didorong oleh kuatnya tingkat konsumsi dan permintaan ekspor. Suku bunga yang tinggi membuat inflasi turun drastis setelah lonjakan global pada tahun 2022, namun kebijakan moneter harus tetap berhati-hati dan berbasis data. Kebijakan fiskal juga perlu berhati-hati dan batas defisit sesuai undang-undang dijaga. Pendapatan negara masih rendah dibandingkan negara-negara lain, dan terdapat kemungkinan tekanan belanja pemerintah dalam jangka menengah akan mensyaratkan peningkatan pendapatan pajak. Basis pajak untuk PPN dan pajak penghasilan perlu diperluas dan belanja pemerintah perlu dirancang secara lebih efisien.

Ekonomi tetap kuat

Pertumbuhan output *telah kembali ke tingkat sebelum pandemi*

PDB riil tumbuh 5,3% pada tahun 2022 dan 5,0% pada 2023, sejalan dengan rata-rata pra-pandemi sebesar 5% (Gambar 1.1, Panel A). Tingkat pertumbuhan yang sama diperkirakan dicapai pada tahun 2024 dan 2025 (lihat di bawah ini). Namun, seperti di banyak negara lainnya, tingkat kegiatan ekonomi masih berada di bawah tren pra-pandemi (Panel B); selisihnya saat ini mencapai sekitar delapan persen poin. Konsumsi rumah tangga naik sejak tahun 2022, sementara ekspor didorong oleh tingginya permintaan internasional terhadap komoditas. Pariwisata (5% dari PDB dan 10% dari lapangan kerja pada tahun 2019, sebelum pandemi) pulih sebagian, meskipun kunjungan dan belanja wisatawan dari Asia (baik pasar ASEAN maupun non-ASEAN) jauh di bawah tingkat sebelum pandemi. Pembentukan modal tetap bruto mengalami kontraksi yang dalam pada tahun 2020, namun pulih pada 2021 dan terus meningkat dengan kuat.

Gambar 1.1. Pertumbuhan pulih, namun kegiatan ekonomi masih di bawah tren sebelum krisis

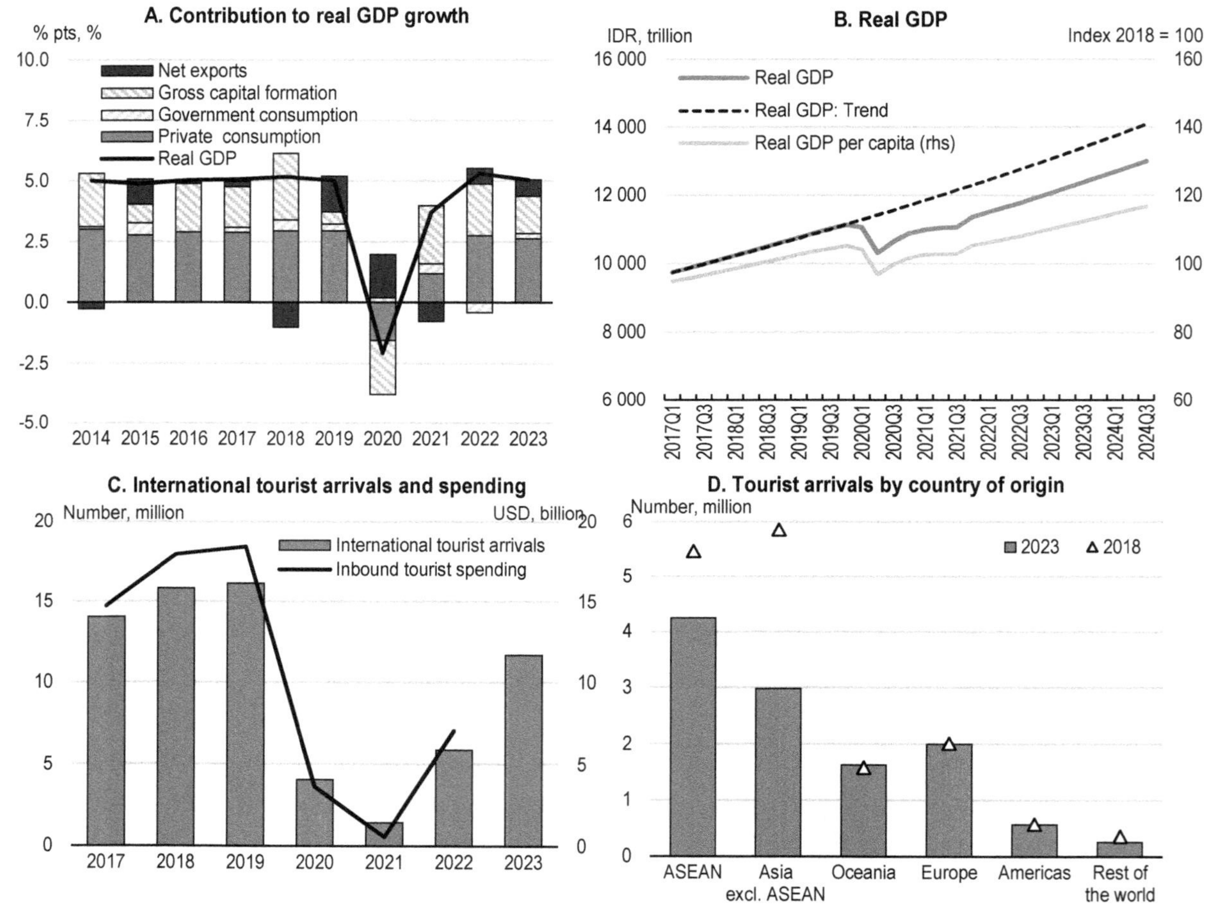

Catatan: Garis tren untuk PDB riil (Panel B) dihitung berdasarkan data sebelum krisis dari 2013Q1 hingga 2019Q4. Data populasi dari Q1 hingga Q3 2024 merupakan estimasi. Kedatangan wisatawan (*inbound*) mengacu pada non-residen (pengunjung dan warga negara asing yang tinggal permanen di luar negeri) di dalam wilayah ekonomi Indonesia.

Sumber: OECD (2024), OECD Economic Outlook: Statistics and Projections (basis data); OECD National Accounts Statistics (basis data); BPS, Statistik Pariwisata (basis data); dan World Tourism Organization.

StatLink https://stat.link/d1v5lz

Meningkatnya ketegangan geopolitik global menimbulkan efek-efek yang saling bertolak belakang di Indonesia. Agresi Rusia terhadap Ukraina awalnya membuat harga energi, pangan, dan pupuk naik, sehingga menekan daya beli. Namun, lonjakan harga komoditas seperti batu bara, minyak kelapa sawit, dan logam menguatkan nilai tukar perdagangan. Lebih jauh, meskipun pertumbuhan perdagangan global melambat (antara lain karena pertumbuhan yang lebih rendah dan ketegangan perdagangan, terutama antara Amerika Serikat dan Tiongkok), Indonesia diuntungkan oleh kuatnya permintaan komoditas. Selain itu, hubungan dagang yang tidak terlalu besar dengan Eropa (menyumbang sekitar 11% dari ekspor dan 5% dari impor) membuat Indonesia tidak terlalu terimbas gangguan di Laut Merah dibandingkan negara-negara Asia lain. Ekspor melonjak pada tahun 2022 (Gambar 1.2, Panel A). Pada tahun 2023, permintaan internasional dan harga komoditas yang lebih rendah, serta permintaan domestik yang lebih kuat, menurunkan kinerja ekspor bersih. Komoditas masih mendominasi komposisi ekspor barang dagangan (*merchandise*), tetapi upaya diversifikasi dan kebijakan hilirisasi (Bab 2) mendorong ekspor logam olahan dan kendaraan bermotor dalam beberapa tahun terakhir (Gambar 1.2, Panel C).

Gambar 1.2. Eksportir Indonesia diuntungkan oleh tingginya permintaan global untuk komoditas

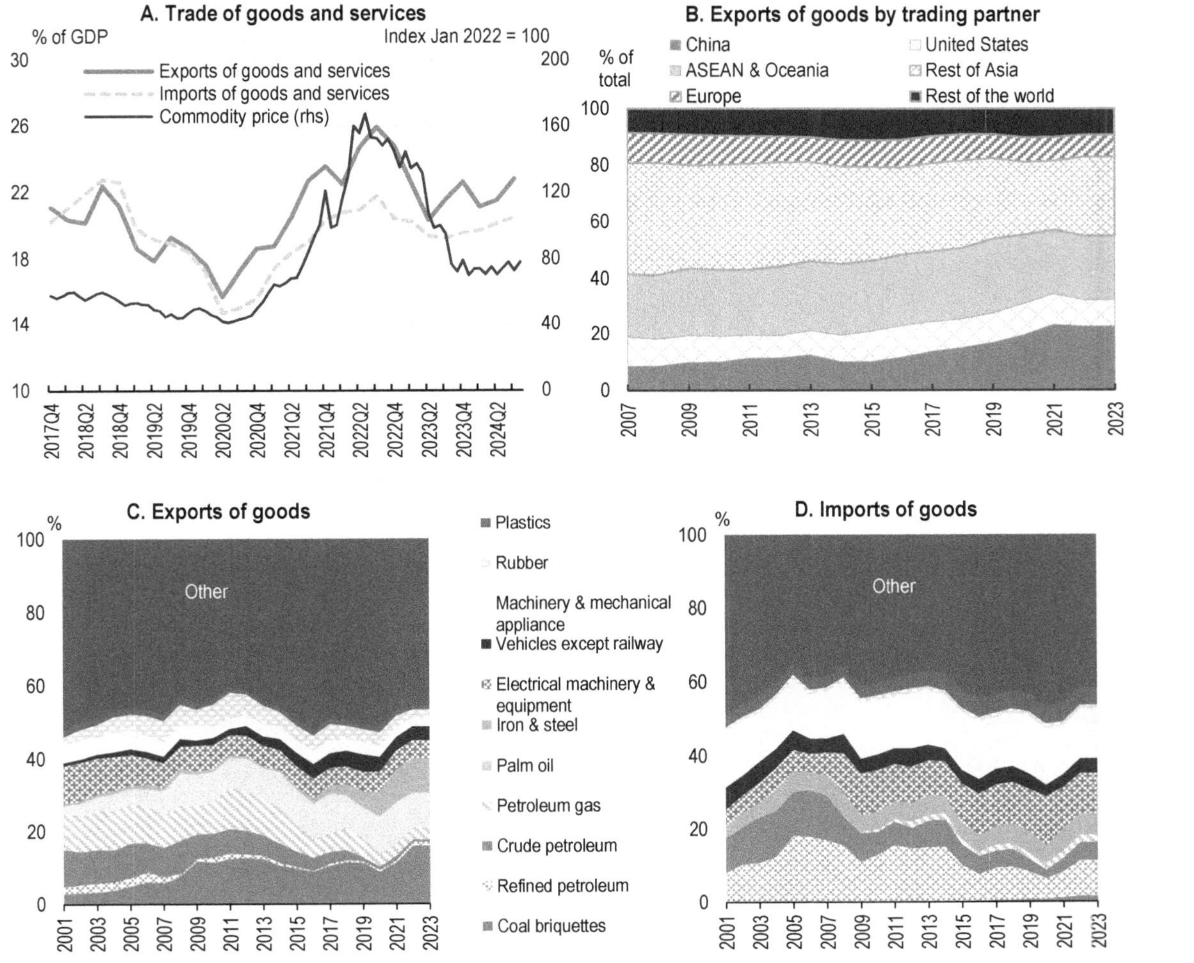

Catatan: Pada Panel A, indeks harga untuk masing-masing komoditas (minyak sawit, batu bara, bijih besi, emas, dan nikel) diagregasi dengan menggunakan bobot berdasarkan pangsa tiap komoditas terhadap total ekspor tahun 2021 untuk komoditas-komoditas tersebut.

Sumber: OECD (2024), OECD Economic Outlook: Statistics and Projections (database); Kementerian ESDM Indonesia; dan World Bank Commodity Markets Outlook; serta perhitungan OECD berdasarkan UN Comtrade.

StatLink https://stat.link/xj1rzq

Seiring perang di Ukraina, yang berakibat kenaikan harga pangan dan energi global, inflasi IHK naik dari 2,2% pada Januari 2022 ke puncaknya sebesar 6,0% pada September 2022. Kekuatan relatif Rupiah--serta harga-harga bahan bakar, listrik, dan komoditas lainnya yang diregulasi—meredam dampak krisis. Keputusan pemerintah menurunkan subsidi energi pada September 2022, dan menggantinya sebagian dengan bantuan langsung tunai, awalnya membuat inflasi IHK naik (misalnya, harga BBM naik sekitar 30% setelah subsidi dikurangi). Suku bunga yang lebih tinggi (lihat di bawah) dan sinergi erat antara bank sentral dan pemerintah membantu meredam kenaikan harga, dan inflasi IHK pun turun menjadi 2,3% pada September 2023. Inflasi IHK kembali naik ke 3% pada Maret 2024, utamanya akibat dampak El Niño pada musim panen padi; pada Oktober 2024IHK turun ke level 1.7% (Gambar 1.3, Panel A). Sementara itu, inflasi inti tetap berada di kisaran 2% dalam beberapa kuartal terakhir.

Angka pengangguran telah turun ke tingkat pra-pandemi, namun pasar tenaga kerja belum sepenuhnya pulih. Tingkat pengangguran turun dari 7,1% pada kuartal ketiga 2020 saat puncak pandemi menjadi 4,8% pada awal 2024, sedikit di bawah kisaran pra-pandemi sebesar 5–5.5% (Gambar 1.3, Panel C). Tingkat partisipasi angkatan kerja pulih pada tahun 2023 ke tingkat yang sama pada tahun 2019 (69,3%,Gambar 1.3, Panel D), dengan tambahan 4,6 juta pekerja yang terserap pada awal 2024 (dibandingkan dengan awal 2022). Akan tetapi, pangsa pekerja formal penerima upah turun antara 2019 dan 2023 (sementara pangsa pekerja wiraswasta dan pekerja informal naik). Peningkatan angka pekerjaan informal menandakan kondisi pasar tenaga kerja memburuk dan kepulihan tampak lambat. Reformasi pasar tenaga kerja pada tahun 2020 dan 2023, serta inisiatif lain dari pemerintah, pada akhirnya akan meningkatkan hasil dari pasar tenaga kerja dan mutu pekerjaan (Bab 2). Pertumbuhan upah nominal di sektor formal naik (Gambar 1.3, Panel B), tetapi upah riil belum pulih ke tingkat tren pra-pandemi.

Gambar 1.3. Inflasi kembali normal dan angka pengangguran turun, namun lapangan pekerjaan informal naik

Catatan: Pada Panel A, data didasarkan pada indeks harga konsumen dengan tahun dasar 2022 kecuali untuk inflasi inti, energi, dan pangan sebelum Januari 2024 yang bertahun dasar 2018.
Sumber: CEIC; dan Badan Pusat Statistik (BPS); dan OECD (2024), OECD Economic Outlook: Statistics and Projections (basis data).

StatLink https://stat.link/ztqfsl

Dalam beberapa tahun terakhir, neraca transaksi berjalan sering kali negatif. Hal ini diimbangi utamanya oleh arus masuk investasi asing langsung (PMA langsung) bersih yang positif. Surplus neraca pembayaran naik ke USD 6,3 miliar pada tahun 2023 (0,5% dari PDB) (Gambar 1.4, Panel A). Transaksi berjalan mencatat sedikit defisit pada tahun 2023 setelah surplus USD 13,2 miliar (1% dari PDB) pada tahun 2022 (Gambar 1.4, Panel B). Turunnya surplus perdagangan didorong oleh penurunan permintaan dan harga komoditas, seiring dengan dinamika permintaan domestik yang menopang impor. Neraca modal dan keuangan menjadi positif pada tahun 2023, sementara arus masuk PMA langsung tetap kuat (khususnya di sektor manufaktur). Arus modal keluar signifikan pada 2022 akibat selera risiko yang lebih rendah untuk pasar negara berkembang, namun investasi portofolio Indonesia pulih pada tahun 2023. Cadangan devisa naik dari USD 137 miliar pada akhir tahun 2022 menjadi USD 146 miliar pada akhir tahun 2023; rata-rata sepanjang tahun 2023 setara dengan 5,8 bulan impor (Panel D). Cadangan asset turun ke USD 139 miliar pada Mei 2024 setelah intervensi bank sentral untuk menjaga stabilitas Rupiah, namun kembali naik ke USD 151 miliar pada Oktober 2024.

Gambar 1.4. Neraca pembayaran Indonesia mengalami surplus dan cadangan devisa naik

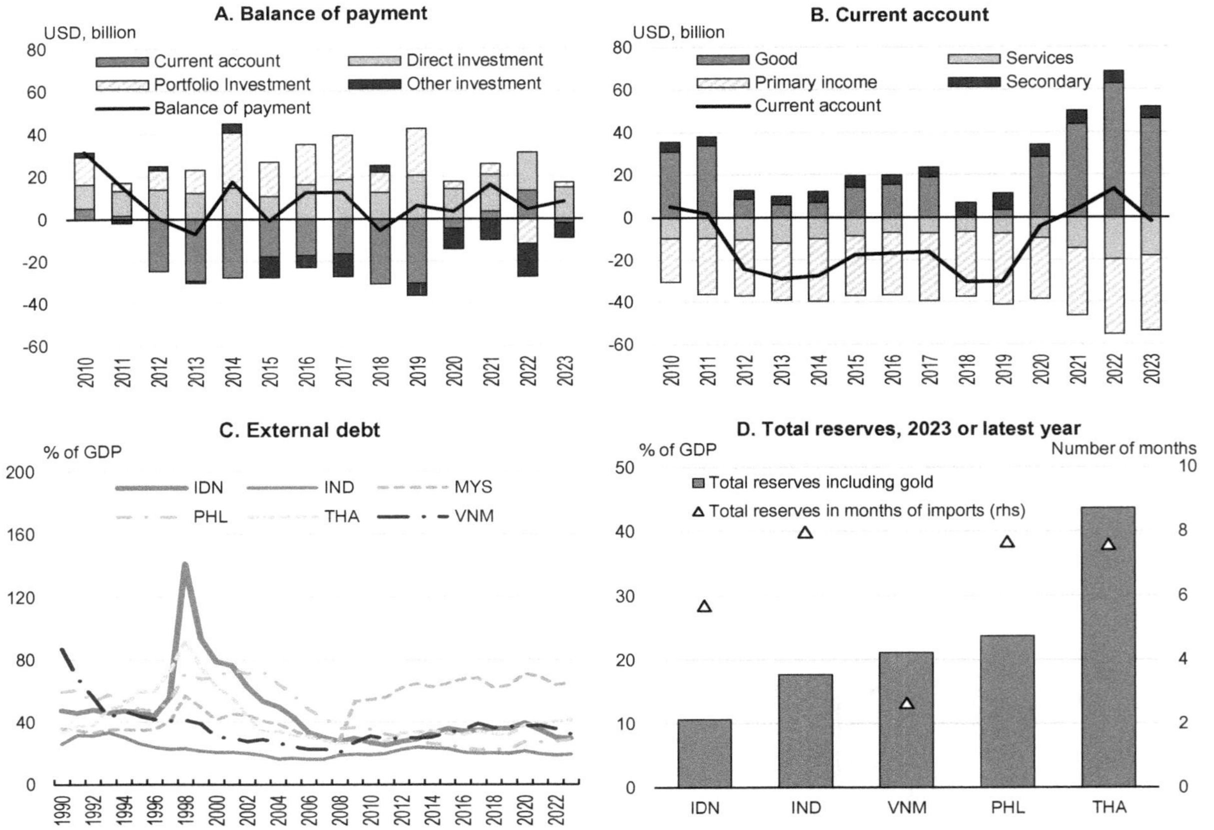

Catatan: Pada Panel A, data neraca modal tidak ditampilkan dalam bentuk diagram batang, tetapi disertakan dalam data neraca pembayaran. Pada Panel A dan B ditampilkan data sementara tahun 2023. Pada Panel D, data untuk Vietnam mengacu pada tahun 2022.

Sumber: Badan Pusat Statistik (BPS); IMF (2024), basis data World Economic Outlook, April; dan Bank Dunia (2024).

StatLink https://stat.link/wm8hfo

Pertumbuhan diproyeksikan stabil, tetapi risiko tetap ada

Pertumbuhan PDB riil diproyeksikan mencapai 5,1% pada tahun 2024 dan 5,2% pada tahun 2025. Tingkat kepercayaan bisnis dan konsumen tetap kuat dan investasi swasta diperkirakan naik. Di sisi lain, indikator belanja yang frekuensinya tinggi secara umum kurang menggembirakan. Penjualan mobil dan motor baru, misalnya, lebih rendah pada kuartal pertama 2024 dibandingkan kuartal yang sama pada 2022 dan 2023 (Gambar 1.5, Panel A). Akan tetapi, hal ini mungkin disebabkan oleh berakhirnya subsidi pasca-Covid untuk pembelian kendaraan tertentu serta kenaikan suku bunga. Sementara itu, indeks manajer pembelian (PMI) untuk manufaktur dan indikator utama komposit OECD menunjukkan permintaan menguat (Gambar 1.5, Panel B). Peningkatan subsidi pada tahun 2024, rencana perluasan program makan siang gratis di sekolah, dan investasi IKN akan membuat kebijakan fiskal lebih akomodatif pada tahun 2024 dan 2025. Akan tetapi, defisit diperkirakan tetap berada di bawah batas 3% selama periode ini. Seiring pemangkasan suku bunga yang dimulai pada akhir 2024, stimulus fiskal akan mendukung permintaan domestik dan pertumbuhan *output* pada 2024 dan 2025. Posisi fiskal secara umum memadai, mengingat *output* yang negatif namun terus menguat, dan inflasi inti yang moderat.

Gambar 1.5. Survei dan indikator belanja frekuensi tinggi tunjukkan permintaan domestik kuat

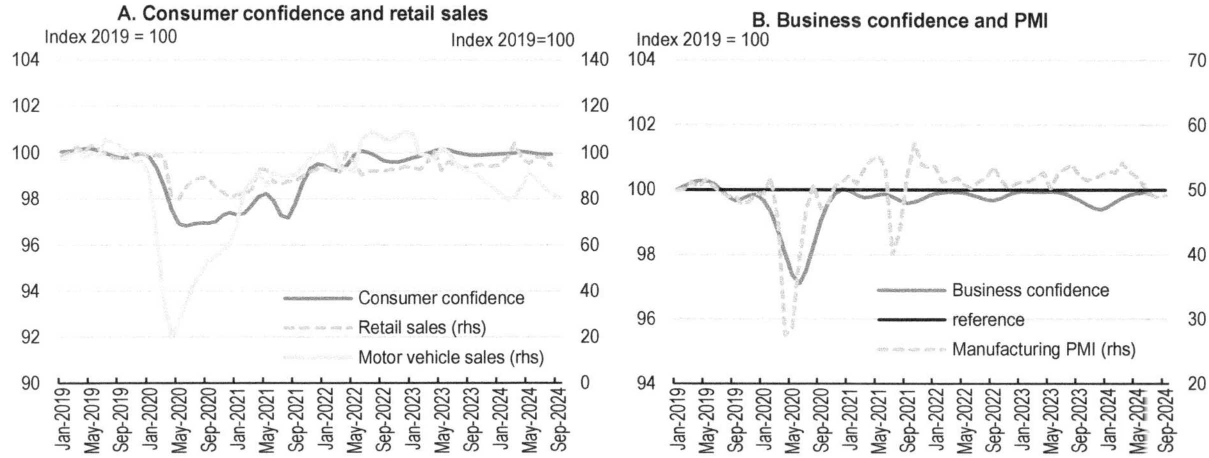

Catatan: Pada Panel B, nilai PMI di bawah 50 mengindikasikan bahwa sejumlah perusahaan melaporkan kontraksi *output*.
Sumber: OECD (2024), OECD Main Economic indicators; dan S&P Global.

StatLink https://stat.link/1o9flx

Pangsa tenaga kerja turun, yang mencerminkan penyesuaian parsial upah terhadap PDB yang lebih tinggi per pekerja. Hal ini diperkirakan diseimbangkan oleh peningkatan upah riil yang lebih solid selama jangka waktu proyeksi, sementara lapangan kerja formal terus pulih secara bertahap. Bersamaan dengan selisih *output* yang lebih netral pada tahun 2024 dan 2025, hal ini akan memberikan tekanan positif pada inflasi inti dan inflasi IHK, tetapi inflasi umum tahunan diperkirakan berkisar 2,3% pada tahun 2024 dan 2025 (Tabel 1.1). Defisit perdagangan diperkirakan sedikit melebar pada tahun 2024 dan 2025 karena harga ekspor yang lebih rendah dan permintaan eksternal yang lemah sementara impor meningkat.

Ketidakpastian dan risiko eksternal sangat menonjol (Tabel 1.2). Perekonomian masih bergantung pada permintaan internasional untuk bahan baku dan komoditas mentah, terutama dari Tiongkok, meskipun terdapat upaya diversifikasi pasar dan produk (Bab 2). Di Tiongkok, pertumbuhan yang lebih lemah daripada proyeksi akan menekan pendapatan ekspor dan meningkatkan defisit perdagangan. Dengan konteks ini, kebijakan fiskal dan moneter perlu tetap berhati-hati.

Tabel 1.1. Pertumbuhan akan tetap stabil

Perubahan persentase tahunan, volume (harga 2010)

	2020	2021	2022	2023	Proyeksi	
	Harga saat ini (Rp triliun)				2024	2025
Produk domestik bruto (PDB)	15.443,4	3,7	5,3	5,0	5,1	5,2
Konsumsi rumah tangga	9.101,4	2,0	5,0	4,9	5,1	5,1
Konsumsi pemerintah	1.491,2	4,3	-4,5	2,9	7,5	0,1
Pembentukan modal tetap bruto	4.897,0	3,8	3,9	4,4	4,9	7,3
Permintaan domestik akhir	15.489,6	2,8	3,8	4,6	5,4	5,6
Stockbuilding[1]	-307,3	1,5	1,0	0,1	0,2	0,4
Total permintaan domestik	15.182,3	4,3	4,7	4,6	5,3	5,6
Ekspor barang dan jasa	2.676,5	18,0	16,2	1,3	5,6	5,3
Impor barang dan jasa	2.415,5	24,9	15,0	-1,6	6,4	6,5
Ekspor bersih[1]	261,0	-0,4	0,8	0,7	0,1	-0,0
Indikator lainnya (tingkat pertumbuhan, kecuali ditentukan)						
Potensi PDB		4,3	4,5	4,6	4,3	4,2
Selisih *output*[2]		-4,7	-4,0	-3,6	-2,9	-1,9
Deflator PDB		6,0	9,6	1,5	0,9	2,3
Indeks harga konsumen		1,6	4,2	3,7	2,3	2,2
Neraca transaksi berjalan[3]		0,3	1,0	-0,1	-0,4	-0,3
Neraca fiskal pemerintah secara umum[3]		-4,4	-2,2	-1,5	-2,7	-2,5
Suku bunga pasar uang tiga bulan, rata-rata		3,7	3,2	4,6	5,1	4,4
Imbal hasil obligasi pemerintah sepuluh tahun, rata-rata		6,4	7,0	6,6	6,2	6,0

Catatan: 1. Kontribusi terhadap perubahan dalam PDB riil. 2. Sebagai persentase dari PDB potensial. 3. Sebagai persentase dari PDB.
Sumber: OECD (2024), OECD Economic Outlook 116 (pendahuluan) dan perhitungan OECD (perkiraan ekonomi OECD sementara pada November 2024).

Tabel 1.2. Peristiwa yang dapat menyebabkan perubahan besar dalam prospek ekonomi

Peristiwa	Potensi dampak	Opsi respons kebijakan
Lonjakan baru harga pangan dan energi	Kenaikan biaya hidup dan biaya fiskal untuk subsidi.	Reformasi subsidi agar lebih tepat sasaran.
Perubahan selera risiko terhadap perekonomian berkembang (EME)	Turunnya selera risiko investor dapat menaikkan suku bunga dan arus keluar mata uang.	Menjaga kehati-hatian dalam pemberian pinjaman dengan rasio cakupan yang memadai; menjaga kesesuaian tingkat cadangan mata uang.
Bencana alam	Indonesia rentan bencana alam (cuaca ekstrem, aktivitas vulkanik, dan gempa bumi), yang dapat berakibat biaya fiskal, ekonomi, dan sosial tinggi	Menyertakan iklim dalam *stress test* keuangan dan peraturan tata guna lahan; mendorong pertanggungan asuransi.

Suku bunga yang tinggi menopang Rupiah dan menurunkan inflasi

Kebijakan moneter telah diperketat setelah pandemi

Untuk menanggulangi pandemi COVID-19, Bank Indonesia (BI) menurunkan suku bunga acuannya ke rekor terendah 3,5% pada Februari 2021, dan melonggarkan regulasi perbankan. BI juga membeli surat berharga negara (SBN) di pasar perdana (lihat di bawah). Setelah perang Rusia melawan Ukraina dan lonjakan inflasi global, inflasi inti di Indonesia tetap moderat. BI pada awalnya menahan tingkat suku bunga acuan mengingat ekspektasi inflasi yang terjaga (Kotak 1.1) dan kebutuhan yang terus berlanjut untuk mendukung perekonomian. Menimbang lonjakan inflasi domestik dan pengetatan kebijakan di negara-negara lain, BI kemudian menaikkan suku bunga acuan dari 3,5% menjadi 5,75% antara Agustus 2022 dan Januari 2023, sehingga suku bunga riil menjadi positif (Gambar 1.7, Panel B). Kekuatan relatif Rupiah pada tahun 2022 membantu meredam dampak harga energi global terhadap inflasi domestik. Suku bunga acuan kembali dinaikkan pada Oktober 2023 dan pada April 2024, kemudian Bank Indonesia melakukan penurunan suku bunga acuan pertama pada September 2024.

Kotak 1.1. Penetapan target inflasi oleh Bank Indonesia

Bank Indonesia (BI), yang diberikan independensi operasional pada tahun 1999, menjalankan rezim sasaran inflasi sejak 2005 dengan rentang toleransi ±1 persen poin. Target inflasi awalnya ditetapkan sebesar 6% pada tahun 2005, kemudian ditingkatkan ke 8% pada tahun 2006 sebelum diturunkan bertahap; antara tahun 2020 dan 2023, target inflasi ditetapkan sebesar 3% dan pada tahun 2024, mencerminkan keputusan yang diambil pada tahun 2021, target inflasi kembali diturunkan ke 2,5%. Inflasi IHK sesekali melebihi target selama dua dekade terakhir (sebagai respons terhadap perkembangan global), namun BI berhasil menjaga inflasi inti sesuai target (Gambar 1.6).

Gambar 1.6. BI berhasil menjaga inflasi inti

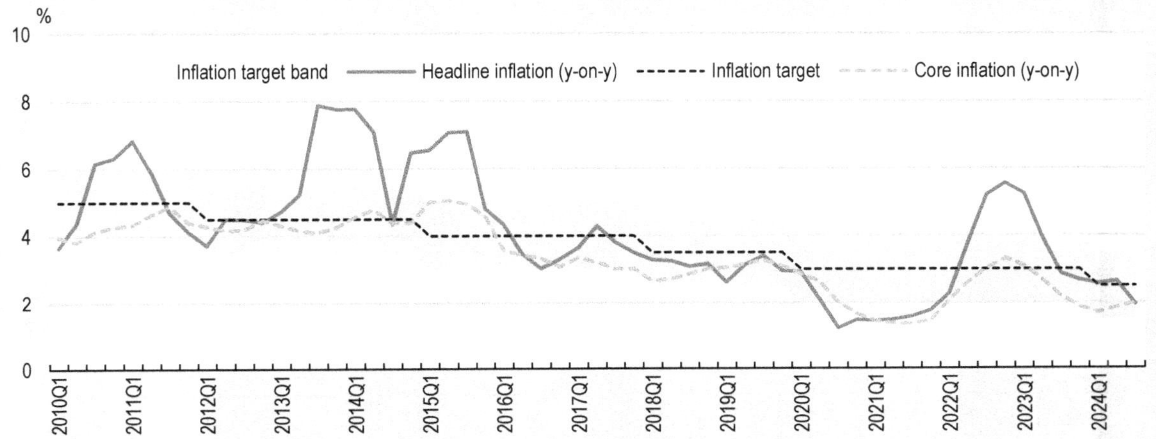

Sumber: OECD (2024), OECD Economic Outlook: Statistics and Projections (basis data); BIS; dan CEIC.

StatLink 2 https://stat.link/4fopur

Giro Wajib Minimum (GWM) bank konvensional diturunkan dari 6% menjadi 3,5% (dari total dana pihak ketiga dalam Rupiah) antara tahun 2019 dan 2020 untuk merespons pandemi. GWM dinaikkan ke 9% pada tahun 2022 (Gambar 1.7, Panel A) dan hingga kini tetap stabil. GWM bank syariah (Kotak 1.1) saat ini sebesar 7,5%. Kebijakan insentif likuiditas makroprudensial tetap 5% dari aset bank (3,5% untuk bank syariah) sejak Oktober 2023, meskipun dilonggarkan untuk penyaluran kredit ke sektor prioritas dan sektor hijau. Penyangga modal *countercyclical* BI saat ini masih sebesar 0%. Dengan demikian, meskipun suku bunga acuan yang tinggi membantu menstabilkan nilai tukar dan inflasi, BI mempertahankan kebijakan likuiditas yang lebih longgar untuk memberikan sebagian perlindungan kepada kredit domestik dari perkembangan eksternal.

Kotak 1.2. Keuangan syariah di Indonesia

Indonesia adalah kontributor terbesar kedua dalam aset perbankan syariah global dan memiliki populasi Muslim terbesar kedua di dunia. Sesuai dengan larangan adanya suku bunga dan spekulasi dalam hukum Syariah, keuangan syariah menggunakan aset-aset riil yang aliran pendapatannya menggantikan suku bunga. Aset perbankan syariah di Indonesia tumbuh signifikan (11,4% pada tahun 2023) melampaui pertumbuhan perbankan konvensional (6,4%). Lingkungan regulasi makin mendorong konsolidasi industri dan daya saing sektor, terutama untuk unit-unit usaha syariah yang lebih besar. Hal ini akan membantu mengatasi tantangan-tantangan yang dihadapi sektor perbankan syariah, seperti persaingan yang ketat dengan bank-bank konvensional.

Sumber: (Fitch Ratings, 2024[1])

Gambar 1.7. Suku bunga yang lebih tinggi mendukung Rupiah

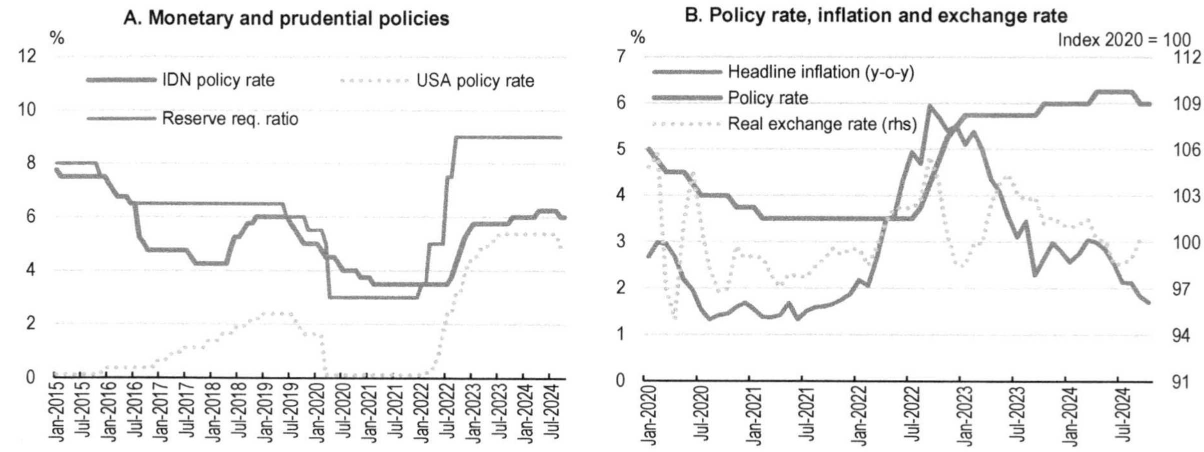

Catatan: Nilai tukar efektif riil dikompilasi dengan penyesuaian nilai tukar efektif nominal dengan harga konsumen relatif. Nilai tukar efektif nominal adalah rata-rata tertimbang perdagangan geometris dari nilai tukar bilateral. Kenaikan nilai tukar menunjukkan adanya depresiasi.
Sumber: OECD (2024), OECD Economic Outlook: Statistics and Projections (basis data); BIS; dan CEIC.

StatLink https://stat.link/yqos2c

Pertumbuhan kredit sektor swasta telah pulih sejak pandemi (Gambar 1.8, panel A) dan tingkat pertumbuhannya naik dari 26% dari PDB pada tahun 2002 menjadi 38% pada tahun 2022, namun masih lebih rendah dibandingkan dengan negara-negara tetangga di ASEAN (Bank Dunia, 2024[2]). Ekuitas dan harga hunian sedikit naik secara nominal dalam dua tahun terakhir, meski menurun secara riil (Panel B); hal ini membatasi risiko koreksi pasar.

Gambar 1.8. Kredit dan investasi bersifat dinamis, dan harga aset menurun secara riil

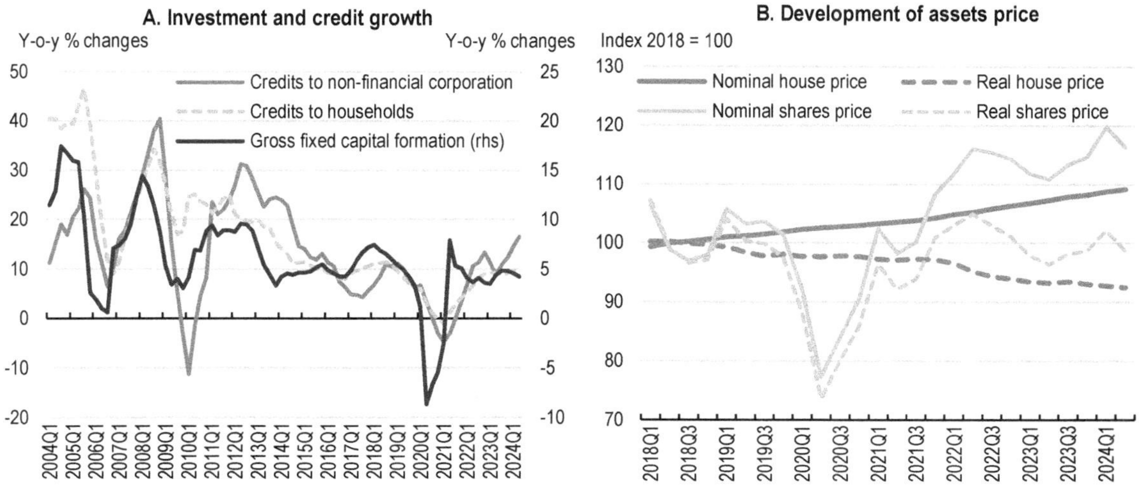

Catatan: Pada Panel A, kredit rumah tangga mengacu pada kredit konsumsi dalam database CEIC.
Sumber: Perhitungan OECD berdasarkan OECD Economic Outlook: Statistics and Projections (basis data), Bank Indonesia; dan CEIC.

StatLink https://stat.link/2yrvkn

Risiko keuangan tampak terkendali tetapi perlu diawasi dengan cermat

Desain kebijakan fiskal Indonesia yang berhati-hati telah membatasi risiko keberlanjutan utang. Batas maksimal defisit sebesar 3% ditangguhkan selama pandemi COVID-19, namun telah diberlakukan kembali dan dipatuhi sejak tahun 2022 (lihat di bawah ini). *Sovereign stress risk* tergolong rendah menurut *Sovereign Risk and Debt Sustainability Framework* dari IMF (IMF, 2023[3]). Sebaran utang pemerintah dengan obligasi pemerintah AS tetap stabil dibandingkan negara ASEAN lain (Gambar 1.9, Panel A). Kepemilikan asing atas utang pemerintah dalam mata uang Rupiah turun drastis sejak pandemi, baik secara absolut maupun persentase dari total utang pemerintah (Panel B). Sejak Maret 2021, BI menggantikan investor asing sebagai pemegang utama utang pemerintah (lihat di bawah), dan bank-bank di Indonesia telah meningkatkan kepemilikannya dari 4,8% PDB pada 2019 menjadi 6,7% PDB pada akhir 2023. Kepemilikan oleh dana pensiun dan perusahaan asuransi juga meningkat, sesuai kewajiban untuk menyimpan minimal 30% aset dalam bentuk surat berharga negara. Berkurangnya kepemilikan asing ini menurunkan kerentanan Indonesia terhadap risiko *rollover*. Akan tetapi, saat BI kelak mengurangi kepemilikannya dan menarik likuiditas, kapasitas pasar untuk menyerap utang tambahan mungkin diuji jika investor asing tidak kembali menjadi pembeli marginal di pasar primer.

Gambar 1.9. Kepemilikan asing atas utang pemerintah telah menurun

Distribusi kepemilikan obligasi pemerintah

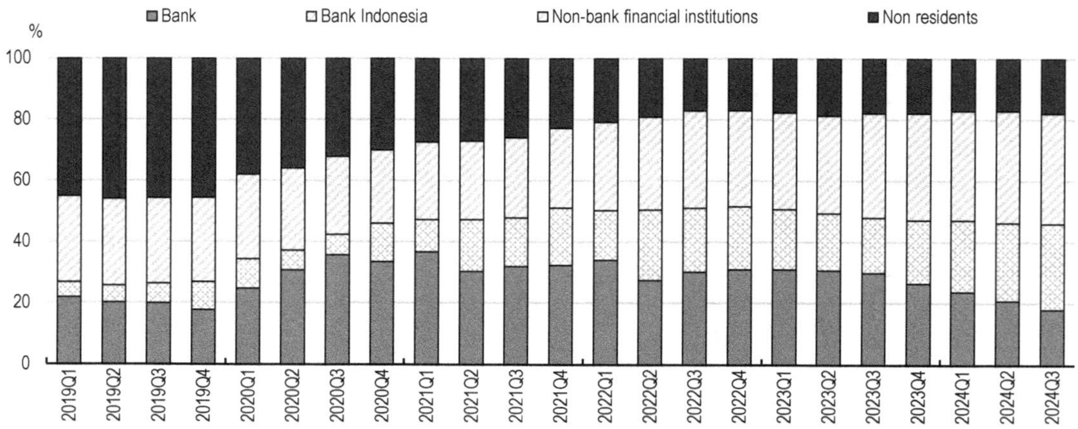

Catatan: Data triwulanan mengacu pada data yang tersedia pada tanggal terakhir di bulan Maret, Juni, September, dan Desember setiap tahunnya. Data untuk Bank Indonesia termasuk obligasi pemerintah yang digunakan untuk operasi moneter.
Sumber: Direktorat Jenderal Pengelolaan Pembiayaan dan Risiko (DJPPR).

StatLink https://stat.link/tpyb79

Kondisi permodalan perbankan Indonesia tergolong baik dengan rasio kecukupan modal sebesar 26,0% per Maret 2024. Tingkat likuiditas perbankan memadai dan risiko valuta asing tampak terbatas dengan posisi devisa neto sebesar 1,6% pada November 2023. Pertumbuhan kredit domestik riil, yang pesat sejak awal 2021 kemudian melambat sejak pertengahan 2022. Rasio kredit bermasalah mencapai 3,4% pada pertengahan 2021 dan telah turun ke 2,9% pada akhir Juni2024. Rasio kredit berisiko (*loan-at risk*) turun dari 24,2% pada awal 2021 menjadi 12,6% pada Agustus 2023. Risiko sistemik menurut IMF masih moderat dan stabil pada awal tahun 2023 (IMF, 2023[3]). Analisis IMF tentang pertumbuhan berisiko (*growth-at-risk*) juga menunjukkan risiko moderat dan terkendali terhadap pertumbuhan *output*. Sesuai hasil uji tekanan solvabilitas IMF, sektor keuangan tetap tangguh meskipun suku bunga dipertahankan tinggi (*high for longer*). Analisis IMF menunjukkan, pangsa perusahaan rentan (yang rasio cakupan bunganya di bawah 1) dapat meningkat dari 21% menjadi 28% karena kenaikan suku bunga (IMF, 2023[3]) tetapi risiko bagi bank masih dapat dikelola karena bank telah meningkatkan provisi kredit. Standar klasifikasi kredit dilonggarkan selama pandemi dan, setelah beberapa kali diperpanjang, kebijakan restrukturisasi kredit telah diakhiri pada Maret 2024.

Perekonomian dan sektor keuangan juga terpapar risiko iklim: Otoritas Jasa Keuangan (OJK) membentuk program uji tekanan risiko iklim pada tahun 2021, mencakup 47 lembaga keuangan termasuk bank, asuransi, dana pensiun, dan perusahaan sekuritasPada Maret 2024, OJK menerbitkan pedoman *Climate Risk Management & Scenario Analysis* baru, yang antara lain mewajibkan semua bank memperhitungkan risiko iklim dalam keputusan kredit mulai tahun 2026 dan seterusnya. Terakhir, seperti yang dibahas di bawah ini, utang BUMN naik dan memerlukan pemantauan yang memadai.

Kebijakan moneter harus tetap berhati-hati

Posisi kebijakan moneter saat ini berimbang dengan suku bunga tinggi, namun likuiditas cukup besar. Suku bunga riil berada di atas perkiraan IMF untuk tingkat suku bunga netral 1-2%(IMF, 2023[3]). Penurunan suku bunga acuan lebih lanjut harus tetap dilakukan dengan kehati-hatian dan mengandalkan data. Indonesia memiliki pasar valuta asing yang dangkal, dan intervensi mungkin diperlukan untuk merespons guncangan eksternal, seperti guncangan akibat perubahan mendadak selera risiko investor (Basu et al., 2023[4]). Akan tetapi, BI perlu tetap berhati-hati dalam menggunakan cadangan devisa untuk menstabilkan nilai tukar dan perlu lebih mengandalkan alat kebijakan moneter lain untuk memenuhi mandatnya.

Pembelian SBN oleh BI di pasar primer antara tahun 2020 dan 2022 dilakukan berdasarkan perjanjian '*burden-sharing*' (berbagi beban) dengan Kementerian Keuangan. BI setuju menanggung biaya bunga dari intervensi ini dan berjanji menyerahkan imbal hasil sepenuhnya kepada pemerintah saat pelunasan obligasi. Antara akhir 2019 dan akhir 2021, kepemilikan BI atas obligasi pemerintah naik tiga kali lipat dari Rp 260 triliun ke Rp 800 triliun (5% dari PDB pada 2021), dengan porsi kepemilikan terhadap total surat berharga yang beredar naik hampir dua kali lipat dari 9,5% menjadi 17,1%. UU Pengembangan dan Penguatan Sektor Keuangan (UU P2SK) 2023 mengatur pembelian Surat Berharga Negara (SBN) di pasar primer hanya dilakukan 1) pada saat krisis, 2) di bawah kebijakan fiskal yang berhati-hati, dan 3) sesuai kemampuan keuangan bank sentral. BI juga melakukan operasi ini secara terarah, temporer, dan transparan. BI telah mengakhiri pembelian pasar primer dan khususnya mekanisme *burden-sharing* (Tabel 1.3), sesuai rekomendasi *2021 Economic Survey* (OECD, 2021[5]). Mekanisme ini tepat digunakan selama pandemi, namun sepatutnya hanya untuk menghadapi tekanan ekonomi dan keuangan yang besar, transparan, dan dengan strategi pengakhiran yang jelas. Bank sentral lain menggunakan alat pembiayaan moneter selama pandemi di bawah berbagai pengaturan kelembagaan, dan UU P2SK dengan tepat melindungi independensi kebijakan moneter.

Kepemilikan surat utang negara oleh Bank Indonesia seharusnya turun karena pelunasan, meskipun tingkat kepemilikan dapat tetap signifikan karena pembelian sekunder, khususnya sebagai jaminan atas Sertifikat Rupiah Bank Indonesia (SRBI) yang diluncurkan pada September 2023. SRBI adalah instrumen moneter yang dapat diperdagangkan dengan SBN sebagai aset dasar (*underlying asset*), dari sebelumnya aset yang tidak dapat diperdagangkan. SRBI telah terbukti menarik bagi investor asing—kepemilikan investor asing sekitar 26% per Juni 2024—membantu mendukung neraca keuangan dan cadangan devisa. Hal ini juga mendorong bank-bank untuk menukar SBN jangka panjang dengan SRBI. Hasilnya, kepemilikan neto BI atas SBN (tidak termasuk SBN yang dimiliki untuk operasi pasar terbuka) meningkat dari 16,1% pada September 2023 menjadi 21,4% pada Juni 2024, berbeda dengan kepemilikan bruto yang tidak berubah dari 24,7% menjadi 24,5%. Pengurangan kepemilikan SBN secara bertahap dapat terbukti sebagai langkah yang tepat.

Tabel 1.3. Rekomendasi OECD terdahulu mengenai kebijakan moneter

Rekomendasi OECD terdahulu	Tindakan yang diambil sejak survei tahun 2021
Akhiri perjanjian '*burden-sharing*' secara bertahap sesuai dengan yang diharapkan.	Kebijakan telah dihentikan, meskipun kepemilikan BI atas utang negara masih signifikan.
Independensi Bank Indonesia tidak boleh dilemahkan.	Usulan untuk menyertakan anggota DPR ke dalam komite kebijakan moneter BI diajukan di DPR, namun berhasil digagalkan. UU P2SK memberikan kejelasan dan perlindungan yang lebih luas untuk intervensi darurat bank sentral selama krisis.

Pentingnya meningkatkan pendapatan dan efisiensi belanja negara

UU No. 17 Tahun 2003 menetapkan batas defisit anggaran di bawah 3% dari PDB dan rasio utang pemerintah di bawah 60% dari PDB. Batas defisit hanya dilanggar selama pandemi melalui amandemen sementara terhadap undang-undang tersebut. Setelah defisit pemerintahan-umum (definisi OECD) sebesar 5,7% dari PDB pada tahun 2020 dan 4,3% pada tahun 2021, konsolidasi fiskal mengarah ke kembalinya kondisi normal pada 2022 dengan defisit 2,2% dari PDB. Untuk tahun 2023, dianggarkan defisit sebesar 2,8% dari PDB (guna mendukung pertumbuhan dan daya beli di tengah ketidakpastian global). Namun, penerimaan pajak yang 12,6% lebih tinggi dari target menghasilkan defisit 1,7% dari PDB (Indrawati, Satriawan dan Abdurohman, 2024[6]) (Gambar 1.10, Panel A). Defisit naik moderat pada anggaran 2024 guna memberi ruang bagi inisiatif belanja pemerintah baru, tetapi diperkirakan tetap berada dalam batas 3% selama jangka waktu proyeksi (Tabel 1.1). Utang pemerintah sebagai bagian dari PDB juga naik selama pandemi, tetapi stabil sejak masa tersebut (Gambar 1.10, Panel B) dan diperkirakan turun di masa depan, sementara pemerintah daerah memiliki sedikit utang.

Gambar 1.10. Indonesia telah mengembalikan defisit fiskal ke bawah 3% dari PDB

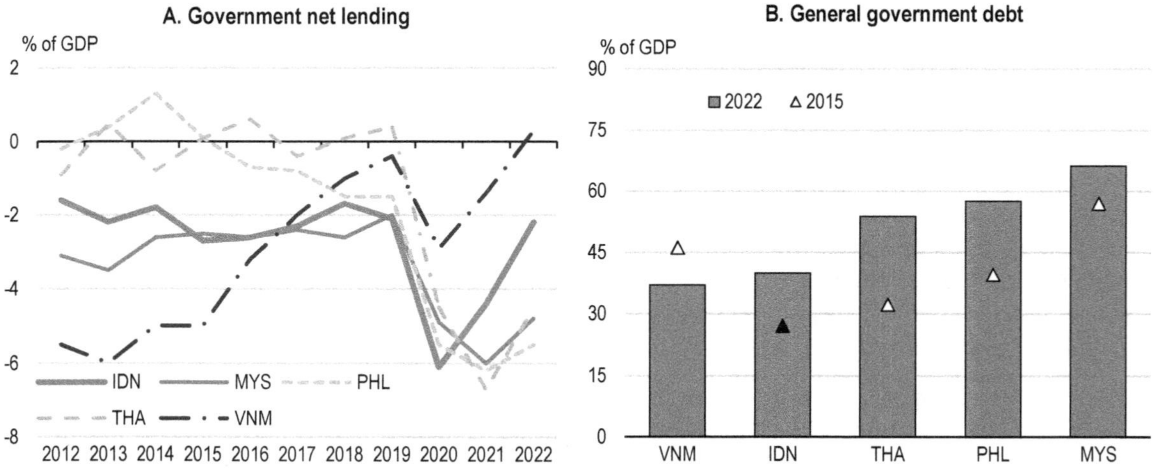

Catatan: Pada Panel B, data utang mengacu pada total stok kewajiban utang yang diterbitkan oleh pemerintahan-umum. Pinjaman bersih pemerintah dan rasio utang terhadap PDB dapat berbeda antara data IMF dan OECD karena metode kompilasi yang berbeda.
Sumber: IMF Global Debt Database

StatLink https://stat.link/5ks18h

Tren peningkatan belanja pemerintah akan menambah tekanan fiskal

Belanja pemerintah Indonesia masih rendah dibandingkan negara lain sekawasan. Pada tahun 2022, contohnya, belanja pemerintah Indonesia adalah 17,4% dari PDB, dibandingkan dengan 24,5% di Thailand, 24,7% di Malaysia, 18,7% di Vietnam, dan 25,9% di Filipina. Hal ini mencerminkan keterbatasan pengembangan layanan publik di bidang-bidang utama, termasuk kesehatan, pendidikan, bantuan sosial, pensiun, dan infrastruktur. Penyediaan layanan publik dapat diperkirakan meningkat seiring waktu dan menguatnya permintaan masyarakat, sejalan dengan ekonomi Indonesia yang terus tumbuh. Kebutuhan akan jaminan kesehatan dan pensiun yang didanai pemerintah kemungkinan akan terus meningkat seiring dengan penuaan populasi. Selain itu, adaptasi terhadap perubahan iklim dan bencana alam serta dekarbonisasi akan membutuhkan investasi publik yang signifikan dalam beberapa dekade mendatang (Bab 4).

Mendekatnya rasio belanja pemerintah saat ini (diperkirakan 17,4% pada tahun 2024) dengan rasio belanja rata-rata regional sebesar 23% selama 20 tahun ke depan mencerminkan kenaikan sebesar 5,6 persen poin. Investasi tambahan untuk pengurangan emisi dan adaptasi iklim (Bab 4) dapat menambah 1,4 persen poin selama sepuluh tahun ke depan. Secara keseluruhan, peningkatan 7 persen poin rasio belanja membutuhkan kenaikan pendapatan pajak yang signifikan dan alokasi dan realisasi belanja anggaran dipastikan efektif (lihat di bawah ini). Presiden terpilih telah mengusulkan peningkatan substantial dari rasio pajak terhadap PDB pada tahun 2029. Presiden juga menargetkan tingkat pertumbuhan PDB naik dari 5% menjadi 7%. Akan tetapi, jika pendapatan pajak gagal naik seiring kenaikan belanja negara, dan jika pertumbuhan PDB tidak terakselerasi, rasio utang terhadap PDB dapat meningkat sebesar 6 persen poin pada tahun 2045. Di sisi lain, pajak yang lebih tinggi dan pertumbuhan yang lebih cepat akan memastikan rasio utang terhadap PDB terus menurun dibandingkan rasio saat ini (Gambar 1.11). Selain itu, tingkat pajak efektif yang saat ini rendah membuat rasio defisit terhadap pajak relatif tinggi. Hal ini dapat membuat minat investor terhadap utang negara lebih tidak menentu. Oleh karena itu, komitmen untuk menghormati batas atas utang pemerintah dan defisit fiskal perlu diperbaharui dan kehati-hatian fiskal tetap diperlukan.

Indonesia masih diuntungkan oleh bonus demografi, namun diperkirakan akan berakhirkarena populasi usia produktif akan turun setelah tahun 2030, yaitu ketika penuaan pada akhirnya mengimbangi penurunan angka kelahiran. Sistem pensiun saat ini tidak akan menimbulkan tekanan fiskal yang signifikan selama 20 tahun ke depan, namun ini antara lain karena perlindungan program dan penyaluran manfaatnya rendah (lihat di bawah). Dahulu, biaya hari tua dan perawatan penyandang disabilitas umumnya diserahkan kepada keluarga dan masyarakat. Di sektor publik dan BUMN sekalipun, yang perlindungan program pensiunnya lebih besar, dana pensiun sering kali tidak memadai dan harus ditunjang dengan simpanan pribadi. Akan tetapi, seiring dengan bertambahnya usia penduduk, keluarga-keluarga tidak lagi dapat diharapkan untuk membiayai kebutuhan tanggungan yang berusia lebih tua dan muda. Oleh karena itu, perlindungan asuransi sosial perlu diperluas dengan mengikutsertakan UMKM dan pekerja wiraswasta, dan asuransi dipastikan menawarkan manfaat yang memadai (Kotak 1.3).

Gambar 1.11. Kenaikan kebutuhan belanja pemerintah dapat menekan keuangan publik

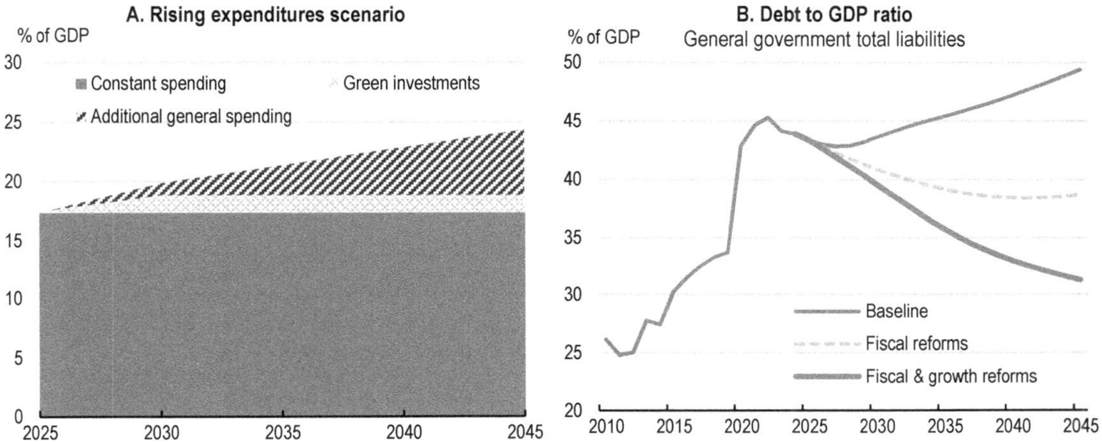

Catatan: Dalam semua skenario, pertumbuhan PDB dan inflasi sejalan dengan proyeksi *OECD Economic Outlook* hingga tahun 2025. Skenario dasar mengasumsikan inflasi (dalam deflator PDB) sebesar 2,5% dari tahun 2026, dan pertumbuhan PDB sebesar 5% antara tahun 2026 dan 2035 sebelum melambat ke 4% antara tahun 2036 s.d. 2045. Rasio belanja pemerintah terhadap PDB diperkirakan akan meningkat sebesar 0,5 persen poin per tahun antara tahun 2026 dan 2030 seiring dengan meningkatnya investasi hijau secara substansial, dan sebesar 0,3 persen poin per tahun selama lima belas tahun berikutnya. Akan tetapi, pendapatan pemerintah diperkirakan hanya akan meningkat sebesar 0,3 persen poin dari PDB per tahun antara tahun 2026 dan 2045. Oleh karena itu, defisit akan meningkat sebesar 1 persen poin dari PDB selama lima tahun ke depan dari nilai saat ini. Dalam skenario reformasi, pertumbuhan PDB dan inflasi tidak berubah, tetapi peningkatan pajak dan penghematan membantu penyerapan belanja baru tanpa meningkatkan defisit. Dengan reformasi dan pertumbuhan yang lebih tinggi, pertumbuhan PDB menjadi 7% selama satu dekade ke depan dan defisit tidak meningkat berkat reformasi fiskal.
Sumber: OECD Economic Outlook, No. 115; IMF, basis data World Economic Outlook; dan perhitungan OECD.

StatLink https://stat.link/s92xtc

Kotak 1.3. Sistem jaminan hari tua di Indonesia

Skema untuk karyawan sektor swasta

Sejak tahun 2015, jaminan sosial di sektor swasta menggabungkan dua skema jaminan hari tua:

- Jaminan Hari Tua (JHT): Pemberi kerja dan pekerja masing-masing berkontribusi sebesar 3,7% dan 2% dari upah. Pekerja dapat mencairkan dana yang terakumulasi (beserta bunga terutang) pada usia 56 tahun (atau lebih awal jika terjadi kematian, cacat permanen, atau berhenti bekerja) sebagai pembayaran sekaligus (*lump sum*). Skema ini wajib diikuti oleh usaha besar, menengah, dan kecil (mencakup sekitar 18 juta pekerja per akhir tahun 2023), tetapi opsional untuk usaha mikro dan pekerja bukan penerima upah. Cakupan kepesertaan sukarela masih terbatas, yaitu sekitar 1% dari pekerja bukan penerima upah dan usaha mikro.
- Jaminan Pensiun (JP): Pemberi kerja dan pekerja masing-masing berkontribusi sebesar 2% dan 1% dari upah. Skema ini hanya berlaku untuk usaha besar dan menengah (mencakup sekitar 14 juta pekerja per akhir tahun 2023), dan tingkat akrual pensiun ditetapkan sebesar 1% untuk setiap tahun kontribusi. Usia pensiun saat ini adalah 58 tahun, dan naik sebesar satu tahun setiap tiga tahun hingga kelak mencapai 65 tahun pada tahun 2043.

Terdapat berbagai cara untuk meningkatkan cakupan program pensiun. Paling minimal, untuk usaha kecil, kepesertaan wajib dikecualikan hanya untuk usaha mikro, dan upaya untuk membangun kesadaran akan kebutuhan keuangan di hari tua dan JHT di kalangan pekerja informal harus dikuatkan. Jika usaha kecil dan pekerja informal menolak atau tidak mampu membayar iuran (terutama jika besar iuran kelak naik), pemerintah dapat mempertimbangkan menurunkan iuran untuk kelompok ini dan mensubsidi selisihnya. Dengan iuran yang lebih rendah atau tetap (*flat*), biaya penyediaan jaminan sosial bagi pekerja lepas dapat ditanggung sebagian oleh pemerintah (Kolev, La dan Manfredi, 2023[7]). Pemerintah juga dapat memperkenalkan tunjangan hari tua yang telah teruji untuk memastikan tingkat perlindungan minimal bagi tenaga kerja. Tunjangan ini juga dapat melengkapi skema yang ada.

Sistem pensiun untuk karyawan swasta tampaknya masih layak secara finansial untuk beberapa waktu ke depan, tetapi kebijakan tetap perlu mempertimbangkan peningkatan tingkat kontribusi pensiun dalam jangka panjang. Kontribusi 3% (pemberi kerja dan pekerja) untuk manfaat anuitas JP diperkirakan akan melebihi pengeluaran skema hingga tahun 2053, dan dana cadangan akan habis sekitar tahun 2072. Pada akhirnya, kontrubusi perlu ditingkatkan: pada tingkat 8,7%, kontribusi (gabungan JP dan JHT) pensiun di Indonesia adalah yang terendah di ASEAN, demikian pula dengan pertanggungannya (Nguyen dan Phiengphathai, 2023[8]). Kebijakan harus lebih memperhatikan partisipasi angkatan kerja pada kelompok usia yang lebih tua. Tanpa perbaikan dalam hal kesehatan di tempat kerja dan peluang bekerja bagi lansia, iuran pensiun dapat terbukti tidak mencukupi skema hari tua dan perlu ditingkatkan demi menjaga kecukupan dana pensiun. Secara keseluruhan, penyediaan pensiun yang memadai cenderung membutuhkan kenaikan iuran selama beberapa dekade ke depan.

Skema pensiun untuk pegawai sektor publik

Di sektor publik (aparatur sipil negara/ASN pusat dan daerah, militer) dan di banyak BUMN, pekerja berhak atas pensiun manfaat pasti dengan sistem *pay-as-you-go* (PAYG) dan pembayaran tabungan hari tua (THT) secara *lump sum*. Uang pensiun setara dengan 2,5% dari gaji pokok terakhir dikalikan dengan masa kerja (hingga 80%). Pembayaran THT juga proporsional terhadap gaji pokok terakhir dan masa kerja. Akan tetapi, tingkat penghasilan pensiun (TPP) yang tinggi ini hanya diperhitungkan atas gaji pokok dan tidak mencakup tunjangan kinerja dan tunjangan lainnya. Sebab itu, di sektor publik sekalipun, uang pensiun sering kali rendah dan tidak mencukupi jika tidak didukung keluarga atau simpanan pribadi. Pemerintah telah mewacanakan mengganti sistem PAYG di sektor publik dengan sistem *fully-funded*, meskipun belum terealisasi. ASN saat ini akan tetap mengikuti sistem PAYG yang lama (yang memungkinkan ASN menambah iuran secara sukarela), sementara skema *fully-funded* akan berlaku untuk pegawai baru. Dalam kurun amat panjang, sistem baru berpotensi melindungi pemerintah dari peningkatan biaya pensiun yang tidak didanai di masa depan seiring dengan bertambahnya usia penduduk (dan jika jumlah ASN meningkat). Akan tetapi, selama masa transisi (kemungkinan 30 tahun), pemerintah akan harus membayar pensiun kepada pensiunan ASN sekaligus membayar kontribusi bagi pegawai yang masih aktif.

Sumber: OECD Pensions at a Glance (OECD, 2023[9]) dan (ILO, 2022[10]).

Meningkatkan pendapatan pajak dengan membuat struktur pajak lebih efisien

Tingkat pajak di Indonesia secara historis rendah, sehingga membatasi kemampuan pemerintah untuk membiayai program prioritas. Serupa dengan belanja pemerintah (lihat di atas), penerimaan pajak Indonesia masih menjadi salah satu yang terendah di ASEAN (Gambar 1.12, Panel A). Lapangan pekerjaan informal dan rendahnya tingkat kepatuhan pajak merupakan tantangan utama (Hapsari et al., 2023[11]). Dibandingkan negara-negara OECD dan negara-negara Asia Pasifik, sebagian besar penerimaan pajak Indonesia berasal dari pajak penghasilan badan (PPh badan), serta pajak atas barang dan jasa, yaitu PPN atau GST. Akan tetapi, penerimaan PPh badan, PPN, dan pajak barang jasa lainnya merupakan salah satu yang terendah dari PDB, dan pajak-pajak lain (PPh orang pribadi, cukai, dan pajak properti) sangat rendah (OECD, 2023[12]). Volatilitas dalam penerimaan pajak meningkat dipengaruhi harga komoditas dunia terhadap royalti sektor ekstraksi dan PPh di sektor komoditas. Harga komoditas sendiri merupakan salah satu penyumbang penurunan rasio penerimaan pajak terhadap PDB sebelum pandemi dan pemulihannya sejak tahun 2022 (Gambar 1.12, Panel B). Presiden terpilih telah menetapkan target meningkatkan rasio pajak dari 13,5% saat ini menjadi 23% dari PDB pada tahun 2029.

Undang-Undang Harmonisasi Peraturan Perpajakan (UU HPP) Tahun 2021 masih menjadi reformasi pajak paling signifikan untuk saat ini. UU HPP mencakup ketentuan peningkatan kepatuhan pajak dan rasio pajak di samping langkah-langkah pemulihan dari pandemi. Langkah-langkah ini menguntungkan konsumen kendaraan bermotor dengan Pajak Penjualan Barang Mewah (PPnBM) dikurangi untuk sementara waktu (dengan memperhatikan aturan tingkat kandungan dalam negeri/TKDN dan standar emisi). Insentif ini telah dipersempit untuk kendaraan listrik. Pemerintah juga sempat menanggung sebagian PPN pembelian rumah, namun aturan ini telah dipersempit setelah beberapa kali perpanjangan (Tabel 1.4).

Terkait dengan reformasi pajak jangka panjang, UU HPP Tahun 2021 memperkenalkan golongan baru PPh orang pribadi, yaitu sebesar 35% untuk penghasilan kena pajak (PKP) di atas Rp 5 miliar (USD 300.000). UU HPP juga menaikkan tarif PPh badan dari 20% menjadi 22%. Tarif PPN naik dari 10% menjadi 11% pada April 2022; dan dijadwalkan menjadi 12% pada Januari 2025. Cukai rokok dan rokok elektrik turut naik menurut ketentuan UU HPP. Selain itu, UU HPP menetapkan pajak karbon melalui bursa karbon (lihat Bab 4); tarif Rp 30.000 (USD2) per ton ditetapkan untuk sektor batu bara pada tahun 2022, dengan perluasan ke sektor lain direncanakan pada tahun 2025. Tarif PPh presumtif atas omzet usaha kecil, yang diturunkan ke 0,5% (sebagai pengganti PPh Badan), dipertahankan, sementara pajak kegiatan hiburan (bar, restoran, diskotek) naik. UU HPP juga merampingkan aturan pajak atas kepemilikan saham dan tunjangan natura untuk karyawan—dengan mengurangi jenis tunjangan natura yang dikecualikan.

Gambar 1.12. Rasio pajak tetap rendah di Indonesia

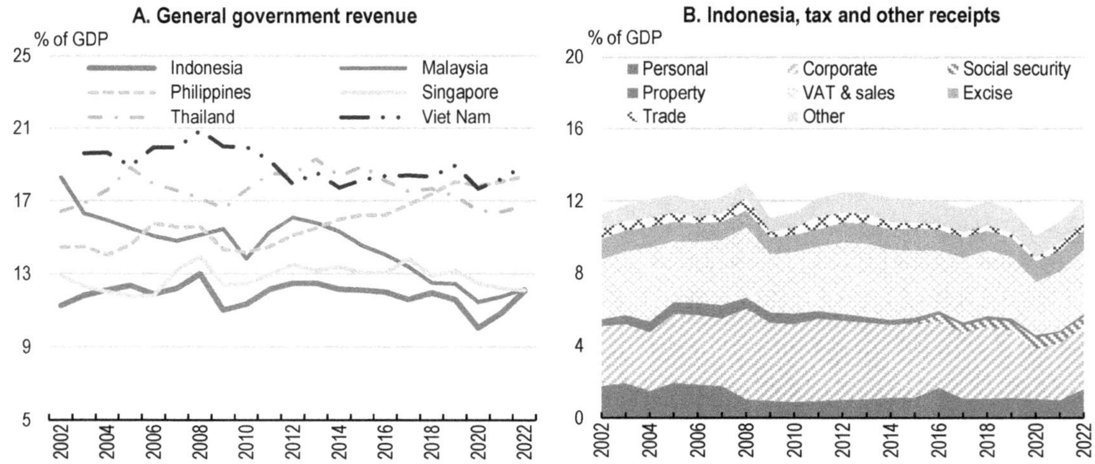

Sumber: OECD (2023), Basis Data Statistik Pendapatan Global.

StatLink https://stat.link/17fziy

Tabel 1.4. Rekomendasi OECD terdahulu untuk meningkatkan pendapatan

Rekomendasi OECD terdahulu	Tindakan yang diambil sejak survey ekonomi tahun 2021
Bekukan ketentuan lapisan penghasilan kena pajak orang pribadi untuk memperluas basis pajak. Turunkan ambang batas secara bertahap untuk pembayaran dua tarif teratas PPh orang pribadi.	UU HPP meningkatkan lapisan tarif PKP orang pribadi dari Rp 50 juta menjadi Rp 60 juta, dengan lapisan tarif lainnya tetap. Golongan tarif PPh orang pribadi sebesar 35% ditambahkan untuk wajib pajak dengan nilai PKP lebih dari Rp 5 miliar.
Perhitungkan natura dan tunjangan dari pemberi kerja sebagai penghasilan kena pajak. Kurangi perbedaan perlakuan pajak atas simpanan pribadi di berbagai sumber.	HPP telah merampingkan aturan pajak natura dengan mengurangi cakupan natura yang tidak dapat menjadi pengurang penghasilan (*non-deductible*, untuk pemberi kerja) dan natura yang bukan objek pajak (*tax-exempt*, untuk karyawan)
Ubah pembebasan pajak (*tax holiday*) menjadi insentif pajak berbasis biaya. Terapkan klausul batas waktu berlaku (*sunset clause*) pada semua insentif pajak baru untuk memastikan peninjauan rutin.	Banyak kebijakan *tax holiday* terkait COVID-19 dikenai *sunset clause*, meskipun teratur diperpanjang untuk jangka waktu pendek atau panjang.
Perketat persyaratan untuk menggunakan tarif pajak final berdasarkan omzet (bukan PPh Badan) bagi usaha kecil; kaitkan registrasi pajak pendaftaran dengan akses ke manfaat non-finansial tambahan.	Dalam PP 55 Tahun 2022, rezim pajak berbasis omzet berlaku atas usaha dengan pendapatan bruto antara Rp 500 juta dan 4,8 miliar (USD 30.000 hingga 300.000) selama maksimal empat tahun.
Perluas basis PPN dengan menghapuskan sebagian besar pengecualian terutama atas barang setengah jadi, ubah pajak barang dan jasa daerah menjadi PPN, dan turunkan ambang batas wajib registrasi. Berikan kompensasi kepada pemerintah daerah atas kehilangan pendapatan pajak penjualan. Dalam jangka menengah, naikkan tarif PPN.	Klasifikasi PPN telah dirampingkan, termasuk untuk jasa keuangan. Tarif PPN dinaikkan menjadi 11% pada April 2022 dan akan meningkat menjadi 12% pada Januari 2025. Pembebasan pajak sementara untuk PPN pada beberapa properti hunian telah diberlakukan, terutama di Nusantara.
Tingkatkan dan selaraskan cukai rokok untuk seluruh produk.	Cukai rokok telah dinaikkan pada tahun 2023 dan 2024, namun cukai atas rokok kretek buatan tangan masih jauh lebih rendah. Pajak baru untuk rokok elektrik telah diterapkan pada tahun 2024.
Kaitkan tarif pajak kendaraan bermotor dengan emisi karbonnya. Melanjutkan penghapusan subsidi energi secara bertahap, kemudian naikkan pajak energi. Perkenalkan pajak karbon sederhana dengan tarif rendah.	PPnBM dihitung berdasarkan harga dan kapasitas silinder mobil. Pajak dikecualikan untuk mobil rendah emisi yang memenuhi persyaratan TKDN minimum setelah pandemi untuk mendukung industri. *Tax holiday* saat ini hanya berlaku untuk mobil listrik bertenaga baterai.

Rasio pajak perlu terus ditingkatkan. Sebagaimana disampaikan dalam *Economic Surveys* terdahulu (OECD, 2018[8] ; 2021[3]) dan oleh IMF (de Mooij, 2018[13]) strategi pendapatan jangka menengah akan memfasilitasi peningkatan rasio pajak terhadap PDB. Reformasi lebih lanjut atas PPN, cukai, pajak penghasilan, dan pajak properti serta jaminan sosial perlu menjadi perhatian utama:

- PPN: Usaha beromzet kurang dari Rp 4,8 miliar (USD 300.000) masih dibebaskan dari PPN. Ambang batas ini lebih tinggi daripada di kebanyakan negara OECD (OECD, 2022[14]) dan jauh lebih tinggi daripada Thailand dan Filipina, yang hanya sekitar USD 50.000. Penurunan ambang batas PPN, serta pengurangan jumlah sektor yang tidak dikenakan PPN, akan meningkatkan penerimaan PPN dari sektor-sektor yang baru maupun yang sudah dikenakan.
- Pajak lain atas barang: Total pungutan cukai di Indonesia masih rendah dibandingkan dengan negara-negara ASEAN lain. Menimbang polusi udara sebagai eksternalitas dan tujuan pengurangan emisi, terdapat peluang untuk mengambil langkah yang menguntungkan bagi lingkungan dan perpajakan, yaitu dengan menaikkan cukai BBM dan mengurangi subsidi BBM, meskipun untuk itu sensitivitas politik harus diatasi. PPnBM saat ini ditanggung oleh rumah tangga kaya, tetapi perhitungannya rumit dan menyebabkan pelaporan yang tidak semestinya. Pengenaan pajak atas kepemilikan mobil, bukan atas pembelian mobil, dapat menurunkan risiko pelaporan yang tidak lengkap. Cukai rokok juga perlu dinaikkan demi peningkatan pendapatan dan capaian kesehatan; merokok masih menjadi tantangan kesehatan yang amat besar di Indonesia dan menimbulkan kerugian ekonomi yang signifikan (WHO, 2020[15]).
- Pajak penghasilan orang pribadi (PPh OP): Ambang batasnya masih sangat tinggi: penghasilan tidak kena pajak sebesar Rp 54 juta adalah sekitar 65% dari PDB per kapita dan golongan pajak 25% dimulai dari pendapatan di atas Rp 250 juta (300% dari PDB per kapita). Hasilnya, kelas menengah yang sedang tumbuh sebagian besarnya tidak terkena PPh OP: pada tahun 2017, hanya 10% dari populasi yang aktif membayar PPh OP dibandingkan dengan rata-rata ASEAN yang sebesar 15% (IMF, 2024[16]). Reformasi perlakuan pajak atas imbalan natura akan meningkatkan basis pajak. Akan tetapi, masih ada ruang untuk mengurangi ambang batas perpajakan. Seperti yang dikemukakan dalam (OECD, 2021[5]) lapisan pertama PPh OP harus dibekukan, sehingga turun secara riil, sementara ambang batas yang lebih tinggi harus diturunkan nilainya. Pendapatan pemerintah juga dapat ditingkatkan dengan memastikan kepatuhan pajak dan menanggulangi penghindaran pajak di kalangan masyarakat berpenghasilan tinggi.
- Pajak penghasilan badan (PPh Badan): Tarif PPh Badan ditetapkan sebesar 22% di Indonesia, atau sejalan dengan rata-rata internasional sekitar 21% (OECD, 2023[17]). Ketimbang menaikkan tarif PPh Badan, Indonesia punya ruang untuk memperluas basis pajak dengan mereformasi dan mempersempit rezim tarif presumtif bagi usaha kecil, dan dengan menghapuskan insentif pajak atau membuatnya lebih murah. Indonesia juga perlu memastikan insentif pajaknya tetap sesuai dengan perjanjian Pajak Minimum Global.
- Pajak properti: Sejak tahun 2012, pajak bumi dan bangunan sebagian besar diserahkan kepada pemerintah daerah sejalan dengan praktik internasional. Berada di level 0,3% dari PDB, PBB Indonesia tergolong rendah dibandingkan rata-rata ASEAN. Tarif pajak nominal adalah 0,5% dari nilai *appraisal*, tetapi nilai *appraisal* adalah antara 20% (untuk properti di bawah Rp 1 miliar) dan 40% (di atas Rp 1 miliar) dari perkiraan nilai penjualan sehingga tarif efektifnya adalah antara 0,1% dan 0,2% dari nilai penjualan properti. Mengizinkan pemerintah daerah untuk meningkatkan nilai *appraisal* hingga 100% dari nilai penjualan dan berinvestasi pada pembentukan kadaster terpusat dan perangkat valuasi dapat secara signifikan meningkatkan pendapatan pemerintah daerah. Alat valuasi juga akan memungkinkan implementasi bertahap pajak waris.
- Jaminan sosial: Program jaminan sosial sedang diluncurkan; pendapatan pun berpeluang naik melalui kontribusi sosial, karena kesediaan masyarakat untuk membayar kontribusi dapat meningkat dengan adanya hak-hak baru untuk pensiun dan asuransi di masa mendatang (OECD, 2019[18]). Saat ini, perusahaan dengan 20 karyawan atau kurang memberikan kontribusi sosial yang lebih rendah,

sementara sektor informal tidak tercakup. Pengecualian kontribusi perlu dipersempit ke usaha yang paling berisiko untuk masuk ke sektor informal. Selain itu, batas jumlah karyawan yang mendefinisikan perusahaan kecil perlu diturunkan atau diterapkan hanya pada usaha non-badan hukum agar tidak menjadi insentif pemecahan usaha menjadi unit-unit yang lebih kecil. Dengan meningkatkan kesadaran tentang dan manfaat dari kontribusi sosial, pekerja akan lebih termotivasi untuk meminta didaftarkan dan ditanggung secara penuh. Perlindungan penuh atas seluruh pekerja perlu tetap menjadi tujuan jangka panjang dari kebijakan sosial.

Penegakan hukum pajak yang lebih tegas juga diperlukan. Penghindaran pajak masih kerap dilakukan perusahaan besar dan individu berpenghasilan tinggi (Ibrahim, T dan Rusydi, 2021[19]), namun peningkatan kapasitas perpajakan juga diperlukan jika ambang batas pengecualian diturunkan untuk perusahaan kecil dan individu kelas menengah (terutama untuk PPN dan PPh OP), sebagaimana dijelaskan di atas. Indonesia telah membuat kemajuan substansial selama satu dekade terakhir dalam penguatan penegakan hukum pajak, terutama untuk PPN (Basri et al., 2021[20]) dan Presiden terpilih mengisyaratkan perbaikan lebih lanjut adalah prioritas. Hal ini terutama akan melibatkan upaya-upaya digitalisasi dan penggunaan data pihak ketiga (Kotak 1.4). Secara keseluruhan, langkah-langkah reformasi perpajakan dapat meningkatkan pendapatan pajak secara signifikan (Tabel 1.5).

Tabel 1.5. Ilustrasi dampak reformasi pajak struktural

Dampak fiskal jangka menengah dari reformasi pajak struktural, dalam persen poin PDB

Peningkatan belanja sosial (*kesehatan, pensiun, pendidikan, persalinan, perawatan anak, penurunan kemiskinan...*)	5,6	
Kebutuhan investasi untuk transisi hijau	1,4	
Total belanja tambahan pemerintah		**7,0**
Pajak Pertambahan Nilai (*menurunkan ambang batas registrasi dan mengganti PPnBM dengan PPN*)	0,8	
Cukai bahan bakar	0,5	
Pajak rokok	0,7	
Pajak Penghasilan Badan (*menurunkan ambang batas UKM dan mereformasi rezim usaha kecil dan insentif pajak*)	1,0	
Pajak Penghasilan Orang Pribadi (*menurunkan ambang penghasilan tidak kena pajak dan ambang batas pajak yang lebih tinggi*)	0,7	
Kontribusi Jaminan Sosial (*memperluas perlindungan ke pekerja di usaha kecil dan secara bertahap meningkatkan kontribusi pensiun*)	0,5	
Pajak properti (*mereformasi nilai* appraisal *dan meningkatkan alat valuasi*)	0,3	
Administrasi perpajakan (*peningkatan kepatuhan untuk PPN dan PPh Badan, digitalisasi dan data pihak ketiga, peningkatan jumlah staf*)	1,0	
Reformasi subsidi (*memberlakukan kembali aturan otomatis, mengurangi subsidi harga dan beralih ke subsidi yang ditargetkan untuk keluarga berpenghasilan rendah*)	1,0	
Efisiensi belanja pemerintah (*melakukan tinjauan belanja dan memastikan alokasi dana dan insentif yang efisien untuk pemerintah daerah*)	0,5	
Total peningkatan pendapatan pajak dan penghematan belanja		**7,0**

Sumber: (IMF, 2024[16]) dan perkiraan Staf OECD.

Kotak 1.4. Faktor-faktor utama untuk meningkatkan administrasi perpajakan

Pengalaman internasional menunjukkan hal-hal berikut adalah kunci untuk meningkatkan pendapatan dari pajak:

- pemanfatan penuh digitalisasi, yang membutuhkan konektivitas memadai dan personel pajak terampil
- penguatan manajemen risiko kepatuhan, termasuk melalui pembuatan profil risiko secara otomatis
- penggunaan sistem komputer untuk mengolah data pihak ketiga dan menerapkan *prefiling returns* (pengisian sebagian data pajak pada SPT oleh otoritas dengan informasi dari pihak ketiga)
- Menempatkan personel yang berkualifikasi dan dibekali sistem insentif di badan administrasi pajak

Contoh praktik baik meliputi:

- Yordania: bukti pembayaran pajak dijadikan syarat perpanjangan izin usaha.
- Uganda: rumah tangga dan usaha mendapatkan pesan pengingat tenggat penyerahan SPT. Langkah ini diperkirakan meningkatkan pembayaran pajak sebesar 7% (Cohen, 2024[21]).
- Kosta Rika: perusahaan diingatkan tentang penegakan hukum pajak melalui surel, menggarisbawahi kemungkinan audit, penutupan usaha, dan dipermalukan di depan umum. Langkah ini diperkirakan meningkatkan rasio pengumpulan pajak sebesar 3,4 poin persen (Brockmeyer et al., 2019[22]).

Sumber: (Bank Dunia, 2017[23]) (IMF, 2024[16]) (Okunogbe dan Tourek, 2024[24])

Menengahi prioritas belanja yang saling bertentangan dan mengurangi volatilitas anggaran

Keterbatasan ruang fiskal menegaskan pentingnya penyusunan prioritas belanja anggaran. Belanja tambahan sebaiknya didanai hanya melalui kenaikan pajak; sebab itu, pengurutan belanja baru harus dirancang dengan hati-hati, dengan fokus pada pendidikan, kesehatan (lihat Bab 2) dan infrastruktur. Prioritas belanja harus didukung analisis biaya-manfaat yang matang dan pemantauan biaya yang ketat.

Siklus posisi fiskal saat ini juga memerlukan perhatian. Mengingat jumlah pembayaran bunga dan subsidi bergantung pada kondisi keuangan global dan harga komoditas, tingginya porsi belanja variabel membuat pendanaan untuk pos-pos lain dalam anggaran menjadi lebih tidak stabil, terutama investasi di bidang infrastruktur dan sumber daya manusia. Penyusunan ulang prioritas belanja pemerintah tidak hanya akan mewujudkan keleluasaan pada sebagian ruang fiskal saat ini, tetapi juga akan menjadikan investasi lebih stabil, menghindari risiko yang terkait dengan siklus *stop-and-go*. Pada akhirnya, hal ini juga akan menyediakan ruang untuk kebijakan fiskal yang lebih bersifat *countercyclical*.

Memastikan belanja pemerintah yang efisien di tingkat pusat dan daerah

Di seluruh dunia, tinjauan belanja pemerintah telah menjadi alat tata kelola anggaran yang makin umum digunakan (OECD, 2021[25]). OECD menyatakan, tinjauan anggaran secara teratur adalah ciri utama lembaga anggaran yang berkualitas (OECD, 2022[26]) di samping tujuan yang jelas, asumsi ekonomi yang baik, *baseline* pengeluaran tahun jamak, pagu atas dan bawah pengeluaran, keputusan belanja berwawasan (misalnya, penganggaran hijau atau gender), dan transparansi anggaran. Mengonsolidasikan semua bentuk pengeluaran juga penting, termasuk pinjaman atau subsidi implisit, yang biayanya harus diperkirakan, diperhitungkan, dan/atau didanai di muka. Di samping tinjauan eksternal, tinjauan internal yang teratur dapat berdampak baik untuk Indonesia, misalnya saat Menyusun Rencana Pembangunan Jangka Menengah Nasional (RPJMN) lima tahunan, atau lebih sering.

Public Expenditure Review of Indonesia yang komprehensif dari Bank Dunia (2020[27]) menyoroti ketidakkonsistenan antara definisi program dan waktu, dan antara kerangka kerja perencanaan dan anggaran. Hal ini menyulitkan penilaian kinerja belanja publik secara tepat. Koordinasi yang lebih baik antara Kementerian PPN/Bappenas dan Kementerian Keuangan juga diperlukan. Beberapa kemajuan telah dicapai dalam monitoring dan pelaporan data pembelanjaan, namun masih ada ruang untuk memperbaiki sistem data dan meningkatkan kualitas dan akuntabilitas belanja pemerintah. *Review* juga menyoroti inefisiensi transfer fiskal ke pemerintah daerah. Dana Alokasi Umum (DAU) didasarkan pada tagihan gaji daerah dan kesenjangan antara kebutuhan dan kapasitas fiskal. Hal ini menjadi insentif bagi daerah untuk berlebihan dalam belanja pegawai ketimbang mengalokasikan dana untuk investasi. Pemerintah daerah akan lebih terdorong untuk menggunakan kapasitas perpajakannya secara penuh jika kesenjangan fiskal mengacu pada potensi pendapatan, bukan aktual. *Review* juga menyarankan Indonesia bereksperimen dengan transfer pusat-daerah yang berbasis kinerja, meskipun hal ini akan membutuhkan kapasitas implementasi dan tata kelola yang kuat di tingkat daerah.

Koordinasi antara berbagai tingkat pemerintahan sangat penting, terutama untuk layanan dengan pemerintah daerah sebagai ujung tombak, seperti kesehatan dan pendidikan. Undang-undang mengamanatkan alokasi anggaran 20% untuk pendidikan, namun kesenjangan kinerja masih signifikan (lihat Bab 2). Sebagian besar belanja pendidikan dikelola oleh pemerintah kabupaten/kota, namun kapasitas dalam mengelola kinerja pendidikan bervariasi. Peningkatan kapasitas fiskal dan administrasi, serta koordinasi dengan pemerintah pusat, akan memungkinkan layanan pendidikan yang lebih baik. Belanja kesehatan masyarakat masih rendah jika dibandingkan dengan negara lain di kawasan; ketersediaan peralatan, pelatihan dan obat-obatan seringkali tidak mencukupi, terutama di daerah-daerah terpencil. Mengatasi fragmentasi keuangan dan kelembagaan dalam sistem kesehatan serta memperkenalkan desain yang lebih baik dalam pemberian layanan juga penting. Memperkenalkan pembiayaan berbasis kinerja yang lebih baik untuk sektor kesehatan dan pendidikan akan membantu membuat belanja pemerintah menjadi lebih efisien, tetapi untuk itu dibutuhkan data dan kapasitas administratif yang baik dari pemerintah daerah. Untuk program bantuan sosial, koordinasi dengan pemerintah dan badan-badan daerah perlu berfokus pada sisi penyediaan bantuan (seiring dengan subsidi permintaan), terutama di daerah-daerah terpencil (Bank Dunia, 2020[27]). Digitalisasi menawarkan peluang dalam hal ini (Bab 3).

Penguatan dan perluasan program makan bergizi gratis telah diumumkan; makanan disajikan di sekolah atau dapat dibawa pulang. Program ini patut diapresiasi, tetapi pelaksanaannya menantang dalam hal logistik dan pendanaan. Produksi susu, misalnya, tidak mencukupi (FAO, 2023[28]) dan pengiriman makanan ke seluruh negeri akan menjadi kesulitan tersendiri. Program ini akan dilaksanakan secara bertahap dengan biaya diperkirakan mencapai USD 4,3 miliar pada APBN tahun 2025, dengan kemungkinan naik hingga USD 30 miliar atau 14% dari APBN. Oleh karena itu, pendekatan yang fleksibel dan tepat sasaran akan menjadi sangat penting untuk memastikan efektivitas dan keberlanjutan fiskal program ini, seperti dilakukan oleh negara lain. Di India, program makan siang gratis dimulai pada 2021 dan menyasar 118 juta siswa di 1,12 juta sekolah. India juga dinilai berhasil dalam menjaga biaya tetap terkendali. Pendekatan desentralisasi—program dilaksanakan oleh pemerintah negara bagian dengan bantuan dan subsidi dari pemerintah pusat—telah membantu memastikan fleksibilitas dan membatasi risiko bagi pemerintah pusat (Bakri, 2024[29]).

Penargetan subsidi energi yang lebih baik

Subsidi energi (listrik, bahan bakar, dan LPG) menyumbang porsi yang signifikan terhadap anggaran pemerintah. Meskipun sempat diturunkan pada pertengahan 2010-an (lihat Bab 4), subsidi dinaikkan pada 2018 untuk menstabilkan harga bahan bakar bagi konsumen akhir, dan anggaran pemerintah untuk subsidi pada 2021 mencapai Rp243 triliun (USD16 miliar). Terdapat upaya *refocusing* untuk lebih mendukung konsumen berpenghasilan rendah pada tahun 2022, namun subsidi mencapai untuk bahan bakar, LPG, dan Listrik Rp211 triliun (USD 14 miliar) pada tahun 2023, sementara bantuan langsung tunai untuk rumah tangga berpenghasilan rendah tidak diperpanjang. Saat ini, hanya kebijakan subsidi listrik untuk rumah tangga berpenghasilan rendah yang tepat sasaran; tabung LPG 3kg bersubsidi seharusnya ditujukan bagi rumah tangga miskin, tetapi dinikmati juga oleh banyak individu lain. Namun demikian, pada awal 2024 pemerintah mengumumkan bahwa subsidi nantinya dibatasi hanya untuk rumah tangga termiskin melalui pra-pendaftaran pelanggan. Berbagai upaya harus dilakukan untuk memastikan kebijakan ini tetap tepat sasaran. Pada akhirnya, pemerintah perlu kembali ke rumus otomatis untuk menghitung harga bahan bakar dan listrik agar harga energi global dapat diteruskan ke harga eceran, sehingga subsidi lebih rendah dan pengaruh harga komoditas terhadap anggaran pemerintah pusat berkurang. Hal ini juga langkah pertama menuju penghapusan subsidi yang tidak tepat sasaran. Bantuan tunai bersasaran tetap lebih hemat biaya dan terdistribusi dengan baik dibandingkan subsidi, tetapi perlu ada prioritas untuk membantu rumah tangga miskin bertransisi menuju teknologi yang lebih bersih (lihat Bab 4).

Membatasi eksposur fiskal terhadap BUMN dan proyek-proyek infrastruktur

Sektor BUMN yang besar di Indonesia (lihat Bab 2) juga menghadapkan pemerintah pada risiko fiskal. Kerugian BUMN tidak memiliki implikasi fiskal langsung jika BUMN dapat melakukan pinjaman tanpa dicatat di dalam neraca keuangan pemerintah yang tidak terkonsolidasi. Akan tetapi, meningkatnya stok utang BUMN dapat memaksa pemerintah untuk melakukan rekapitalisasi secara berkala, dan batas antara antara dana talangan dan penyertaan modal bisa jadi sulit ditarik. (IMF, 2024[16]). Beberapa BUMN Indonesia telah terpukul oleh pandemi COVID-19 dan dampaknya. Sebagai contoh, pada pertengahan tahun 2023, pemerintah melakukan rekapitalisasi terhadap beberapa BUMN di sektor konstruksi senilai USD 2 miliar. Pada tahun 2020, PLN juga menerima rekapitalisasi sebesar USD 2,4 miliar. Nilainya terhadap PDB tidak terlalu besar, namun porsinya dari anggaran pemerintah tetap signifikan. Mengingat keterbatasan pemerintah dalam meningkatkan penerimaan pajak dan adanya biaya penambahan utang, biaya kontinjensi seperti tersebut dapat membuat inisiatif belanja prioritas tersisih. Konsolidasi sistematis atas utang dan kerugian semua BUMN non-keuangan perlu dipertimbangkan. Hal ini dapat meningkatkan transparansi dan mengurangi ruang gerak pemerintah untuk memanfaatkan BUMN secara berlebihan dalam melakukan investasi dan subsidi tanpa tercatat di neraca anggaran negara.

Manajemen keuangan BUMN perlu ditingkatkan. Secara umum, subsidi untuk barang dan jasa harus dikurangi untuk mencerminkan harga yang sebenarnya. Saat BUMN menjalankan kegiatan untuk kepentingan publik (seperti menyediakan barang atau jasa bersubsidi), biaya-biaya yang terkait harus secara transparan dan teratur dibebankan kepada pemerintah dan bukan diserap sebagai kerugian (yang menimbulkan kebutuhan rekapitalisasi di masa depan) atau disubsidi secara tidak langsung. Subsidi tidak langsung ini bisa mencakup ketentuan pembiayaan yang longgar dari bank-bank milik negara, kelonggaran kompetisi atau peraturan untuk kegiatan usaha lain yang tidak terkait, atau subsidi *input* dari BUMN lain. BUMN yang mendapatkan penjaminan eksplisit atau implisit dari pemerintah perlu diawasi dengan ketat untuk memastikan BUMN tidak berekspansi di luar kegiatan usaha inti. Terakhir, meskipun pemerintah pusat tidak secara langsung terpapar kegiatan badan usaha milik daerah, tingkat pengawasan yang sama harus diterapkan untuk membatasi eksposur pemerintah daerah.

Risiko terhadap keuangan pemerintah dari Kerja sama Pemerintah-Badan Usaha (KPBU) perlu diatasi, terutama dalam proyek-proyek infrastruktur. Risiko operasional memerlukan penilaian *ex ante* yang baik, untuk memastikan mekanisme pembagian risiko antara pemerintah dan mitra badan usaha tetap tepat dan sehat. Terakhir, biaya beberapa proyek infrastruktur prioritas harus dipantau secara ketat, untuk memastikan belanja pemerintah tidak berlebihan berpihak pada hanya sebagian wilayah negara melalui investasi KPBU atau BUMN di luar neraca, dengan mengorbankan daerah-daerah tertinggal dan prioritas belanja pemerintah lainnya.

Temuan dan rekomendasi

TEMUAN UTAMA	REKOMENDASI (Rekomendasi utama dicetak tebal)
Mengutamakan kredibilitas kebijakan moneter	
Inflasi turun ke tingkat moderat, tetapi risiko inflasi tetap ada.	**Pertahankan kebijakan moneter yang berhati-hati dan berbasis data, suku bunga diturunkan sesuai dengan perkembangan inflasi.**
Bank Indonesia telah mengakhiri pembelian surat utang di pasar primer, namun tetap menjadi pemegang terbesar surat berharga negara.	Evaluasi porsi kepemilikan obligasi pemerintah dalam neraca bank sentral.
Meningkatkan pendapatan pajak dan mempertahankan kebijakan fiskal yang sehat	
Kebijakan fiskal telah dilakukan dengan hati-hati selama dua dekade terakhir dan utang tetap moderat. Akan tetapi, biaya pinjaman tetap tinggi dan terbatasnya pendapatan perpajakan membuat negara ini terekspos pada risiko *rollover* utang.	**Hindari defisit fiskal yang berlebihan, pastikan nilai manfaat uang (VfM) dari komitmen belanja pemerintah baru dan pertahankan rasio defisit terhadap PDB di bawah ambang batas maksimal yang diamanatkan.**
Penyediaan layanan publik utama dapat diperkirakan terus meningkat seiring dengan menaiknya permintaan masyarakat dan kebutuhan investasi yang sejalan dengan perkembangan ekonomi Indonesia.	**Pastikan strategi fiskal jangka menengah meliputi langkah-langkah untuk meningkatkan pendapatan sebagai bagian dari PDB untuk mendanai prioritas belanja, terutama di bidang pendidikan, infrastruktur, dan penurunan lapangan kerja informal.**
Pendapatan fiskal tidak terlalu besar jika dibandingkan secara internasional, termasuk dengan negara-negara lain di kawasan. Hal ini membatasi ruang untuk melakukan tindakan *countercyclical* dan memenuhi kebutuhan belanja sosial dan belanja hijau di masa depan.	**Perluas basis pajak, termasuk dengan menurunkan pendapatan tidak kena pajak (PTKP) dan ambang batas atas struktur tarif pajak. Perluas basis PPN dan turunkan ambang batas registrasi wajib.**
Penghindaran pajak masih menjadi sering terjadi di kalangan usaha dan individu berpenghasilan tinggi serta di sektor ekonomi informal.	Tingkatkan pengumpulan pendapatan pajak dengan sepenuhnya memanfaatkan digitalisasi, data pihak ketiga, dan pembuatan profil risiko secara otomatis. Pastikan jumlah staf administrasi pajak memadai.
Pajak karbon baru-baru ini diperkenalkan melalui bursa karbon untuk pembangkit listrik tenaga uap (Bab 4), namun masih rendah dan terbatas.	Selesaikan peta jalan untuk penetapan harga karbon dan pertimbangkan perluasan pajak ke sektor-sektor baru serta secara bertahap meningkatkan tingkat pajak dari waktu ke waktu.
Tarif pajak properti, dan pendapatan yang dikumpulkan dari pajak tersebut, rendah dibandingkan dengan rata-rata ASEAN. Valuasi properti untuk keperluan pajak jauh di bawah harga pasar.	Izinkan pemerintah daerah meningkatkan nilai *appraisal* hingga ke nilai estimasi penuh dari penjualan. Berinvestasi pada alat kadaster dan valuasi terpusat.
Cukai rokok dinaikkan pada tahun 2023 dan 2024, namun tetap rendah jika dibandingkan level internasional. Merokok masih menjadi tantangan kesehatan penting di Indonesia dan menimbulkan kerugian ekonomi yang besar.	Cukai rokok juga perlu lebih ditingkatkan dan diharmonisasikan ke seluruh produk; termasuk rokok kretek linting tangan.
Mengelola prioritas pengeluaran	
Subsidi energi merupakan bagian yang cukup besar dari pengeluaran untuk bantuan sosial dan berfluktuasi dari waktu ke waktu seiring dengan harga komoditas internasional. Lihat juga Bab 4.	Kurangi subsidi energi secara bertahap dan perbaiki sasaran penerimanya. Pastikan tarif yang diatur sesuai secara simetris dengan pergerakan harga energi global.
Ruang fiskal yang terbatas menekankan perlunya menentukan prioritas pengeluaran dan proyek-proyek baru menghadapi risiko pembengkakan biaya.	Pastikan analisis manfaat biaya yang komprehensif dilakukan terhadap proyek-proyek pengeluaran baru dan biayanya dipantau.
Pemerintah berencana untuk memperluas program makanan bergizi gratis, dengan tantangan implementasi yang cukup besar dalam hal biaya, sumber (*sourcing*), dan pengiriman.	Perluas program makanan bergizi gratis secara bertahap ke seluruh negeri. Targetkan program untuk Masyarakat yang paling membutuhkan dan pastikan aspek nilai manfaat uang terpenuhi.
BUMN terkadang digunakan sebagai kendaraan kebijakan fiskal yang tidak tercermin di negara anggaran.	Pastikan transparansi penuh atas implikasi fiskal dari tindakan BUMN, termasuk pengungkapan lebih jauh tentang hubungan antara pemerintah dan BUMN.
Perlindungan jaminan sosial dan pensiun	
Kepesertaan program Jaminan Hari Tua (JHT) bersifat sukarela bagi perusahaan mikro dan pekerja bukan penerima upah.	Tingkatkan kesadaran akan skema pembayaran pensiun sekaligus (*lump sum*) di kalangan pekerja bukan penerima upah dan perluas skema ini ke usaha-usaha mikro. Pertimbangkan untuk menanggung kontribusi, sebagian atau seluruhnya, sesuai dengan kapasitas fiskal.
Cakupan program Jaminan Pensiun (JP) masih terbatas pada usaha-usaha menengah dan besar.	Perluas cakupan JHT untuk pekerja di sektor usaha kecil dengan menurunkan ambang batas pengecualian untuk kontribusi sosial wajib. Pertimbangkan untuk menanggung kontribusi bagi perusahaan-perusahaan kecil, bergantung pada kapasitas fiskal.
Perlindungan dan kontribusi pensiun mungkin tidak cukup untuk mengatasi penuaan populasi, meskipun ada rencana peningkatan bertahap usia pensiun menjadi 65 tahun pada tahun 2043.	Pertimbangkan untuk menaikkan tarif iuran pensiun dalam jangka panjang.

Daftar Referensi

Bakri, M. (2024), *Prabowo bites off more than he can chew with free lunch promise*, East Asia Forum, https://doi.org/10.59425/eabc.1713391200. [29]

Basri, M. et al. (2021), "Tax Administration versus Tax Rates: Evidence from Corporate Taxation in Indonesia", *American Economic Review*, Vol. 111/12, hlm. 3827-3871, https://doi.org/10.1257/aer.20201237. [20]

Basu, S. et al. (2023), *Integrated Monetary and Financial Policies for Small Open Economies*, IMF Working Paper 2023/161, https://www.imf.org/en/Publications/WP/Issues/2023/08/04/Integrated-Monetary-and-Financial-Policies-for-Small-Open-Economies-537587. [4]

Brockmeyer, A. et al. (2019), "Casting a Wider Tax Net: Experimental Evidence from Costa Rica", *American Economic Journal: Economic Policy*, Vol. 11/3, hlm. 55-87, https://doi.org/10.1257/pol.20160589. [22]

Cohen, I. (2024), "Technology and the state: Building capacity to tax via text", *Journal of Public Economics*, Vol. 236, hlm. 105154, https://doi.org/10.1016/j.jpubeco.2024.105154. [21]

de Mooij, R. (2018), *Implementing a Medium-Term Revenue Strategy*, Internatonal Monetary Fund, https://doi.org/10.5089/9781484337141.071. [13]

FAO (2023), *Dairy Market Review – Emerging trends and outlook in 2023*, https://openknowledge.fao.org/server/api/core/bitstreams/68f7f25d-b3cb-418e-b04d-5708e5bcea1e/content. [28]

Fitch Ratings (2024), *Supportive Regulatory Environment to Boost Indonesia's Islamic Banking Sector*, https://www.fitchratings.com/research/islamic-finance/supportive-regulatory-environment-to-boost-indonesia-islamic-banking-sector-07-02-2024. [1]

Hapsari, I. et al. (2023), *Informality in Indonesia: Levels, Trends, and Features*, World Bank Policy Research Working Papers 10586, https://openknowledge.worldbank.org/handle/10986/40440. [11]

Ibrahim, R., S. T dan M. Rusydi (2021), "The influence factors of tax avoidance in Indonesia", *International Journal of Research in Business and Social Science (2147- 4478)*, Vol. 10/5, hlm. 01-10, https://doi.org/10.20525/ijrbs.v10i5.1295. [19]

ILO (2022), *Overview: Challenges and pension reforms in Indonesia*, https://www.social-protection.org/gimi/Media.action;jsessionid=TW7GyVWPDNG_dFyBWWiuLPKiCdEJpvOHf1uG70YIx2cVvqZz1Xb9!-688150444?id=18908. [10]

IMF (2024), *Indonesia – Staff Report for the 2024 Article IV Consultation*, IMF, https://www.imf.org/en/Publications/CR/Issues/2024/08/07/Indonesia-2024-Article-IV-Consultation-Press-Release-Staff-Report-and-Statement-by-the-553165. [16]

IMF (2023), *Indonesia – Staff Report for the 2023 Article IV Consultation*, https://www.imf.org/en/Publications/CR/Issues/2023/06/22/Indonesia-2023-Article-IV-Consultation-Press-Release-Staff-Report-and-Statement-by-the-535060. [3]

Indrawati, S., E. Satriawan dan Abdurohman (2024), "Indonesia's Fiscal Policy in the Aftermath of the Pandemic", *Bulletin of Indonesian Economic Studies*, Vol. 60/1, hlm. 1-33, https://doi.org/10.1080/00074918.2024.2335967. [6]

Kolev, A., J. La dan T. Manfredi (2023), "Extending social protection to informal economy workers", *OECD Development Centre Working Papers*, No. 350, OECD Publishing, Paris, https://doi.org/10.1787/ca19539d-en. [7]

Nguyen, T. dan M. Phiengphathai (2023), *Indonesia's Pension System: Timely Reforms Needed*, https://amro-asia.org/indonesias-pension-system-timely-reforms-needed/. [8]

OECD (2023), *Corporate Tax Statistics 2023*, OECD Publishing, Paris, https://doi.org/10.1787/f1f07219-en. [17]

OECD (2023), *Pensions at a Glance 2023: OECD and G20 Indicators*, OECD Publishing, Paris, https://doi.org/10.1787/678055dd-en. [9]

OECD (2023), *Revenue Statistics in Asia and the Pacific 2023: Strengthening Property Taxation in Asia*, OECD Publishing, Paris, https://doi.org/10.1787/e7ea496f-en. [12]

OECD (2022), *Annual turnover registration and collection thresholds, 2022*, OECD Publishing, Paris, https://doi.org/10.1787/b0aa89c8-en. [14]

OECD (2022), *OECD Spending Better Framework*, OECD Publishing, Paris, https://one.oecd.org/document/GOV/SBO(2022)6/REV1/en/pdf. [26]

OECD (2021), *Government at a Glance 2021*, OECD Publishing, Paris, https://doi.org/10.1787/1c258f55-en. [25]

OECD (2021), *OECD Economic Surveys: Indonesia 2021*, OECD Publishing, Paris, https://doi.org/10.1787/fd7e6249-en. [5]

OECD (2019), *Almost 40% are willing to pay more in taxes for better pensions and health care*, OECD Publishing, Paris, https://doi.org/10.1787/0ec97e73-en. [18]

Okunogbe, O. dan G. Tourek (2024), "How Can Lower-Income Countries Collect More Taxes? The Role of Technology, Tax Agents, and Politics", *Journal of Economic Perspectives*, Vol. 38/1, hlm. 81-106, https://doi.org/10.1257/jep.38.1.81. [24]

Tryggvadottir, Á. (2022), "OECD Best Practices for Spending Reviews", *OECD Journal on Budgeting*, https://doi.org/10.1787/90f9002c-en. [30]

WHO (2020), *Raising Tobacco Taxes and Prices for a healthy and prosperous Indonesia*, World Health Organization, https://www.who.int/docs/default-source/searo/indonesia/indonesia-tobacco-tax-paper-2020.pdf. [15]

World Bank (2024), *Domestic credit to private sector (% of GDP) - Indonesia, Philippines, Viet Nam, Malaysia, Thailand*, https://data.worldbank.org/indicator/FS.AST.PRVT.GD.ZS?locations=ID-PH-VN-MY-TH. [2]

World Bank (2020), *Indonesia Public Expenditure Review: Spending for Better Results*, http://www.worldbank.org/idper. [27]

World Bank (2017), *Tax revenue mobilization : lessons from World Bank Group support for tax reform*, WB Independent Evaluation Group, https://doi.org/10.1596/IEG113533. [23]

Bakri, M. (2024), *Prabowo bites off more than he can chew with free lunch promise*, East Asia Forum, https://doi.org/10.59425/eabc.1713391200. [15]

Basri, M. et al. (2021), “Tax Administration versus Tax Rates: Evidence from Corporate Taxation in Indonesia”, *American Economic Review*, Vol. 111/12, pp. 3827-3871, https://doi.org/10.1257/aer.20201237. [22]

Basu, S. et al. (2023), *Integrated Monetary and Financial Policies for Small Open Economies*, IMF Working Paper 2023/161, https://www.imf.org/en/Publications/WP/Issues/2023/08/04/Integrated-Monetary-and-Financial-Policies-for-Small-Open-Economies-537587. [2]

Brockmeyer, A. et al. (2019), “Casting a Wider Tax Net: Experimental Evidence from Costa Rica”, *American Economic Journal: Economic Policy*, Vol. 11/3, pp. 55-87, https://doi.org/10.1257/pol.20160589. [27]

Cohen, I. (2024), “Technology and the state: Building capacity to tax via text”, *Journal of Public Economics*, Vol. 236, p. 105154, https://doi.org/10.1016/j.jpubeco.2024.105154. [28]

de Mooij, R. (2018), *Implementing a Medium-Term Revenue Strategy*, Internatonal Monetary Fund, https://doi.org/10.5089/9781484337141.071. [5]

FAO (2023), *Dairy Market Review – Emerging trends and outlook in 2023*, https://openknowledge.fao.org/server/api/core/bitstreams/68f7f25d-b3cb-418e-b04d-5708e5bcea1e/content. [24]

Fitch Ratings (2024), *Supportive Regulatory Environment to Boost Indonesia’s Islamic Banking Sector*, https://www.fitchratings.com/research/islamic-finance/supportive-regulatory-environment-to-boost-indonesia-islamic-banking-sector-07-02-2024. [26]

Hapsari, I. et al. (2023), *Informality in Indonesia: Levels, Trends, and Features*, World Bank Policy Research Working Papers 10586, https://openknowledge.worldbank.org/handle/10986/40440. [20]

Ibrahim, R., S. T and M. Rusydi (2021), “The influence factors of tax avoidance in Indonesia”, *International Journal of Research in Business and Social Science (2147- 4478)*, Vol. 10/5, pp. 01-10, https://doi.org/10.20525/ijrbs.v10i5.1295. [16]

ILO (2022), *Overview: Challenges and pension reforms in Indonesia*, https://www.social-protection.org/gimi/Media.action;jsessionid=TW7GyVWPDNG_dFyBWWiuLPKiCdEJpvOHf´uG70YIx2cVvqZz1Xb9!-688150444?id=18908. [13]

IMF (2024), *Indonesia – Staff Report for the 2024 Article IV Consultation*, IMF, https://www.imf.org/en/Publications/CR/Issues/2024/08/07/Indonesia-2024-Article-IV-Consultation-Press-Release-Staff-Report-and-Statement-by-the-553165. [18]

IMF (2023), *Indonesia – Staff Report for the 2023 Article IV Consultation*, https://www.imf.org/en/Publications/CR/Issues/2023/06/22/Indonesia-2023-Article-IV-Consultation-Press-Release-Staff-Report-and-Statement-by-the-535060. [1]

Indrawati, S., E. Satriawan and Abdurohman (2024), “Indonesia’s Fiscal Policy in the Aftermath of the Pandemic”, *Bulletin of Indonesian Economic Studies*, Vol. 60/1, pp. 1-33, https://doi.org/10.1080/00074918.2024.2335967. [6]

Kolev, A., J. La and T. Manfredi (2023), “Extending social protection to informal economy workers”, *OECD Development Centre Working Papers*, No. 350, OECD Publishing, Paris, https://doi.org/10.1787/ca19539d-en. [11]

Nguyen, T. and M. Phiengphathai (2023), *Indonesia's Pension System: Timely Reforms Needed*, https://amro-asia.org/indonesias-pension-system-timely-reforms-needed/. [14]

OECD (2023), *Corporate Tax Statistics 2023*, OECD Publishing, Paris, https://doi.org/10.1787/f1f07219-en. [17]

OECD (2023), *Pensions at a Glance 2023: OECD and G20 Indicators*, OECD Publishing, Paris, https://doi.org/10.1787/678055dd-en. [12]

OECD (2023), *Revenue Statistics in Asia and the Pacific 2023: Strengthening Property Taxation in Asia*, OECD Publishing, Paris, https://doi.org/10.1787/e7ea496f-en. [4]

OECD (2022), *Annual turnover registration and collection thresholds, 2022*, OECD Publishing, Paris, https://doi.org/10.1787/b0aa89c8-en. [30]

OECD (2022), *OECD Spending Better Framework*, OECD Publishing, Paris, https://one.oecd.org/document/GOV/SBO(2022)6/REV1/en/pdf. [25]

OECD (2021), *Government at a Glance 2021*, OECD Publishing, Paris, https://doi.org/10.1787/1c258f55-en. [8]

OECD (2021), *OECD Economic Surveys: Indonesia 2021*, OECD Publishing, Paris, https://doi.org/10.1787/fd7e6249-en. [3]

OECD (2019), *Almost 40% are willing to pay more in taxes for better pensions and health care*, OECD Publishing, Paris, https://doi.org/10.1787/0ec97e73-en. [29]

Okunogbe, O. and G. Tourek (2024), "How Can Lower-Income Countries Collect More Taxes? The Role of Technology, Tax Agents, and Politics", *Journal of Economic Perspectives*, Vol. 38/1, pp. 81-106, https://doi.org/10.1257/jep.38.1.81. [21]

Tryggvadottir, Á. (2022), "OECD Best Practices for Spending Reviews", *OECD Journal on Budgeting*, https://doi.org/10.1787/90f9002c-en. [9]

WHO (2020), *Raising Tobacco Taxes and Prices for a healthy and prosperous Indonesia*, World Health Organization, https://www.who.int/docs/default-source/searo/indonesia/indonesia-tobacco-tax-paper-2020.pdf. [10]

World Bank (2024), *Domestic credit to private sector (% of GDP) - Indonesia, Philippines, Viet Nam, Malaysia, Thailand*, https://data.worldbank.org/indicator/FS.AST.PRVT.GD.ZS?locations=ID-PH-VN-MY-TH. [19]

World Bank (2020), *Indonesia Public Expenditure Review: Spending for Better Results*, http://www.worldbank.org/idper. [7]

World Bank (2017), *Tax revenue mobilization : lessons from World Bank Group support for tax reform*, WB Independent Evaluation Group, https://doi.org/10.1596/IEG113533. [23]

2 Memacu pertumbuhan dan mencapai konvergensi sosial-ekonomi

Chares Dennery, CECD

Indonesia telah mempertahankan pertumbuhan ekonomi yang stabil selama seperempat abad terakhir dan mencapai kemajuan yang cukup besar dalam mengurangi kemiskinan ekstrem serta meningkatkan standar hidup dalam jangka panjang. Akan tetapi, peningkatan PDB per kapita tidak secepat di banyak negara lain dan tren produktivitas tenaga kerja tidak sesuai harapan. Dengan begitu, masih banyak yang harus dikerjakan untuk mencapai status ekonomi maju pada tahun 2045 yang ditargetkan pemerintah. Indonesia berpotensi memetik lebih banyak manfaat dari integrasi dalam rantai nilai global. Pendidikan, keterampilan, dan partisipasi dalam pekerjaan formal harus ditingkatkan, sementara lingkungan usaha dan persaingan dapat terus dikuatkan. Kebijakan industri dan perdagangan harus memiliki arah yang jelas, dipantau, dan terikat waktu *(time-bound)*.

Konvergensi ekonomi terhenti

Indonesia telah mempertahankan pertumbuhan ekonomi yang secara umum stabil selama seperempat abad terakhir. Pangsa Indonesia dalam PDB global pun naik dari 0,3% pada tahun 1998 menjadi 1,3% pada tahun 2022. Peningkatan PDB per kapita cukup besar (dari USD 6 100 menjadi USD 14 100, dalam versi PPP (harga konstan 2021, dalam USD)), meskipun tidak sebesar di beberapa negara lain. Akibatnya, Indonesia semakin tertinggal dari negara-negara berkembang lainnya di G20, khususnya Tiongkok. Sejalan dengan itu, proses konvergensi ekonomi (Kremer, Willis and You, 2022[1]) menuju ekonomi yang lebih kaya di OECD secara umum terhenti selama dekade terakhir (Gambar 2.1). PDB per kapita Indonesia berkisar di 25% dari rata-rata OECD sejak awal tahun 2010.

Perkembangan sosial-ekonomi di bidang lain terbilang kuat. Indonesia telah mencapai kemajuan signifikan dalam mengurangi kemiskinan ekstrem. Tingkat kemiskinan naik untuk sementara waktu selama pandemi, tetapi kini telah menurun, dan penurunan kemiskinan multidimensi tetap stabil meskipun terjadi pandemi (Gambar 2.2, Panel A). Hal ini sebagian disebabkan oleh tingkat partisipasi tenaga kerja dan kesempatan pekerjaan yang lebih tinggi, kenaikan upah minimum, dan perluasan program bantuan sosial. Di sisi lain, pangsa sektor informal dan wirausaha meningkat dibandingkan sebelum pandemi, dan lonjakan ekspor komoditas belum terdistribusi secara merata; kedua faktor ini berkontribusi pada peningkatan kesenjangan di daerah perkotaan pada 2020-23, tetapi telah berkurang pada 2024 (Panel B).

Gambar 2.1. Dalam beberapa tahun terakhir, PDB per kapita berhenti mengejar ketertinggalannya dari kawasan OECD

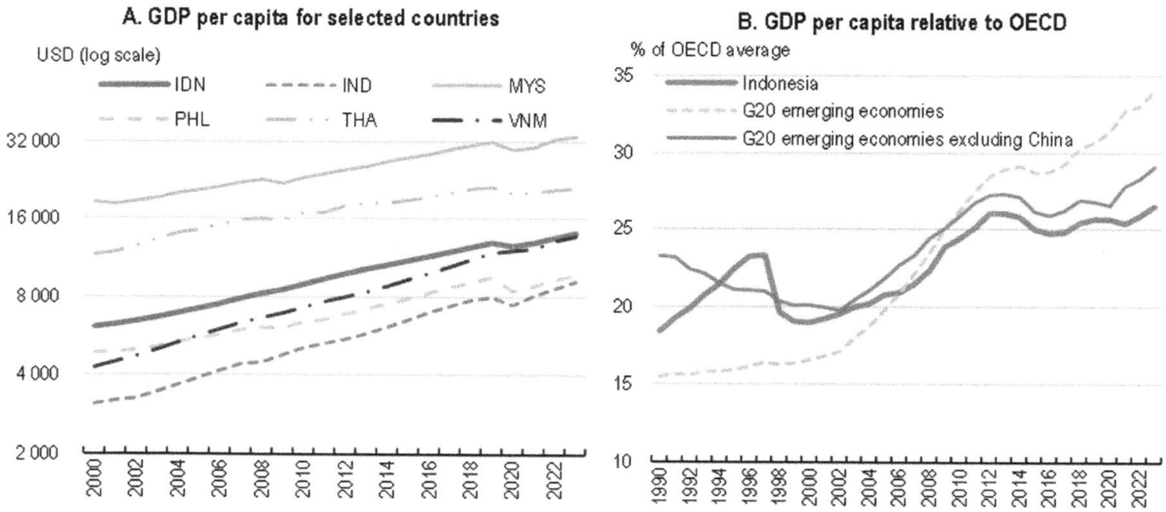

Catatan: Data didasarkan pada PDB nominal yang disesuaikan dengan keseimbangan kemampuan berbelanja/paritas daya beli (PPP, dalam dolar internasional harga konstan 2021 pada Panel A dan dolar internasional harga berlaku pada panel B). Negara-negara berkembang G20 tidak termasuk Indonesia: Argentina, Brasil, Tiongkok, India, Meksiko, Rusia, Arab Saudi, Afrika Selatan, dan Turki.
Sumber: OECD (2024),World Bank (2024), World Development Indicators.

StatLink https://stat.link/g6bf8e

Gambar 2.2. Angka kemiskinan terus mengalami tren penurunan

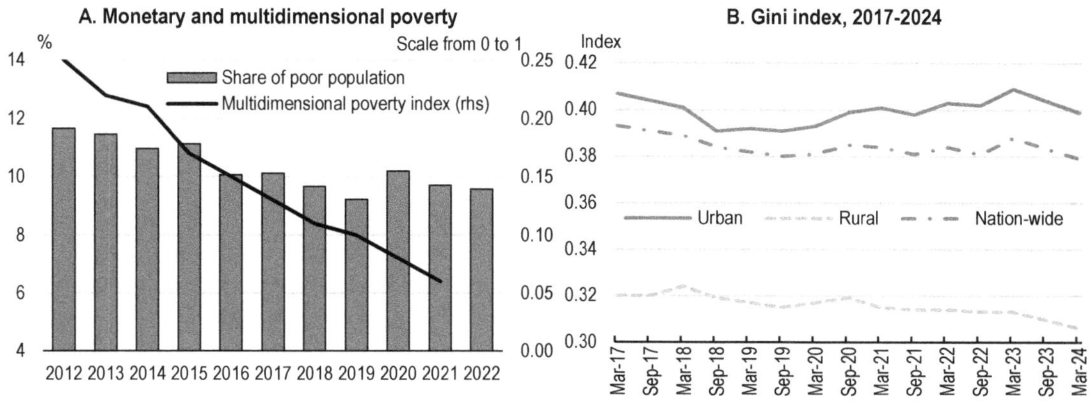

Catatan: Pada Panel A, penduduk miskin mengacu pada penduduk yang hidup di bawah garis kemiskinan nasional.
Sumber: Survei Status Gizi Indonesia (SSGI); dan The PRAKARSA (2024), Indeks Kemiskinan Multidimensi Indonesia 2012-2021 and BPS.

StatLink https://stat.link/t9oleh

Kotak 2.1. Menurunkan angka *stunting*

Stunting (gangguan tumbuh kembang anak akibat malnutrisi dan infeksi berulang) telah menjadi masalah yang terus berlanjut di Indonesia selama beberapa dekade. *Stunting* dapat menyebabkan gangguan jangka panjang pada kemampuan fisik dan kognitif, yang pada akhirnya berdampak pada kesehatan, harapan hidup, keterampilan, dan capaian seseorang di pasar tenaga kerja. Indonesia telah mencapai kemajuan yang cukup signifikan selama dekade terakhir (Gambar 2.3). Pada kelompok balita, prevalensi *stunting* telah menurun dari 37% pada tahun 2013 menjadi 30,8% pada tahun 2018 dan 21,5% pada tahun 2023. Kampanye utama dalam beberapa tahun terakhir adalah Strategi Nasional Percepatan Pencegahan *Stunting* yang diluncurkan pada tahun 2017. Strategi ini melibatkan 24 kementerian dan dana sekitar USD 4 miliar per tahun, serta pemerintah daerah, untuk mengatasi akar penyebab *stunting*. Salah satu kunci pencegahan adalah meningkatkan jumlah dan mutu makanan untuk bayi dan anak yang berisiko mengalami *stunting* serta ibu mereka. Langkah-langkah lain termasuk perbaikan sanitasi, akses ke air bersih, dan layanan kesehatan dasar. Awalnya diluncurkan di daerah dengan kasus *stunting* tertinggi, strategi ini telah diperluas ke semua kabupaten/kota. Di negara lain, kunci kampanye serupa meliputi keterlibatan dan pengawasan di tingkat pemerintahan tertinggi, koordinasi di berbagai tingkat pemerintahan, serta pembiayaan publik yang memadai dan pengumpulan data yang baik untuk membantu rumah tangga sasaran dan daerah yang paling membutuhkan (Murthi, 2022[2]).

Gambar 2.3. Malnutrisi pada anak terus menurun

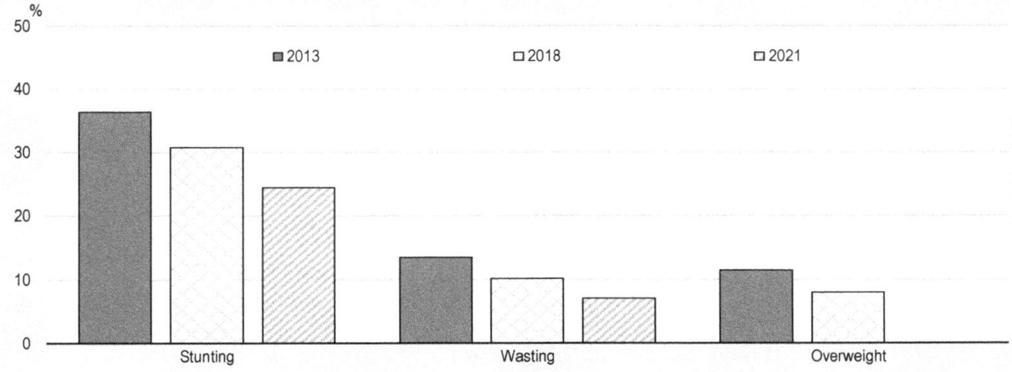

Catatan: Data tahun 2021 untuk *stunting* dan *wasting* (gizi kurang dan gizi buruk) berasal dari Survei Status Gizi Indonesia.
Sumber: Estimasi Malnutrisi Anak Bersama UNICEF/WHO/Bank Dunia; dan Survei Status Gizi Indonesia (SSGI).

StatLink https://stat.link/oelca6

Selanjutnya, bab ini pertama-tama menggarisbawahi pengaruh rendahnya produktivitas terhadap keterbatasan upaya Indonesia untuk mengejar ketertinggalan PDB per kapita. Bab ini juga menekankan peran yang berpotensi dimiliki integrasi lebih jauh dalam perdagangan global dan rantai terhadap peningkatan kinerja ekonomi. Selebihnya, bab ini membahas opsi kebijakan untuk memperkuat kinerja ekonomi jangka panjang dengan dua tema: ketenagakerjaan dan keterampilan, serta lingkungan usaha.

Tingkat produktivitas rendah dan integrasi dalam rantai nilai global masih terbatas

Produktivitas adalah penentu utama pertumbuhan PDB jangka panjang dan Indonesia tertinggal dari negara-negara lain. Berlawanan dari negara-negara ASEAN lainnya, produktivitas faktor total telah menurun (Gambar 2.4, Panel A). PDB per pekerja juga relatif rendah dibandingkan dengan beberapa negara lain, termasuk Thailand dan Malaysia. Produktivitas tenaga kerja pun tumbuh lebih lambat dibandingkan dengan negara-negara lain anggota ASEAN5. Dilatari hal ini, pemerintah membentuk Lembaga Produktivitas Nasional (LPN) pada tahun 2023, dengan mandat mendorong reformasi peningkatan produktivitas seperti yang dilakukan di beberapa negara OECD (Renda dan Dougherty, 2017[3]). Dekomposisi pertumbuhan produktivitas tenaga kerja menunjukkan relevansi pendalaman modal non-TIK (Panel C). Hal ini tidak berarti digitalisasi tidak relevan, karena investasi non-TIK sering kali membutuhkan infrastruktur digital yang baik.

Gambar 2.4. Kinerja produktivitas masih lemah

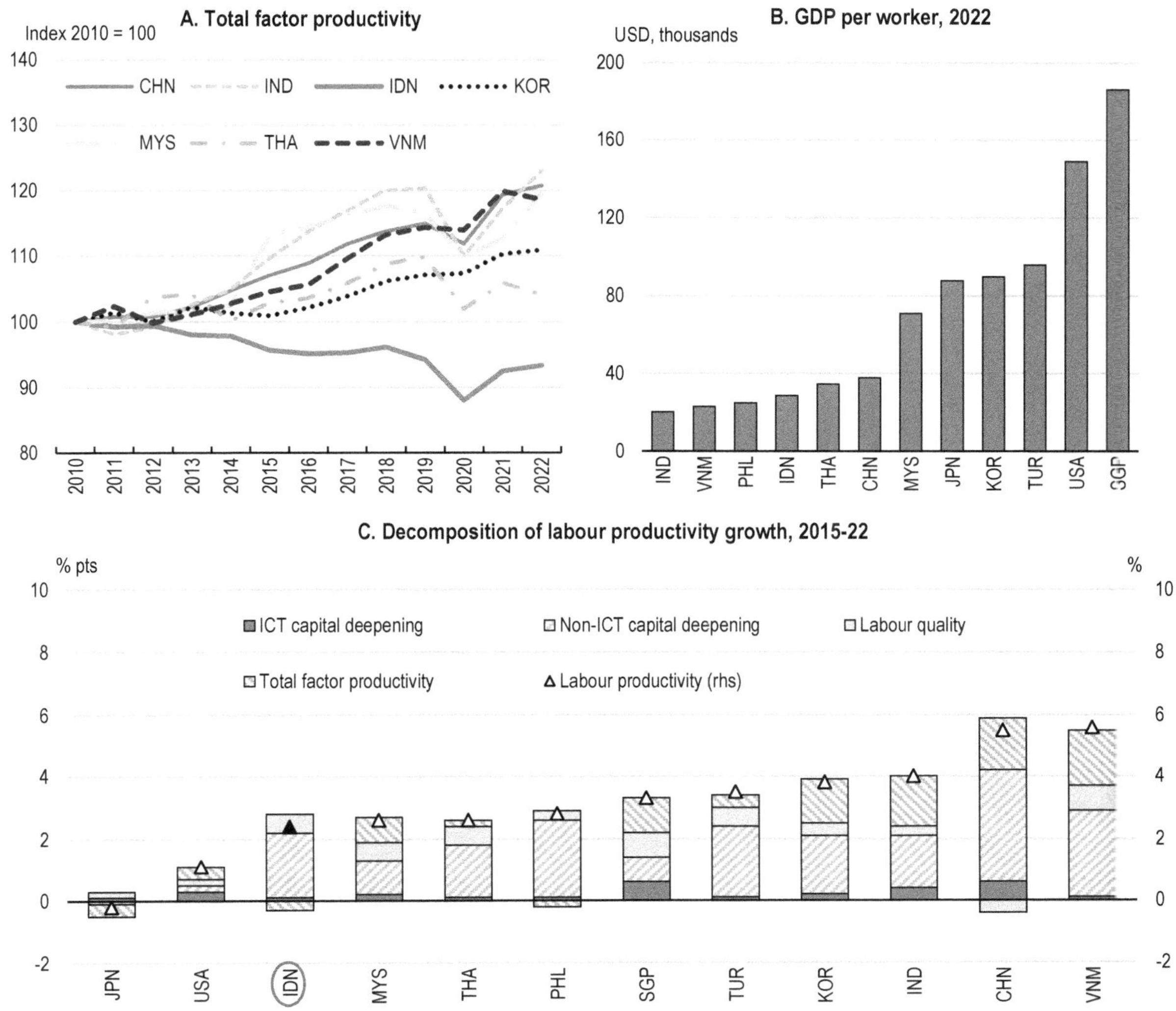

Catatan: Pada Panel B, data berdasarkan PDB pada harga konstan per pekerja menggunakan PPP 2017.
Sumber: APO Productivity Databook 2023.

StatLink https://stat.link/1nzm8i

Berbagai indikator menunjukkan bahwa Indonesia memiliki ruang bagi perdagangan yang lebih mendalam dan maju secara teknologi. Ekspor dan impor secara gabungan mewakili 45% dari PDB pada tahun 2022, dibandingkan dengan 72% di Filipina. Di beberapa negara ASEAN lain, nilai ini jauh di atas 100%. Demikian pula, arus masuk investasi asing langsung (PMA langsung) setara dengan 1,9% dari PDB, dibandingkan dengan 4,4% di Vietnam dan 3,6% di Malaysia. Meskipun indikator pertama mungkin mencerminkan ukuran pasar domestik yang besar, faktor ini seharusnya membuat berinvestasi di Indonesia sangat penting dalam strategi global perusahaan multinasional. Terdapat bukti lain yang menunjukkan ruang penguatan partisipasi dalam globalisasi, yaitu pangsa "teknologi tinggi" dari ekspor manufaktur Indonesia (Gambar 2.5, Panel A). Pangsa ini memang telah menurun. Pada tahun 2010, 12,1% dari ekspor Indonesia merupakan ekspor teknologi tinggi; pada tahun 2019, porsinya menjadi 8,1%. Negara-negara Asia Tenggara lainnya seperti Filipina dan Vietnam memiliki pangsa tertinggi dan pertumbuhan tercepat untuk ekspor manufaktur berteknologi menengah dan tinggi. Partisipasi rendah dalam globalisasi juga tercermin dari tingkat kandungan luar negeri ekspor Indonesia yang lebih kecil daripada rata-rata ASEAN dan OECD (Panel B). Porsi ini turun dari 15% menjadi 11% antara tahun 2008 dan 2020. Demikian pula, pangsa nilai tambah dalam negeri yang diekspor dalam bentuk barang setengah jadi (sumber daya alam) dan digunakan dalam produksi barang jadi di luar negeri menunjukkan tren 'de-integrasi'. Survei perusahaan oleh Bank Dunia menunjukkan keterlibatan yang relatif rendah dalam perdagangan luar negeri (Panel C dan D). Sementara itu, potensi untuk mengembangkan pariwisata cukup besar; Indonesia memiliki 10 dari 27 situs ASEAN5 yang masuk dalam Daftar Situs Warisan Dunia UNESCO (Kotak 2.2).

Gambar 2.5. Partisipasi dalam rantai nilai global masih rendah dan perusahaan yang terlibat dalam perdagangan luar negeri relatif sedikit

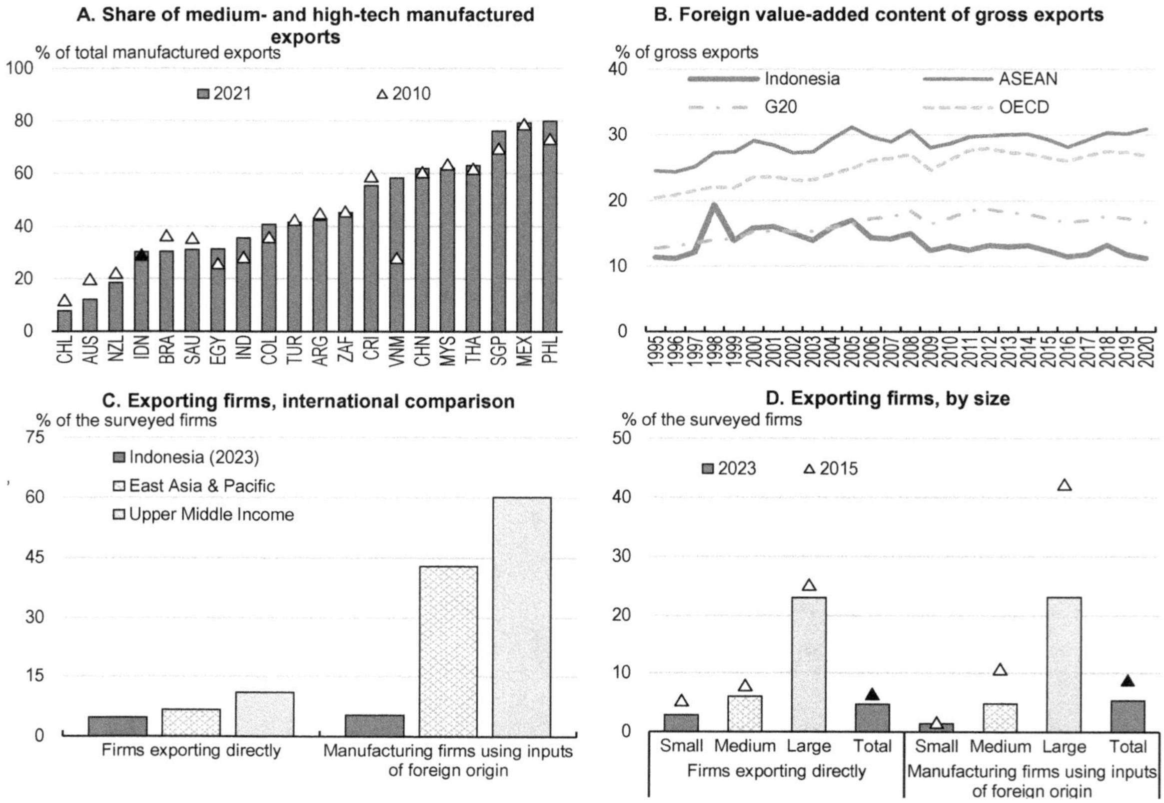

Catatan: Pada panel C dan D; data menunjukkan jumlah perusahaan yang disurvei dengan *export account* mencapai setidaknya 10% dari penjualan tahunan. Ukuran perusahaan ditentukan oleh jumlah karyawan: 5 hingga 19 (kecil), 20 hingga 99 (menengah), dan 100 atau lebih (besar).

Sumber: Indikator TiVA OECD dan catatan negara TiVA; Bank Dunia; dan United Nations Industrial Development Organization (UNIDO), basis data Competitive Industrial Performance (CIP). Bank Dunia, Basis Data Survei Perusahaan dan Profil Negara Indonesia 2023.

StatLink https://stat.link/84qwry

Kotak 2.2. Meningkatkan kinerja sektor pariwisata

Pada tahun 2019, dari 16 juta kedatangan internasional (dengan sekitar 10 juta melalui jalur udara), sekitar 6 juta tercatat di Bandara Ngurah Rai, Bali. Proyek "10 Bali Baru" diluncurkan pada tahun 2016 untuk mempromosikan sepuluh destinasi lain, yang kemudian secara bertahap dipersempit menjadi lima destinasi (Borobudur, Labuan Bajo, Danau Toba, Likupang, dan Mandalika). Pandemi COVID-19 amat menghantam sektor pariwisata; berlawanan dari perkiraan semula, jumlah kedatangan pada tahun 2023 hanya kembali menyamai tingkat sebelum pandemi. Seperti yang disoroti dalam *Travel and Tourism Development Index* dari World Economic Forum (World Economic Forum, 2024[4]) Indonesia berada di posisi yang relatif baik untuk menarik wisatawan, dengan skor 4,46 (dari 7) dan berada di peringkat 22 di dunia. Secara keseluruhan, Indonesia memiliki kinerja yang lebih baik daripada rata-rata dunia dan rata-rata Asia Tenggara di hampir semua dimensi: skor Indonesia baik dalam hal memprioritaskan pariwisata (ke-3) dan sumber daya alam yang ditawarkan (ke-8). Akan tetapi, indeks juga menunjukkan adanya ruang perbaikan dalam hal kesehatan dan kebersihan (ke-89 di dunia), layanan dan infrastruktur pariwisata (ke-86), kesiapan TIK (ke-73), serta keterbukaan untuk melakukan perjalanan dan pariwisata (ke-69).

Sebagaimana dicatat dalam *Economic Survey* 2018 (OECD, 2018[5]), membangun destinasi pariwisata baru merupakan hal yang menantang. Untuk membuat suatu destinasi menarik, biasanya dibutuhkan infrastruktur transportasi dan akomodasi yang lebih baik, selain kapasitas internet berkecepatan tinggi dan tenaga kerja terampil. Selain itu, diperlukan pengembangan kapasitas pengelolaan limbah dan pengolahan air serta perhatian terhadap pelestarian lingkungan alam, karena pariwisata yang tidak terkendali dapat menyebabkan kerusakan serius pada air, tanah, dan alam. Kerja sama dengan, dan bantuan untuk, masyarakat, pemerintah, dan pemangku kepentingan daerah sangat penting untuk menyukseskan pariwisata dalam jangka panjang.

Sumber: (World Economic Forum, 2024[4]), Badan Pusat Statistik (BPS)

Meningkatkan tingkat penyerapan tenaga kerja dan memperkuat sumber daya manusia

Indonesia memiliki ruang untuk meningkatkan partisipasi angkatan kerja dan meningkatkan sumber daya manusia. Tantangan utama yang dihadapi antara lain, mengurangi lapangan kerja informal di pasar tenaga kerja, menutup kesenjangan gender, serta meningkatkan pendidikan dan pelatihan.

Mengurangi lapangan kerja informal di pasar tenaga kerja

Lapangan kerja informal di Indonesia masih tersebar luas. Meskipun terdapat tren penurunan dalam beberapa dekade terakhir, sekitar 60% dari angkatan kerja diperkirakan berada dalam jenis pekerjaan informal, lebih tinggi dari negara-negara tetangga. Pekerjaan informal mencakup pekerja rumah tangga yang tidak dibayar, karyawan di sektor usaha informal, serta pekerja informal di perusahaan formal. Lapangan kerja informal sangat tinggi di sektor pertanian dan jasa berketerampilan rendah, serta untuk perempuan (Hapsari et al., 2023[6]). Produktivitas dan gaji cenderung lebih rendah di perusahaan informal, dan provinsi dengan tingkat lapangan kerja informal yang lebih tinggi juga cenderung lebih miskin. Program jaminan sosial (jaminan hari tua, kecelakaan kerja, pengangguran) telah diperkenalkan dalam beberapa tahun terakhir, tetapi banyak di antaranya hanya mencakup karyawan di usaha-usaha besar. Pekerja informal dan karyawan usaha kecil harus sangat bergantung pada bantuan keluarga atau masyarakat, dan selama pandemi COVID-19 sebagian telah meninggalkan pasar tenaga kerja atau beralih ke pekerjaan yang lebih informal. Secara umum, Indonesia telah lama dicirikan sebagai pasar tenaga kerja ganda yang amat kuat, dengan ketenagakerjaan dan perlindungan sosial yang luas di perusahaan-perusahaan besar, tetapi dengan berbagai pengecualian atau kesulitan penegakan hukum di usaha-usaha kecil dan sektor informal.

UU Cipta Kerja diterbitkan pada Maret 2023, setelah versi awalnya yang terbit tahun 2020 ditangguhkan oleh Mahkamah Agung pada tahun 2021. UU Cipta Kerja mencakup langkah-langkah penguatan sektor formal dengan membuat peraturan ketenagakerjaan yang lebih fleksibel di perusahaan-perusahaan formal (dan dengan demikian menurunkan insentif untuk beroperasi secara informal). Sejalan dengan rekomendasi OECD sebelumnya (Tabel 2.1), undang-undang tersebut menggantikan upah minimum kota (dan sering kali juga upah minimum sektoral) dengan upah minimum provinsi, berdasarkan inflasi dan pertumbuhan ekonomi; undang-undang tersebut juga memberikan fleksibilitas yang lebih besar untuk kerja paruh waktu dan lembur. Pengawasan terhadap pemutusan hubungan kerja dikurangi, dan pesangon maksimum dikurangi dari 32 menjadi 19 kali upah, dengan tambahan enam kali yang dibayarkan oleh skema Jaminan Kehilangan Pekerjaan yang baru dibentuk. Undang-undang ini bertujuan mengurangi dualitas pasar tenaga kerja, namun dampak positifnya masih terlalu dini untuk diukur. UU Cipta Kerja juga mencakup ketentuan untuk mengurangi regulasi usaha (lihat di bawah).

Tabel 2.1. Rekomendasi OECD terdahulu untuk mengatasi lapangan pekerjaan informal dan meningkatkan inklusi

Rekomendasi OECD terdahulu	Tindakan yang diambil sejak survei tahun 2021
Lakukan percobaan tingkat proteksi ketenagakerjaan yang lebih rendah dan potongan upah minimum bagi kaum muda di zona ekonomi khusus. Perpanjang jika berhasil.	Telah dikembangkan pedoman untuk zona ekonomi khusus hijau, yang mencakup indikator untuk menciptakan pertumbuhan yang inklusif. Tidak ada tindakan lain yang diambil.
Tinjau tingkat upah minimum di setiap provinsi untuk menyelaraskannya dengan karakteristik daerah.	Rumus penghitungan upah minimum provinsi telah diubah untuk mengikuti pertumbuhan ekonomi dan inflasi.
Dorong kesempatan kerja bagi perempuan melalui kampanye publik. Targetkan lebih banyak perempuan dalam program pelatihan sepanjang hayat. Dukung penyediaan fasilitas penitipan anak. Tegakkan hukum yang mempromosikan kesetaraan gender.	Tidak ada tindakan yang diambil.
Perluas skema jaminan kehilangan pekerjaan (JKP) bersama-sama dengan asosiasi pengusaha dan serikat pekerja.	Tidak ada tindakan yang diambil, namun skema JKP dijadwalkan untuk ditinjau secara berkala.

Mempersempit kesenjangan gender

Kesenjangan gender dalam partisipasi angkatan kerja masih signifikan di Indonesia, dan lebih tinggi dibandingkan dengan beberapa negara EMERG20 dan sebagian besar negara OECD lainnya (Gambar 2.6). Perempuan masih terlalu banyak terwakili dalam pekerjaan informal, dan kurang terwakili dalam pekerjaan formal yang lebih berkualitas, meskipun terdapat peningkatan substansial dalam pencapaian pendidikan.

Gambar 2.6. Kesenjangan gender dalam partisipasi angkatan kerja tetap signifikan

Tingkat partisipasi angkatan kerja perempuan, 15-64 tahun, 2022

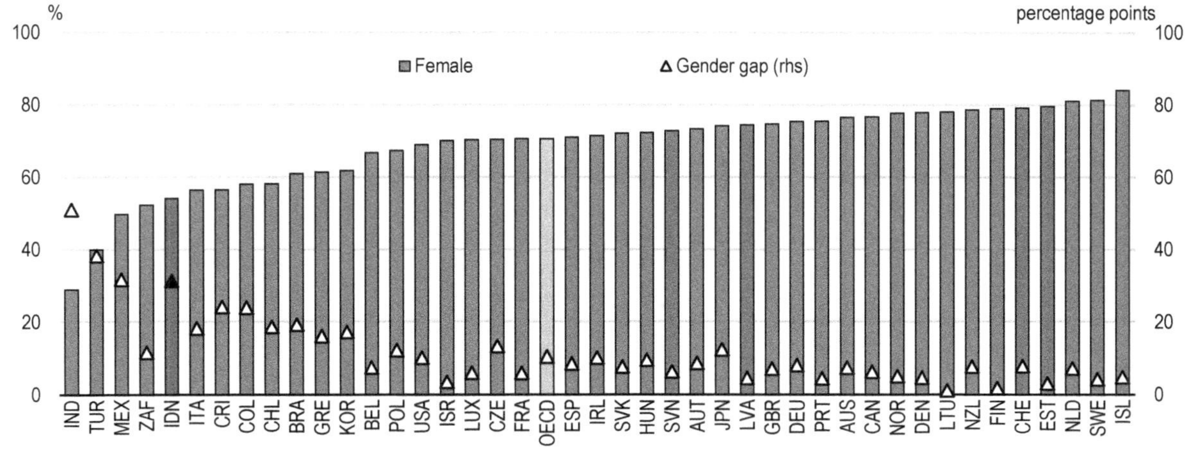

Catatan: 2019 untuk Indonesia. Kesenjangan gender mengacu pada selisih presentase antara Tingkat Partisipasi Laki-Laki dan Perempuan.
Sumber: OECD (2024), basis data Ketenagakerjaan OECD.

StatLink https://stat.link/g3y6cw

Dalam jangka pendek, mempromosikan peluang kewirausahaan formal—terutama melalui pendidikan keuangan, pinjaman mikro, dan kemudahan berusaha—dapat meningkatkan partisipasi angkatan kerja perempuan dan memformalkan wiraswasta (Mukhlisah, 2024[7]). Secara khusus, upaya untuk mengembangkan dan memformalkan ekonomi pengasuhan dapat memberdayakan perempuan dan membuat masyarakat lebih tangguh (OECD, 2024[8]). Meningkatkan pendidikan dan keterampilan perempuan adalah kunci untuk mengakses pekerjaan formal dengan gaji yang lebih baik. Tingkat partisipasi perempuan dalam pendidikan tinggi sudah lebih tinggi dibandingkan laki-laki, dan lebih penting lagi, memastikan perempuan memiliki kesempatan untuk menggunakan keterampilan mereka di tempat kerja. Mengadaptasi norma-norma budaya juga penting; di Indonesia, laki-laki sering kali masih dianggap sebagai pencari nafkah yang lebih sah dan oleh karena itu layak diprioritaskan dalam perekrutan (OECD, 2024[8]).

Memperkuat dukungan untuk cuti melahirkan dan layanan penitipan anak merupakan bagian dari solusi peningkatan kesempatan kerja bagi perempuan. Meskipun undang-undang memberikan cuti melahirkan selama tiga bulan dengan upah penuh, biaya tunjangan ini sepenuhnya ditanggung oleh pemberi kerja. Hal ini berkontribusi pada rendahnya kepatuhan, terutama di perusahaan kecil (Setyonaluri et al., 2023[9]). Selain itu, pekerja di sektor informal menerima beberapa jaminan kesehatan persalinan, tetapi tidak termasuk cuti melahirkan. Mengalihkan pembiayaan cuti melahirkan kepada pemerintah, sebagian atau seluruhnya, akan membantu meningkatkan cakupan layanan. Selain itu, dengan menurunkan biaya persalinan bagi pemberi kerja, perempuan akan lebih mungkin diberikan pekerjaan. Kebijakan juga harus memastikan agar para ibu tidak dihukum secara tidak sepatutnya ketika mereka kembali bekerja setelah cuti melahirkan atau cuti mengasuh anak. Pendidikan Anak Usia Dini (PAUD) dicantumkan dalam Undang-Undang tentang Sistem Pendidikan Nasional tahun 2003, tetapi perkembangannya masih terbatas; tingkat partisipasi PAUD kurang dari 40% (UNICEF, 2020[10]). Angka partisipasi dapat ditingkatkan dengan adanya akses yang lebih besar terhadap fasilitas PAUD yang terjangkau dan upaya yang lebih baik untuk menjamin kualitas lembaga pendidikan (akreditasi masih bersifat opsional) dan guru.

Meningkatkan kinerja sektor pendidikan

Seperti di negara lain, mutu pembelajaran merosot selama pandemi. Programme for International Student Assessment (PISA) dari OECD menilai kinerja belajar siswa berusia 15 tahun dalam bidang matematika, membaca, dan sains. Menurut hasil terbaru (OECD, 2023[11]) kinerja siswa di Indonesia menurun antara tahun 2018 dan 2022, seperti halnya di sebagian besar negara OECD. Hal ini sebagian besar disebabkan oleh penutupan sekolah yang disebabkan oleh pandemi, meskipun penurunan sudah terlihat di Indonesia sebelum tahun 2018 (Gambar 2.7). Pada tahun 2022, seperti tahun-tahun sebelumnya, nilai siswa Indonesia secara signifikan lebih buruk daripada rata-rata OECD di bidang matematika, membaca, dan sains. Perbedaan antar provinsi cukup besar: pada tahun 2018, kinerja rata-rata di Jakarta dan Yogyakarta di ketiga mata pelajaran itu adalah sekitar 40 hingga 50 poin lebih tinggi daripada rata-rata nasional (OECD, 2019[12]).

Gambar 2.7. Kinerja siswa dalam tes PISA rendah dan telah turun dalam beberapa tahun terakhir

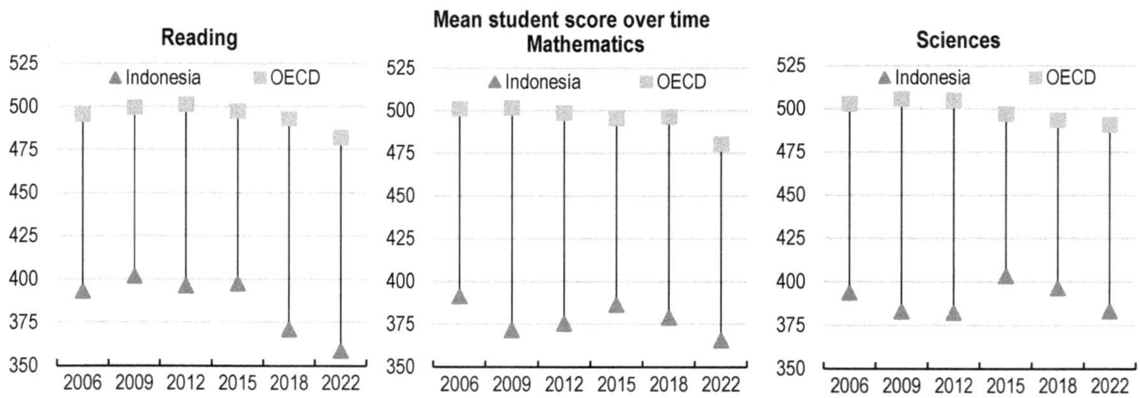

Catatan: Programme for International Student Assessment (PISA) dari OECD mengukur kemampuan siswa berusia 15 tahun untuk menggunakan pengetahuan membaca, matematika, dan sains mereka dalam tes yang didasarkan pada skenario kehidupan nyata. Agregat OECD mencakup 23 negara OECD. Ini tidak termasuk Austria, Chili, Kolombia, Kosta Rika, Estonia, Israel, Lithuania, Luksemburg, Belanda, Republik Slowakia, Slovenia, Spanyol, Turki, Inggris, dan Amerika Serikat.
Sumber: OECD, basis data PISA 2022, Tabel I.B1.5.4, I.B1.5.5, dan I.B1.5.6.

StatLink https://stat.link/cltj7b

Secara historis, malnutrisi bayi telah berkontribusi pada kinerja pendidikan yang buruk di sekolah dasar dengan kemampuan intelektual terganggu permanen akibat *stunting* (Kotak 2.1). Langkah kuat untuk mengakhiri malnutrisi, termasuk melalui program makan siang gratis di sekolah, akan mempersiapkan anak-anak agar belajar dan tumbuh lebih baik. Akan tetapi, peningkatan pendidikan juga akan membutuhkan investasi besar dalam infrastruktur, pelatihan dan retensi guru, serta upaya mengurangi jumlah siswa yang putus sekolah. Oleh karena itu, program makan siang gratis sebaiknya tidak didanai dengan mengurangi sebagian pos di anggaran pendidikan.

Reformasi pendidikan baru-baru ini telah sejalan dengan rekomendasi yang diuraikan dalam *Survei Ekonomi* Indonesia 2021 (OECD, 2021[13]) (Tabel 2.2). Langkah-langkah yang sedang dilakukan termasuk peluncuran reformasi kurikulum yang ambisius (Merdeka Belajar) yang mengandalkan alat pengajaran digital (OECD, 2024[14]). Tujuannya adalah menggeser pendidikan ke arah pembelajaran yang berpusat pada siswa, pemikiran kritis, kreativitas, kemampuan memecahkan masalah, dan pengembangan holistik. Seluruh sekolah menengah pertama dan atas harus menerapkan kurikulum baru ini pada akhir tahun 2024. Platform digital untuk para guru, Merdeka Mengajar, berisi tutorial dan sumber daya tentang kurikulum baru beserta alat bantu manajemen dan perencanaan. Program Guru Penggerak, yang ingin mencetak "pemimpin pembelajaran", digunakan sebagai bagian dari kampanye untuk memastikan para guru terbiasa dengan sistem yang baru ini.

Meski begitu, kesenjangan hasil ujian nasional (UN) tetap signifikan di seluruh wilayah, antara daerah perdesaan dan perkotaan, sekolah negeri dan swasta, serta sekolah umum dan yang berbasis agama (Bank Dunia, 2020[15]). Penerapan reformasi kurikulum secara seragam di seluruh sekolah akan menjadi kunci untuk memastikan seluruh siswa memiliki pengetahuan dasar yang lebih luas agar pembelajarannya berhasil (Kotak 2.3). Upaya-upaya sebelumnya telah meningkatkan capaian pendidikan, tetapi pada tahun

2022 hanya 57% penduduk Indonesia berusia 25 tahun ke atas yang telah menyelesaikan pendidikan menengah pertama. Pendidikan negeri gratis dan didanai oleh pemerintah daerah melalui hibah dari pemerintah pusat. Namun, pengeluaran pribadi masih cukup besar (termasuk untuk buku, alat tulis, seragam sekolah, dan transportasi), terutama di sekolah menengah. Biaya untuk satu anak di tingkat sekolah menengah bisa mencapai 24% dari pengeluaran rata-rata rumah tangga (Bank Dunia, 2020[15]). Meningkatkan sumber daya yang tersedia untuk sekolah dan membuat pendidikan lebih terjangkau merupakan salah satu alasan utama mengapa pendapatan pajak harus ditingkatkan dari waktu ke waktu (Bab 1). Kemajuan lebih lanjut dalam digitalisasi juga akan membantu meningkatkan kinerja sekolah (Bab 3).

Kotak 2.3. Pendidikan dasar dan menengah di Indonesia

Wajib belajar 12 tahun berlaku atas seluruh warga negara Indonesia, terdiri dari enam tahun di sekolah dasar, tiga tahun di sekolah menengah pertama, dan tiga tahun di sekolah menengah atas. Meskipun tingkat partisipasi di tingkat SD dan SMP hampir universal (pada tahun 2022, angka partisipasi murni masing-masing mencapai 99% dan 95%), tingkat partisipasi di tingkat SMA masih lebih rendah (dengan angka partisipasi murni 82%).

Sekolah di Indonesia dapat berupa sekolah umum atau berbasis agama (sebagian besar berbasis agama Islam). Kementerian Pendidikan dan Kebudayaan (Kemendikbud) mengawasi sekolah-sekolah umum dan sekolah Islam, dengan kurikulum umum yang sama ("sekolah Islam" biasanya menambahkan kurikulum Islamnya sendiri). Sementara itu, madrasah, yang porsi ajaran agama Islamnya lebih besar, diselenggarakan oleh Kementerian Agama, dan menggabungkan ajaran Islam dengan mata pelajaran umum dalam berbagai tingkatan. Terakhir, terdapat pesantren, yang merupakan sekolah independen milik yayasan, biasanya terdapat di daerah perdesaan, dan berfokus pada ajaran Islam; dengan demikian, pengawasannya oleh pemerintah masih lebih terbatas.

Sumber: Unesco Institute for Statistics

Jumlah kaum muda Indonesia yang tidak bersekolah, bekerja, ataupun mengikuti pelatihan relatif tinggi. Kendati tingkat pengangguran kaum muda menurun dari 26% pada tahun 2005 menjadi 13% pada tahun 2023, angkanya masih berada di atas negara-negara ASEAN lain, seperti Malaysia (10%), Filipina (7%), dan Thailand (5%). Data Programme for the International Assessment of Adult Competencies (PIAAC) dari OECD menunjukkan, level keterampilan orang dewasa Indonesia di beberapa bidang adalah yang terendah dari antara semua negara yang disurvei (OECD, 2016[16]). Sebagai contoh, dari semua orang dewasa yang disurvei, keterampilan orang dewasa Indonesia terendah di bidang pemrosesan informasi, yang merupakan salah satu keterampilan terpenting di dunia kerja di masa depan. Agar Indonesia tetap kompetitif dan produktif, pembelajaran orang dewasa perlu menjadi salah satu prioritas, karena Indonesia belum memiliki sistem pengembangan keterampilan yang kuat. Seperti yang dikemukakan dalam *Survei Ekonomi* 2021, pemerintah daerah dan pelaku usaha harus lebih terlibat dalam merancang program-program vokasi agar lebih mencerminkan kebutuhan pasar tenaga kerja lokal (OECD, 2021[13]). Analisis keterampilan membantu pembuat kebijakan mengidentifikasi keterampilan yang dibutuhkan (OECD, 2023[17]) dan pengumpulan informasi dapat difokuskan terlebih dahulu pada sektor-sektor prioritas, seperti di Finlandia (CEDEFOP, 2019[18]). Seperti dilakukan oleh Malaysia (OECD, 2019[19]), pemerintah Indonesia perlu memusatkan informasi dan membuat daftar pekerjaan yang membutuhkan keterampilan, permintaannya tinggi, dan strategis.

Agar tenaga kerja lebih produktif, terampil, dan sesuai dengan kebutuhan ekonomi modern, penting untuk meningkatkan pendidikan tersier, baik di universitas maupun sekolah vokasi. Tingkat partisipasi dalam pendidikan tinggi meningkat dari 8,4% pada tahun 1990 menjadi 42,6% pada tahun 2022 dan hampir sama dengan negara-negara berpenghasilan menengah lainnya. Akan tetapi, rendahnya angka partisipasi di masa lalu menunjukkan kecilnya proporsi populasi orang dewasa yang mengenyam pendidikan tersier.

Per tahun 2022, persentase penduduk berusia 25-64 tahun yang telah menyelesaikan pendidikan tersier adalah 13%, atau yang terendah di G20 (setara dengan India). Pencapaian untuk perempuan naik pesat; antara tahun 2015 dan 2022 meningkat dari 15% menjadi 21%. Peningkatan lebih lanjut dalam partisipasi pendidikan tinggi di antara para lulusan sekolah dan perluasan akses ke pendidikan tinggi pada populasi orang dewasa akan menjadi hal yang penting. Secara lebih luas, Indonesia memiliki ruang untuk meningkatkan kualitas perguruan tingginya. Terdapat sembilan universitas di Indonesia yang masuk dalam 1000 universitas terbaik dunia, atau lebih sedikit dibandingkan dengan negara EMERG20 lainnya, dengan hasil penelitian yang relatif kurang baik dan hubungan yang lemah dengan sektor usaha (lihat bagian di bawah ini mengenai inovasi).

Tabel 2.2. Rekomendasi OECD terdahulu tentang pendidikan dan pelatihan

Rekomendasi OECD terdahulu	Tindakan yang diambil sejak survei tahun 2021
Pertimbangkan untuk menurunkan usia memulai wajib belajar.	Tidak ada tindakan yang diambil.
Tinjau kembali jumlah sekolah dan pertimbangkan untuk menggunakan pengajaran kelas rangkap.	Tidak ada tindakan yang diambil.
Kumpulkan praktik-praktik terbaik untuk memperkenalkan metrik kinerja dalam alokasi dana pendidikan di tingkat sekolah dan daerah. Jumlah dan karakteristik siswa perlu dipertimbangkan dengan lebih baik ketika menetapkan transfer pemerintah.	'Merdeka Belajar' hendak menargetkan sekolah-sekolah yang lebih miskin dan berkinerja rendah dengan hibah sekolah yang lebih tinggi. Komunitas belajar juga sedang dikembangkan untuk berbagi praktik terbaik dalam mengajar.
Tingkatkan jumlah guru kontrak (PPPK). Kuatkan peran sertifikasi dalam keputusan perekrutan guru PPPK dan guru honorer.	Sejumlah besar guru honorer telah diangkat menjadi guru PPPK.
Tingkatkan investasi dalam infrastruktur teknologi informasi dan komunikasi untuk tujuan pedagogis di sekolah dasar dan menengah.	Platform digital Merdeka Mengajar dan Rapor Pendidikan telah dikembangkan.
Tinjau dan tingkatkan pengawasan terhadap sekolah vokasi dan guru. Tingkatkan peran asosiasi usaha dan serikat pekerja dalam mengelola dan menyelenggarakan program pemagangan.	Insentif pajak diberikan untuk mendorong pemagangan dan pelatihan vokasi. Keleluasaan untuk menyesuaikan kurikulum dengan muatan lokal telah diperkenalkan pada tahun 2022, tetapi jarang dimanfaatkan oleh pemerintah daerah.

Kebijakan untuk memperkuat lingkungan bisnis

Regulasi yang pro-kompetisi, lingkungan yang mendukung kemudahan berusaha, dan keberhasilan menanggulangi suap dan korupsi dapat memfasilitasi masuk dan keluarnya perusahaan, mendorong inovasi, dan memungkinkan perusahaan yang lebih efisien untuk berhasil dan tumbuh. Hal-hal ini selanjutnya dapat meningkatkan investasi dan lapangan kerja, sehingga mengangkat produktivitas agregat, *output* per kapita, dan standar hidup. Untuk negara seperti Indonesia, yang banyak perusahaannya masih jauh dari teknologi maju, adopsi pengetahuan dan teknologi melalui penyebaran dan limpahan (*spillover*) merupakan saluran utama untuk bergerak menuju produktivitas yang lebih tinggi.

Membuat pasar lebih kompetitif dengan regulasi yang lebih baik

Data *Product Market Regulation* (PMR) OECD tahun 2023 menunjukkan sejumlah perbaikan di lingkungan bisnis Indonesia (Gambar 2.8). Beberapa reformasi yang pro-kompetisi telah dilaksanakan dalam beberapa tahun terakhir—tak jarang selaras dengan rekomendasi dari *Survei Ekonomi* sebelumnya (Tabel 2.3). Secara khusus, hambatan perdagangan dan investasi asing telah diturunkan, begitu pula beban administratif dan peraturan. Meskipun demikian, di sebagian besar dimensi PMR, lingkungan bisnis di Indonesia masih kurang kondusif dibandingkan rata-rata anggota OECD. Hal ini secara umum mencerminkan keterlibatan negara yang relatif tinggi dalam perekonomian (Gambar 2.8). Hambatan untuk masuk dan melakukan kegiatan usaha tersebar luas di sektor jaringan dan banyak jasa profesional dan peraturan atas kegiatan lobi masih sangat terbatas (Kotak 2.4). Selain itu, kepemilikan negara tersebar luas. Hal ini berpotensi meningkatkan distorsi pasar, terutama karena tata kelola badan usaha milik negara

(BUMN) tidak sepenuhnya selaras dengan praktik terbaik OECD yang bertujuan untuk memastikan kesetaraan antara BUMN dan perusahaan swasta (Asian Development Bank, 2022[20]).

Gambar 2.8. Skor PMR Indonesia membaik, tetapi masih menunjukkan lingkungan bisnis yang relatif penuh pembatasan

Indeks *Product Market Regulation* (PMR), berdasarkan kategori

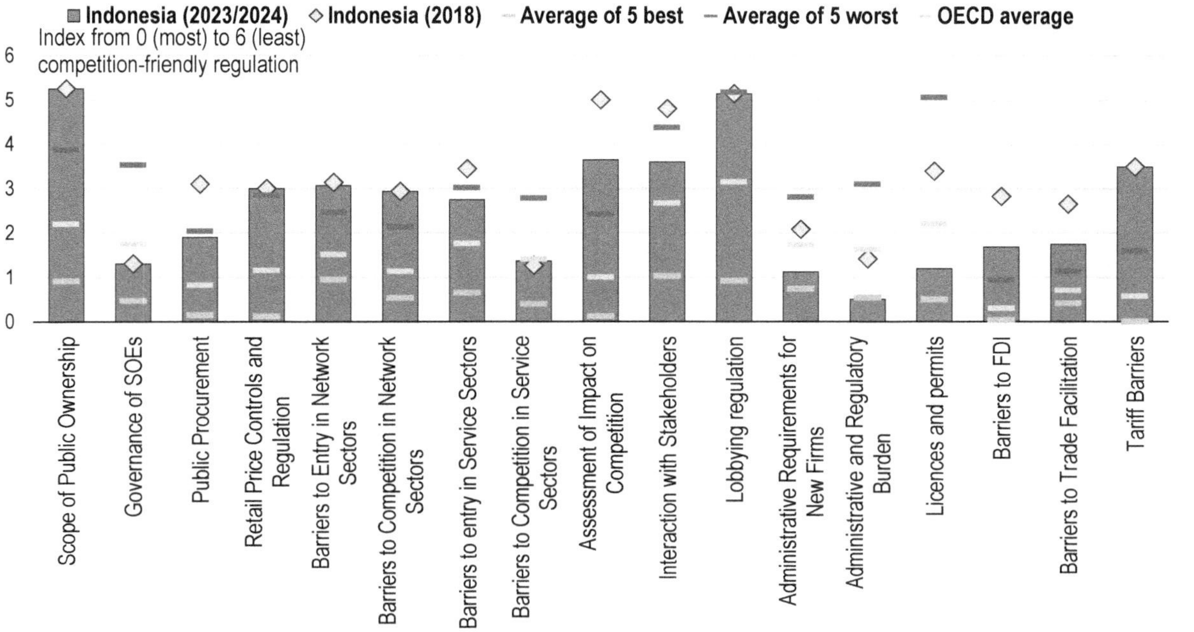

Catatan: Semua rata-rata hanya mencakup negara-negara OECD. Informasi mengacu pada undang-undang dan peraturan yang berlaku pada tanggal 1 Januari 2024 (1 Januari 2018 untuk nilai tahun 2018). Lisensi dan Perizinan, Lobi, dan Kepemilikan Pemerintah bukan merupakan indikator, melainkan komponen dari indikator lainnya. Nama beberapa indikator tingkat rendah telah diedit untuk tujuan penyajian: Beban Administratif dan Regulasi = Komunikasi dan Penyederhanaan Beban Administratif dan Regulasi, Persyaratan Administratif untuk Perusahaan Baru = Persyaratan Administratif untuk Perseroan Terbatas dan Badan Usaha Perseorangan, Hambatan Persaingan di Sektor Jasa = Keterlibatan dalam Kegiatan Usaha di Sektor Jasa, Hambatan Persaingan di Sektor Jaringan = Keterlibatan dalam Operasi Bisnis di Sektor Jaringan

Sumber: Basis data PMR OECD 2023-2024 (Mei 2024).

StatLink https://stat.link/y76kce

Tabel 2.3. Rekomendasi OECD terdahulu tentang BUMN dan intervensi pemerintah

Rekomendasi OECD terdahulu	Tindakan yang diambil sejak survei tahun 2021
Tingkatkan tata kelola perusahaan BUMN agar selaras dengan praktik-praktik terbaik global. Perkuat dahulu pelaporan keuangan perusahaan operasional sebelum mendirikan perusahaan induk sektoral.	Beberapa peraturan telah diterbitkan untuk meningkatkan transparansi dan integritas BUMN, termasuk Peraturan Menteri No. PER-2/MBU/03/2023.
BUMN perlu selalu tunduk pada hukum persaingan usaha dan dimintai pertanggungjawaban ketika menyalahgunakan posisi dominannya di pasar.	Kegiatan yang tidak dianggap strategis tidak dikecualikan dari hukum persaingan usaha, tetapi penegakannya tetap terbatas. BUMN diamanatkan untuk menerapkan Program Kepatuhan Persaingan Usaha dari Komisi Pengawas Persaingan Usaha (Peraturan KPPU No. 1 Tahun 2012).
Tinjau kembali pembatasan yang ada terhadap PMA, hilangkan pembatasan yang menimbulkan biaya tanpa menghasilkan manfaat, dan pantau pembatasan lainnya.	UU Cipta Kerja telah membuka sebagian besar sektor untuk PMA, tetapi beberapa pembatasan peraturan dan langkah-langkah diskriminatif tetap ada.

Kotak 2.4. Reformasi peraturan yang terbaru di Indonesia

Sejak tahun 2020, Indonesia telah melakukan berbagai reformasi yang memperbaiki kondisi regulasi untuk dunia usaha yang tercakup dalam indikator pasar-produk OECD:

- *Pengendalian harga*. Pada tahun 2022, harga eceran tertinggi (HET) untuk kedelai, gula, bawang merah, daging, dan cabai dihapus dan diganti dengan harga acuan. Akan tetapi, pengendalian harga tetap ada, terutama untuk bahan pokok lainnya (minyak goreng curah dan beras), bensin, dan gas alam cair (LPG). Harga ritel untuk transportasi penumpang domestik (udara, kereta api, atau bus) dan beberapa layanan profesional juga tetap diatur.
- *Pengadaan barang dan jasa pemerintah*. Sejak tahun 2021, dokumentasi lelang harus dipublikasikan secara daring (*online*) dan tersedia secara gratis. Akan tetapi, pemecahan lelang menjadi beberapa paket lebih kecil untuk barang, jasa, dan pekerjaan umum masih sering dipilih oleh unit pengadaan, sehingga menyulitkan perusahaan kecil mengikuti *bidding*. Selain itu, partisipasi asing dalam lelang menghadapi rintangan yang cukup besar.
- *Penilaian dampak undang-undang baru terhadap persaingan usaha*. Sejak tahun 2022, terdapat persyaratan bahwa legislasi utama yang baru harus tunduk pada Penilaian Dampak Regulasi, Analisis Biaya Manfaat, atau analisis terhadap Aturan, Peluang, Kapasitas, Komunikasi, Kepentingan, Proses, dan Ideologi.
- *Persyaratan administratif untuk perusahaan baru*. Jumlah badan administratif yang harus dihubungi untuk mendirikan Perseroan Terbatas berkurang dari tujuh menjadi lima dan untuk Badan Usaha Perseorangan dari tiga menjadi dua. Jumlah ini masih relatif tinggi.

UU Cipta Kerja tidak hanya meningkatkan fleksibilitas pasar tenaga kerja (lihat di atas), tetapi juga merampingkan peraturan di beberapa sektor, dan mengurangi pembatasan investasi asing langsung; beberapa hal ini diimplementasikan sejak tahun 2021. UU Cipta Kerja juga memperkenalkan penilaian berbasis risiko baru, melonggarkan sertifikasi lingkungan untuk bisnis berisiko menengah dan mewajibkan perizinan usaha untuk bisnis berisiko tinggi. Kewenangan perizinan ditarik dari pemerintah daerah ke pemerintah pusat. Penilaian dampak awal menunjukkan bahwa investasi langsung domestik dan asing—realisasi dan rencana—meningkat secara signifikan di sektor-sektor yang diliberalisasi oleh reformasi ini (Montfaucon, Senelwa dan Doarest, 2023[21]).

Mempersempit ruang lingkup BUMN

Badan Usaha Milik Negara (BUMN) masih berperan penting dalam perekonomian Indonesia. Cakupan kegiatan dan pangsa pasar BUMN di Indonesia lebih tinggi daripada rata-rata OECD, dan seringnya juga melebihi negara-negara berkembang lainnya. Pada tahun 2021, BUMN yang diawasi oleh Kementerian BUMN memiliki aset sebesar USD 600 miliar (52% dari PDB pada tahun 2021). Ada juga banyak perusahaan kecil yang dimiliki oleh pemerintah provinsi atau daerah. BUMN tersebar di berbagai sektor, termasuk manufaktur, dan empat dari lima bank terbesar berstatus BUMN. BUMN penting termasuk PLN (listrik), Pertamina (minyak dan gas alam), Garuda Indonesia (transportasi udara), Telkom, Bank Mandiri, BRI, Krakatau Steel, Pupuk Indonesia, dan Waskita (konstruksi). Undang-undang tentang BUMN membedakan antara perusahaan yang beroperasi untuk mencari keuntungan dan perusahaan yang menjalankan usaha atas nama pemerintah. BUMN terbagi menjadi dua jenis utama: perum (sepenuhnya milik negara dan diharapkan menjalankan usaha atas nama kepentingan publik) dan persero (perseroan terbatas yang bertujuan mencari laba dengan kepemilikan negara secara penuh atau mayoritas). BUMN berbentuk Persero diharapkan bertindak sebagai perusahaan yang memaksimalkan keuntungan dan bukan sebagai lembaga pemerintah.

Kinerja keuangan dan operasional BUMN yang lemah dan menurun menjadi perhatian utama (Asian Development Bank, 2020[22]). Pada tahun 2019, 43 dari 114 BUMN di Indonesia gagal memenuhi ambang batas terendah untuk kesehatan finansial. Pandemi COVID serta krisis energi global kemungkinan besar memperparah masalah ini. Salah satu sebabnya adalah, meskipun berstatus "mencari keuntungan", BUMN sering kali menjadi instrumen kebijakan pemerintah, misalnya penyediaan barang, jasa, atau lapangan kerja dengan harga subsidi. Kompensasi pemerintah untuk aktivitas-aktivitas ini terkadang tertunda, sehingga melemahkan posisi keuangan BUMN. Masalah lain berkisar pada investasi dan pembiayaan BUMN dan hubungannya dengan neraca pemerintah. Menggunakan BUMN untuk menggalang dana investasi infrastruktur dapat mengurangi sebagian tekanan terhadap kapasitas pembiayaan pemerintah, namun garansi negara atas pinjaman BUMN, secara implisit maupun eksplisit, merupakan liabilitas. Selain itu, peran pemerintah sebagai pemegang saham dapat menimbulkan risiko *moral hazard*, terutama ketika suatu BUMN ditugaskan untuk mengimplementasikan kebijakan pemerintah, dan bukannya dibebaskan untuk memaksimalkan keuntungan.

Pengecualian BUMN dari undang-undang antimonopoli juga menimbulkan masalah. Berdasarkan Pasal 51 UU Persaingan Usaha Tahun 1999, BUMN dikecualikan untuk kegiatan yang terkait dengan bantuan sosial atau tujuan pembangunan nasional. Pengecualian ini biasanya tidak berlaku ketika BUMN atau anak perusahaan terlibat dalam kegiatan di luar bisnis inti terkait pembangunan nasional, tetapi BUMN dapat melakukan subsidi silang untuk operasinya di pasar lain yang kompetitif. Hal ini mendistorsi persaingan usaha dan memberikan BUMN keuntungan yang tidak adil atas pesaing yang murni swasta. BUMN perlu diawasi lebih ketat di bawah hukum persaingan usaha dan lingkup kegiatan yang dikecualikan perlu dipersempit. Terlepas dari risiko penyalahgunaan subsidi silang, diversifikasi horizontal juga dapat menyebabkan inefisiensi jika tanpa logika bisnis yang kuat. BUMN perlu menahan diri untuk tidak memasuki atau bertahan di pasar yang tidak terkait dengan usaha intinya.

Telah terjadi konsolidasi yang disambut baik di sektor BUMN. Pemerintah telah lama berjanji untuk "menyesuaikan ukuran" sektor BUMN, utamanya melalui merger. Kemajuan terdahulu masih terbatas; pada tahun 2019 masih terdapat 142 BUMN pemerintah pusat. Akan tetapi, konsolidasi besar-besaran pada Januari 2023 menyusutkan jumlahnya menjadi 41 dengan tujuan akhir mengurangi jumlah tersebut menjadi 30 BUMN selama dekade berikutnya. BUMN dikelompokkan ke dalam 12 klaster (telekomunikasi dan media, energi, pariwisata, asuransi dan dana pensiun, bank, pangan dan pupuk, infrastruktur, perkebunan dan kehutanan, pertambangan, manufaktur, logistik, kesehatan). Konsolidasi berpotensi meningkatkan kinerja perusahaan-perusahaan yang merger, meskipun perlu penilaian yang menyeluruh dan transparan atas situasi bisnis dan keuangan mereka. Akan tetapi, konsolidasi saja tidak bisa menyelesaikan semua tantangan di sektor BUMN. Seperti dinyatakan dalam *Survei Ekonomi* sebelumnya, penyusunan kebijakan tentang kepemilikan nasional sebagai pedoman bagi pencatatan sebagian atau seluruh saham BUMN di bursa saham dapat bermanfaat (OECD, 2021[13]). Saat ini, belum ada program privatisasi yang berjalan, tetapi presiden baru mengisyaratkan keinginan privatisasi, terutama untuk hotel-hotel BUMN. Selain itu, penerapan standar global yang lebih ketat seperti *OECD Guidelines on Corporate Governance of SOEs* (OECD, 2015[23]) akan membantu kinerja BUMN. Praktik terbaik di BUMN memiliki banyak dimensi. Dalam hal pemantauan kinerja, Korea, Selandia Baru, dan Swedia disebut sebagai negara-negara termaju dengan perjanjian kinerja komprehensif yang mencakup seluruh sektor BUMN mereka (Brumby dan Gökgür, 2021[24]).

Pemberantasan korupsi harus tetap menjadi prioritas

Penanggulangan korupsi sejak lama menjadi prioritas pemerintah, meskipun persepsi korupsi dan tantangan terhadap integritas pemerintah masih tinggi (Gambar 2.9, Panel A). Salah satu lembaga utama adalah Komisi Pemberantasan Korupsi (KPK) yang menangani kasus-kasus korupsi tingkat tinggi. KPK berperan penting dalam mengubah persepsi publik tentang korupsi (Kotak 2.5).

Kotak 2.5. Komisi Pemberantasan Korupsi (KPK)

Dibentuk pada tahun 2002, KPK telah menuntut menteri, gubernur, dan hakim, serta anggota parlemen (DPR atau DPRD) dan ASN berpangkat tinggi (Butt, 2019[25]). Sejak Januari 2022 hingga Desember 2023, KPK menyidik 281 perkara dan menuntut lebih dari 200 perkara korupsi. Lembaga antikorupsi internasional, Transparency International (2021[27]), menempatkan KPK sebagai salah satu lembaga antikorupsi paling terkenal di Asia pada tahun 2020. Selain peran penuntutan, KPK juga melakukan pemantauan, pencegahan, dan pendidikan. Dalam pencegahan korupsi, KPK melakukan penilaian risiko terhadap sistem pemerintahan dan memberikan rekomendasi untuk memitigasi risiko korupsi.

Undang-undang yang mengubah KPK dari lembaga independen menjadi lembaga eksekutif pada tahun 2019 menimbulkan kekhawatiran. Undang-undang ini menempatkan KPK di bawah pengawasan Dewan Pengawas KPK; dewan harus diberitahukan (tetapi tidak berwenang memberikan izin) tentang kegiatan seperti penyadapan, penggeledahan, dan penyitaan. Dewan Pengawas juga dapat menerima pengaduan atas pelanggaran etika yang dilakukan oleh pegawai KPK. Undang-undang juga menetapkan bahwa pegawai KPK adalah bagian dari aparatur sipil negara. KPK bebas merekrut pegawainya, tetapi hanya dari kalangan ASN; pada tahun 2021, lebih dari 50 pegawai KPK diberhentikan setelah gagal dalam tes wawasan kebangsaan yang wajib ditempuh ASN. Undang-undang tersebut dikritik oleh beberapa pihak sebagai langkah politisasi KPK dan melemahkan kemampuan KPK dalam menangani perkara korupsi (Transparency International, 2021[26])

Secara umum, hilangnya otonomi operasional KPK tampak menjadi kekhawatiran terbesar, dan pengawasan *ex post* kemungkinan akan lebih diperlukan daripada pengawasan *ex ante*. Untuk itu:

- KPK perlu diberikan kebebasan untuk merekrut pegawai dan penyidik yang paling sesuai dan berkualitas—jika perlu, di luar ASN; kecuali terdapat dugaan nepotisme atau penyimpangan, keputusan rekrutmen hendaknya berada di tangan KPK.
- Dugaan hukum terhadap pegawai KPK (termasuk polisi dan jaksa yang bekerja untuk KPK) mungkin dapat ditangani dengan lebih baik oleh Ombudsman daripada oleh dewan yang beranggotakan banyak orang.
- KPK memang perlu bekerja secara efisien dengan kepolisian dan kejaksaan, tetapi hal ini dapat dicapai dengan lebih baik jika kepolisian dan kejaksaan berada di bawah kewenangan KPK dalam hal perkara korupsi dan bukan KPK yang tunduk pada pengawasan kepolisian dan kejaksaan.
- Secara umum, dalam penunjukan anggota badan peradilan dan otoritas independen, DPR dan badan-badan pemerintah harus menghormati independensi orang yang ditunjuk.

Gambar 2.9. Korupsi masih dipandang meluas

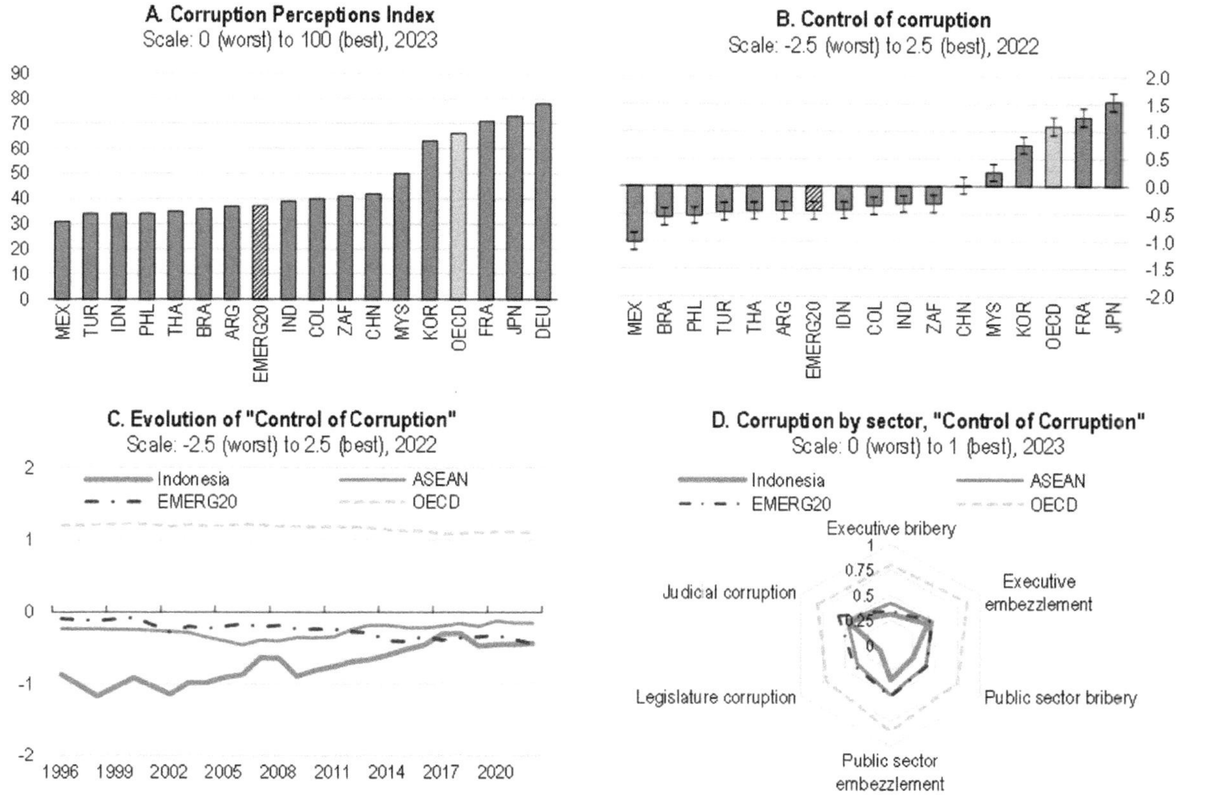

Catatan: G20-EM merujuk pada negara-negara berkembang G20 tidak termasuk Indonesia (Argentina, Brasil, Tiongkok, India, Meksiko, Turki, dan Afrika Selatan). Data untuk kelompok ini dihitung sebagai rata-rata tidak tertimbang. Panel B menunjukkan satu nilai estimasi (*point estimate*) dan *margin of error*. Panel D menunjukkan subkomponen berbasis sektor dari indikator "Pengendalian Korupsi" oleh Varieties of Democracy Project.

Sumber: Panel A: Transparency International; Panel B & C: Bank Dunia, Worldwide Governance Indicators; Panel D: Varieties of Democracy Project, V-Dem Dataset v12.

StatLink https://stat. ink/37oqjv

Terdapat ruang untuk memperkuat langkah-langkah antikorupsi di bidang transaksi bisnis internasional dan lobi. Seperti disampaikan dalam *Economic Survey 2021* (OECD, 2021[13]), Indonesia perlu mengkriminalisasi penyuapan pejabat publik asing dan memberlakukan pertanggungjawaban korporasi atas tindak pidana korupsi sebagai negara yang telah menandatangani Konvensi PBB Melawan Korupsi dan sebagai anggota G20. Perubahan hukum ini juga merupakan bagian dari Konvensi OECD tentang Pemberantasan Penyuapan Pejabat Publik Asing dalam Transaksi Bisnis Internasional (Konvensi Anti-Suap). Definisi dan peraturan yang lebih jelas tentang lobi dan konflik kepentingan juga harus diperkenalkan, terutama untuk anggota DPR dan politisi daerah; saat ini penyuapan langsung dituntut, sementara perdagangan pengaruh politik sering kali tidak dianggap sebagai tindak pidana. Seperti yang ditunjukkan dalam indikator lobi PMR (Gambar 2.8), Indonesia saat ini masih jauh dari praktik terbaik internasional. Selain itu, efek jera dapat diperkuat dengan memperbesar denda atas tindak korupsi atau pelanggaran etika, dan membuat politisi mantan terpidana korupsi tidak dapat mencalonkan diri untuk jabatan publik, setidaknya untuk beberapa tahun.

Membuka diri lebih jauh terhadap perdagangan dan investasi asing

Indonesia terlibat dalam sejumlah perjanjian perdagangan baru (Kotak 2.6), tetapi hambatan yang cukup besar yang disebabkan oleh peraturan dan kebijakan perdagangan akan tetap ada meskipun perjanjian-

perjanjian tersebut berhasil ditandatangani. Bukti menunjukkan bahwa kebijakan tarif dan non-tarif Indonesia merugikan produktivitas dan lapangan kerja perusahaan, dengan dampak yang lebih berat terhadap perusahaan-perusahaan kecil (Gupta, 2023[28]).

Kotak 2.6. Perjanjian perdagangan yang telah selesai atau sedang berlangsung

Beberapa tahun belakangan, Indonesia menandatangani berbagai perjanjian perdagangan bilateral dan multilateral, dan beberapa perjanjian lainnya sedang dinegosiasikan. Kemitraan Ekonomi Komprehensif Regional (*Regional Comprehensive Economic Partnership*)—mencakup sepuluh negara ASEAN, serta Australia, Tiongkok, Jepang, Korea, dan Selandia Baru—mulai berlaku pada Januari 2023 untuk Indonesia. Indonesia juga menandatangani Perjanjian Kemitraan Ekonomi Komprehensif dengan Australia (IA-CEPA) dan Korea (IK-CEPA) pada tahun 2020. Perjanjian perdagangan bebas dengan European Free Trade Association (Islandia, Liechtenstein, Norwegia, dan Swiss) mulai berlaku pada Januari 2022. Di sisi lain, negosiasi dengan Uni Eropa (mitra dagang terbesar kelima Indonesia) telah berlangsung sejak tahun 2016 dan belum selesai. Beberapa kebijakan industri dan perdagangan Indonesia telah terbukti menjadi penghalang dalam negosiasi dengan para mitra.

Hambatan tarif di Indonesia tergolong rendah, tetapi ada bukti beragam yang menunjukkan hambatan non-tarif. Menurut Indikator Pembangunan Dunia (*World Development Indicators*) dari Bank Dunia, Indonesia memiliki tarif rata-rata tidak tertimbang sebesar 6% untuk seluruh barang yang diperdagangkan, dan rata-rata tertimbang sebesar 1,8%. Kedua rata-rata tersebut mirip dengan rata-rata dunia dan relatif stabil selama 20 tahun terakhir. Seperti di negara lain, perdagangan juga dapat dihambat pembatasan non-tarif; misalnya, hambatan yang tidak disengaja (atau mungkin sebaliknya) dalam standar teknis atau dalam pemrosesan di perbatasan. Perkiraan nilai *ad-valorem* yang setara dengan hambatan non-tarif (Cadot, Gourdon dan van Tongeren, 2018[29]) menunjukkan bahwa secara keseluruhan, hambatan-hambatan tersebut relatif rendah di Indonesia (Gambar 2.10, Panel A). Terkait hambatan non-tarif yang lebih spesifik, Indonesia hanya menerapkan sejumlah kecil pembatasan perdagangan *anti-dumping*, lebih sedikit daripada Amerika Serikat atau Uni Eropa (Gambar 2.10, Panel C). Meski demikian, Indonesia menerapkan kebijakan tingkat kandungan dalam negeri (TKDN) secara cukup luas untuk pengadaan barang dan jasa pemerintah (Gambar 2.10, Panel B).

Indonesia sedang berusaha menyempurnakan sistem perizinan impor dan ekspornya. Perizinan impor secara historis digunakan untuk mendorong industrialisasi substitusi impor. Baru-baru ini, pembatasan ekspor digunakan untuk menurunkan harga komoditas pangan dan mendorong industri hilirisasi (lihat di bawah). Mekanisme Neraca Komoditas (NK), yang diperkenalkan oleh Peraturan Presiden No. 32/2022, bertujuan untuk menyeimbangkan pasokan dan permintaan negara untuk komoditas tertentu (termasuk daging, perikanan, beras, garam, dan gula). Data dari pelaku usaha digunakan untuk mengidentifikasi surplus penawaran atau permintaan, dan kuota dan izin ekspor-impor disesuaikan berdasarkan data ini. Salah satu potensi manfaat dari sistem NK adalah proses perizinan menjadi lebih singkat dan transparan. Akan tetapi, mengidentifikasi keadaan permintaan dan penawaran secara akurat dan meresponsnya secara tepat waktu merupakan tantangan tersendiri, terutama karena data masa lalu mungkin tidak relevan untuk kebutuhan saat ini dan di masa depan. Baru-baru ini, pemerintah mengambil langkah yang disambut baik, yaitu membatalkan rencana perluasan NK ke jenis plastik tertentu. Rencana perluasan NK untuk barang-barang lain juga perlu dipertimbangkan kembali. Sistem perdagangan yang lebih terbuka, dengan penyesuaian permintaan dan penawaran yang utamanya didorong oleh pergerakan harga, akan lebih efisien dan transparan.

Gambar 2.10. Hambatan perdagangan non-tarif pada umumnya rendah, tetapi mencakup banyak persyaratan TKDN

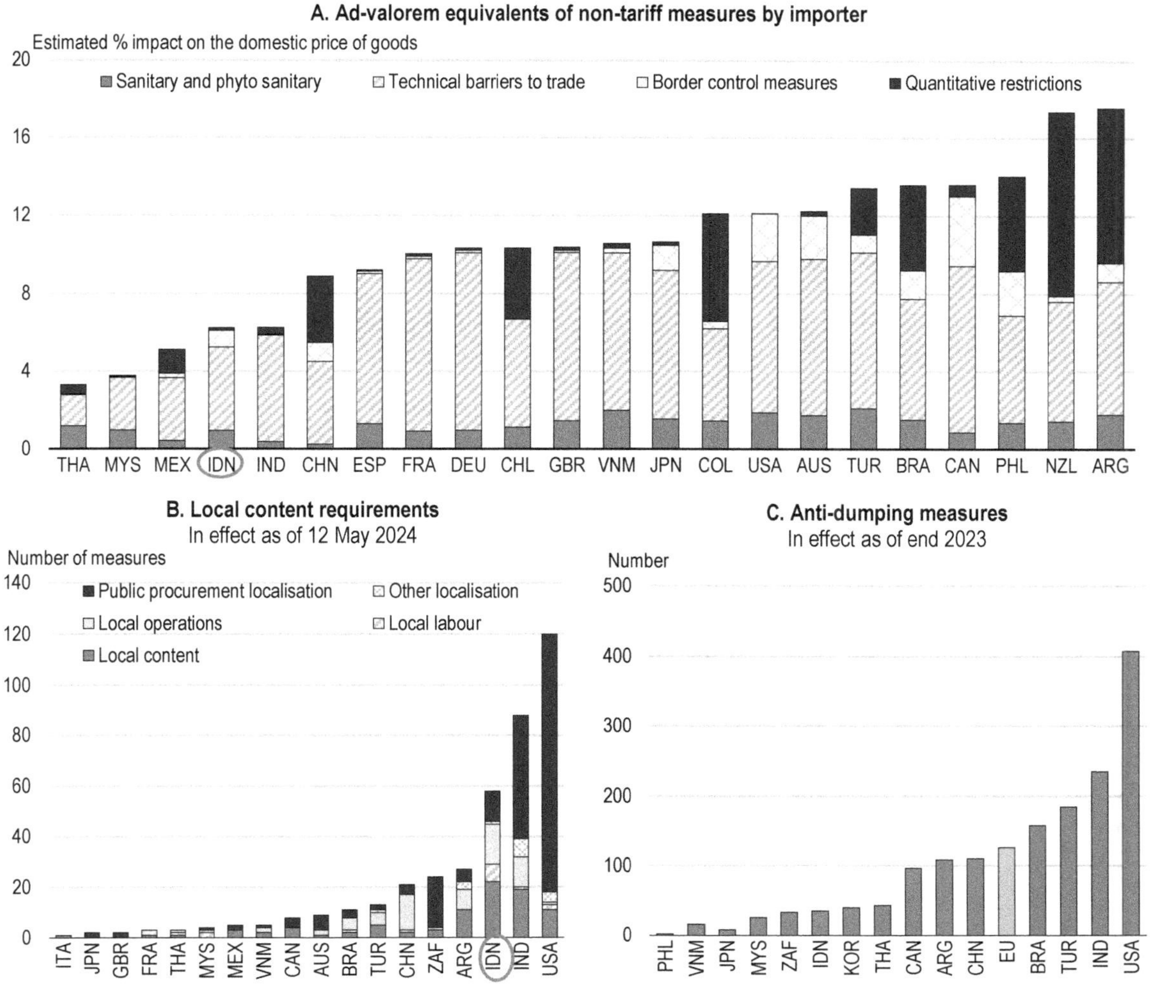

Catatan: Pada Panel A, *ad-valorem equivalent* (AVE) dari tindakan non-tarif adalah kenaikan proporsional dalam harga domestik barang yang diterapkan, relatif terhadap *counterfactual* di mana tindakan tersebut tidak diterapkan, seperti yang didefinisikan dalam Cadot, Gourdon, dan van Tongeren (2018). Pada Panel B, perhitungan OECD didasarkan pada basis data Global Trade Alert yang mencakup intervensi kebijakan perdagangan sejak November 2008. Dalam hal operasi lokal, tenaga kerja, dan konten, setiap kategori mencakup persyaratan dan insentif.
Sumber: Cadot, O., J. Gourdon dan F. van Tongeren (2018), "Estimating Ad Valorem Equivalents of Non-Tariff Measures: Combining Price-Based and Quantity-Based Approaches", OECD Trade Policy Papers, No. 215; Global Trade Alert (www.globaltradealert.org); WTO.

StatLink https://stat.link/kih14c

Indonesia memiliki ruang untuk mengurangi hambatan perdagangan jasa. Meningkatkan perdagangan jasa, khususnya di sektor-sektor bernilai tambah tinggi, dapat memberikan manfaat tambahan, misalnya melalui transfer pengetahuan. Indeks Restriksi Perdagangan Jasa OECD (OECD *Services Trade Restrictiveness Index*/STRI) mendata peraturan yang memengaruhi perdagangan jasa di 22 sektor. Menurut STRI, pembatasan terhadap perdagangan jasa internasional Indonesia lebih tinggi dibandingkan dengan negara-negara ASEAN lain, seperti Singapura, Malaysia, dan Vietnam, dan secara signifikan lebih mengalami pembatasan daripada rata-rata OECD (Gambar 2.11, Panel A). Selain itu, data OECD menunjukkan bahwa pembatasan telah meningkat antara tahun 2014 dan 2023 di berbagai sektor. Pembatasan sangat tinggi terutama di bidang jasa hukum, akuntansi, dan telekomunikasi. Pembatasan masuknya perusahaan asing terjadi di banyak sektor. Hambatan persaingan usaha secara khusus menghambat perdagangan di bidang telekomunikasi dan transportasi udara (Gambar 2.11, Panel C).

Cakupan pembatasan langsung atas PMA telah diturunkan. Arus masuk PMA langsung (*inward FDI)* relatif lebih rendah di Indonesia dibandingkan dengan negara-negara ASEAN lain, seperti Malaysia atau Thailand (Gambar 2.11, Panel B). Sebelum tahun 2020, restriksi langsung terhadap PMA berlaku atas berbagai sektor ekonomi. UU Cipta Kerja (lihat di atas) secara signifikan mempersempit cakupan pembatasan langsung terhadap PMA. Pembatasan yang sangat ketat telah dicabut khususnya terkait investasi di bandara, pertambangan, dan jasa konstruksi. Pembatasan langsung atas PMA kini hanya berlaku untuk enam kategori produk yang cukup sempit (ganja, perjudian, penangkapan ikan spesies terancam punah, ekstraksi karang, alkohol, industri yang menggunakan bahan perusak ozon, dan senjata kimia). Arus masuk PMA telah naik secara substansial dalam beberapa tahun terakhir di beberapa sektor yang diliberalisasi, terutama dalam ekstraksi dan pengolahan logam dasar, meskipun di sektor-sektor lain hasilnya beragam (Montfaucon, Senelwa dan Doarest, 2023[21]).

Gambar 2.11. Ketatnya pembatasan melalui peraturan terhadap perdagangan jasa dan PMA langsung

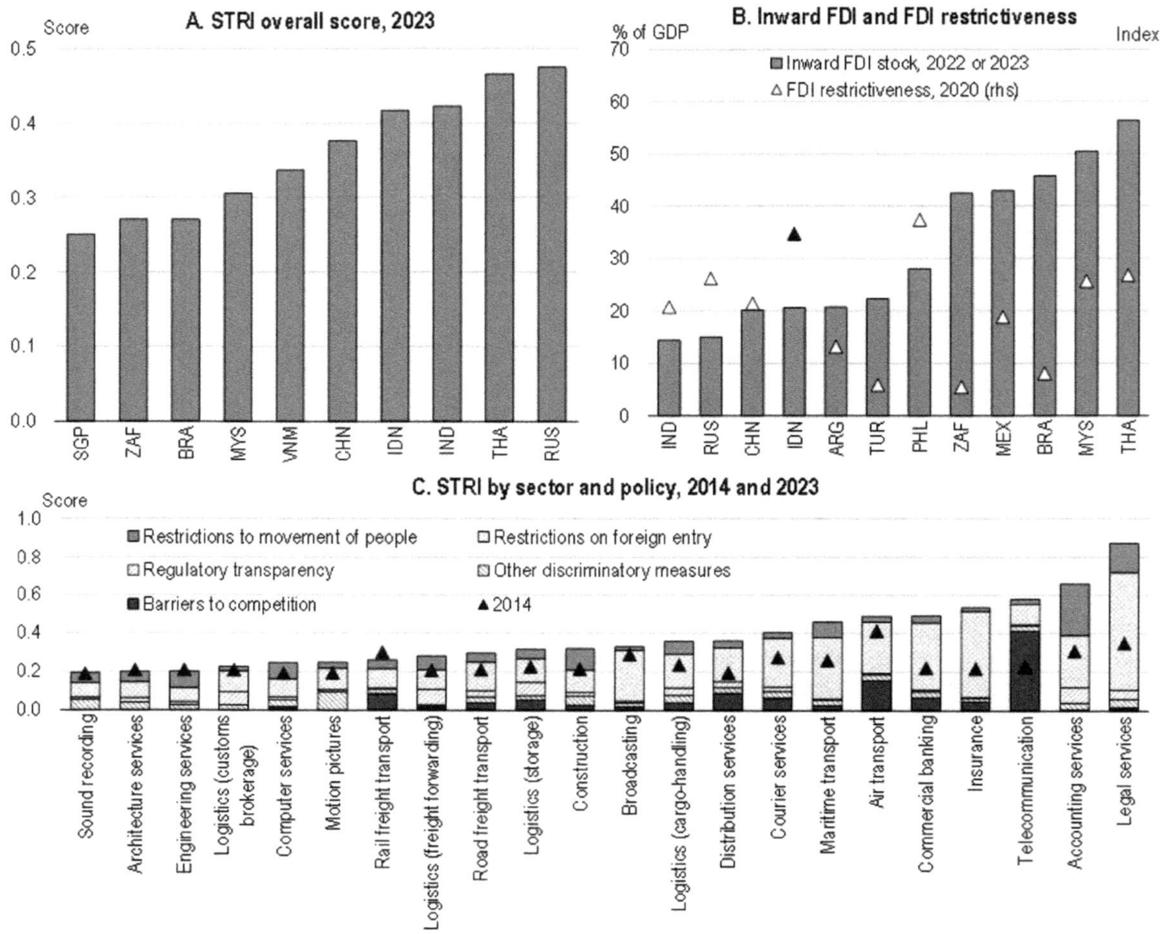

Catatan: Basis data STRI mencatat langkah-langkah berdasarkan prinsip *most favoured nation*/MFN terhadap negara-negara ketiga. Transportasi udara dan angkutan jalan hanya mencakup perusahaan komersial (dengan pergerakan orang yang menyertainya). Indeks ini didasarkan pada undang-undang dan peraturan yang berlaku pada 31 Oktober 2023.

Indeks Restriksi Peraturan PMA (Indeks FDI) mengukur pembatasan hukum atas PMA langsung di 22 sektor ekonomi. Rentang skala indeks adalah 0 (terbuka) hingga 1 (tertutup).

Sumber: Basis data STRI OECD, Statistik FDI OECD; OECD FDI Regulatory Restrictiveness Index; Statistik ASEAN; dan Bank Dunia.

StatLink https://stat.link/vn5ejh

Meski demikian, masih banyak hambatan diskriminatif tidak langsung terhadap PMA langsung yang tidak dijawab oleh UU Cipta Kerja Tahun 2023 atau oleh langkah-langkah lain. Hambatan ini mencakup peningkatan persyaratan modal, aturan TKDN (seperti yang disebutkan di atas), dan akses yang tidak setara terhadap pengadaan barang dan jasa pemerintah (OECD, 2020[30]). Di sektor pertambangan, misalnya, investor asing diwajibkan untuk menjual 51% kepemilikannya kepada investor dalam negeri dalam waktu sepuluh tahun. Pembatasan PMA di sektor jasa (lihat di atas) juga sering kali merupakan hambatan diskriminatif secara tidak langsung. Perekonomian Indonesia akan sangat diuntungkan dengan mengurangi langkah-langkah diskriminatif ini.

Kebijakan industri hilirisasi harus diawasi secara ketat

Sebagai bagian dari Rencana Pembangunan Jangka Menengah Nasional (RPJMN) 2020-2024 (Kepresidenan Republik Indonesia, 2020[31]), pemerintah Indonesia memberikan insentif pajak dan non-pajak serta memberlakukan pembatasan ekspor untuk mendorong hilirisasi komoditas, terutama nikel. Tujuannya adalah mengurangi ketergantungan pada pembeli komoditas global dan mendorong pembangunan daerah dan kesempatan kerja di sektor manufaktur. Indonesia menyumbang hampir setengah dari produksi bijih nikel dunia, komoditas yang menjadi prioritas dalam inisiatif hilirisasi. Wujud kebijakan ini mengalami tarik ulur antara tarif dan larangan ekspor dalam rangka mencari formulasi yang mendorong hilirisasi sekaligus menarik minat investor. Tarif ekspor diterapkan pada tahun 2012. Larangan ekspor bahan mentah diterapkan pada tahun 2014, dan kebijakan tarif kembali pada tahun 2017. Larangan ekspor kembali pada Januari 2020 bersama dengan persyaratan pengolahan bijih nikel mentah di dalam negeri. Larangan ekspor dan persyaratan pengolahan dalam negeri tampaknya memiliki efek yang lebih besar. PMA langsung telah meningkat secara substansial dengan banyaknya pabrik peleburan nikel baru yang beroperasi, atau dalam tahap konstruksi. Sebagian besar investasi tersebut berasal dari Tiongkok. Ekspor feronikel dan nikel olahan telah melonjak nilainya dari USD 4,5 miliar pada tahun 2019 menjadi USD 19,6 miliar pada tahun 2022, sementara ekspor bijih nikel telah berhenti. IMF memperkirakan, kurang dari sepertiga dari peningkatan ini disebabkan oleh harga nikel global yang lebih tinggi, dan sisanya berasal dari nilai tambah yang lebih tinggi dari kegiatan peleburan dan volume ekspor yang meningkat (IMF, 2023[32]). Pemerintah sedang mempertimbangkan kebijakan insentif untuk memperdalam hilirisasi nikel, terutama untuk produksi baterai dan kendaraan listrik, dan memperluas kebijakan hilirisasi ke komoditas lain (tembaga, bauksit, timah, atau produk pertanian).

Meskipun strategi hilirisasi memiliki tujuan yang baik—dan di beberapa negara, seperti Korea, kebijakan industri berperan penting dalam pengembangan industri (Kotak 2.7)—biaya dan manfaat hilirisasi bagi perekonomian Indonesia perlu dinilai secara menyeluruh dan ditinjau secara berkala. Evaluasi kebijakan industri adalah kunci untuk memastikan dampak kebijakan tercapai sesuai harapan (Criscuolo et al., 2022[33]): Strategi industri yang tepat sasaran dapat mencapai transformasi struktural dan pertumbuhan, tetapi evaluasi dan peninjauan berkala terhadap strategi ini diperlukan. Insentif fiskal untuk ekstraksi dan pengolahan rata-rata mencapai sekitar 0,4% dari PDB antara tahun 2016 dan 2022; meskipun jumlahnya kecil, insentif tersebut mewakili sekitar 10% dari belanja tidak terikat tahunan pemerintah. Terdapat pula risiko signifikan terjadinya kapasitas berlebih di sektor-sektor yang ditargetkan. Hal ini, misalnya, telah terjadi pada industri baja global ketika subsidi dari berbagai negara menyebabkan kelebihan kapasitas (Mercier dan Giua, 2023[34]). Untuk menghadapi risiko kesalahan alokasi sumber daya dan perburuan rente, strategi hilirisasi harus mencakup ketentuan seperti klausul *sunset* untuk meminimalkan potensi dampak merugikan terhadap persaingan usaha. Risiko lain dari kebijakan ini adalah reaksi dari mitra dagang (IMF, 2023[35]). Hal ini telah terjadi pada kasus nikel; Uni Eropa telah menentang larangan ekspor dan persyaratan pengolahan dalam negeri di WTO (kasus ini masih belum diputuskan).

Secara lebih luas, kebijakan terhadap usaha harus mengikuti prinsip-prinsip yang baik. Tujuan kebijakan industri yang mendukung sektor-sektor tertentu, seperti dukungan untuk hilirisasi, harus didefinisikan secara sempit tetapi juga masuk akal (Goldstein, 2002[36]). Khususnya, terdapat risiko dalam menargetkan pangsa lapangan kerja tertentu di sektor manufaktur atau pengolahan karena hal ini dapat mendorong usaha secara berlebihan untuk menggunakan teknik produksi dengan produktivitas rendah (tetapi menyerap banyak tenaga kerja) (Rodrik, 2015[37]). Selain itu, kebijakan industri tidak boleh mengurangi upaya untuk meningkatkan lingkungan bisnis secara umum, termasuk dengan menciptakan lapangan kerja yang lebih baik di sektor jasa melalui peraturan usaha yang pro-persaingan. Hal ini dapat menjadi strategi pertumbuhan yang lebih menjanjikan daripada manufaktur berat dalam menyerap tenaga kerja baru ke dalam pekerjaan kelas menengah (Rodrik dan Stiglitz, 2024[38]).

Kotak 2.7. Kebijakan industri atas *supply* dan *demand* di negara-negara OECD dan non-OECD

Kebijakan industri memiliki daya tarik baru bagi negara OECD dan non-OECD dalam beberapa tahun terakhir (Aiginger dan Rodrik, 2020[39]), terutama di bidang baja, teknologi ramah lingkungan (bayu, surya, baterai listrik, dan kendaraan listrik), serta semi-konduktor. Kebijakan industri bertujuan meningkatkan kinerja sektor usaha swasta dalam negeri secara struktural, biasanya dalam hal pertumbuhan produktivitas, inovasi, keberlanjutan, ketahanan, atau otonomi strategis. Di negara berkembang, kebijakan industri sering kali juga bertujuan meningkatkan nilai tambah dan/atau lapangan kerja di beberapa atau seluruh sektor manufaktur. (Criscuolo et al., 2022[40]) dan (Juhász, Lane dan Rodrik, 2023[41]) meninjau literatur empiris tentang efektivitas instrumen kebijakan industri, membedakan antara *demand-pull instruments* dan dua jenis *supply-push instruments*: instrumen yang meningkatkan kinerja perusahaan (instrumen "di dalam" perusahaan) dan instrumen yang memengaruhi dinamika industri (instrumen "antara" atau kerangka kerja).

Kebijakan industri di Korea sering kali dipuji sebagai contoh kebijakan yang sukses. (Lane, 2021[42]) menganalisis kebijakan Industri Berat dan Kimia (HCI) Korea pada tahun 1970-an dan menemukan data statistik terkait dampak positif berupa pertumbuhan dan produktivitas perusahaan dari langkah-langkah seperti kredit terarah, insentif pajak, dan pembebasan tarif untuk impor *input* industri. (Kim, Lee dan Shin, 2021[43]) menemukan pola serupa untuk pertumbuhan dan *output* pabrik, tetapi juga menyatakan HCI mungkin menyebabkan beberapa kesalahan alokasi. (Choi dan Levchenko, 2021[44]) juga menemukan bahwa kebijakan HCI menghasilkan pertumbuhan jangka panjang yang lebih tinggi untuk perusahaan yang disubsidi dengan efek kesejahteraan jangka panjang antara 3% dan 4%. Studi terbaru meneliti efek dari kebijakan berbasis lokasi (*place-based policy*) di Uni Eropa, yang bertujuan meningkatkan investasi dan lapangan kerja di daerah pinggiran atau daerah yang tertekan. (Criscuolo et al., 2019[45]) mengevaluasi program di Inggris yang bertujuan menciptakan dan melindungi lapangan kerja di bidang manufaktur. Kebijakan ini berhasil menciptakan lapangan kerja dan mengurangi pengangguran, tetapi tidak memiliki efek limpahan pada angka produktivitas faktor total. (Cingano et al., 2022[46]) mempelajari program serupa di Italia, yang bertujuan membuka lapangan kerja, terutama di bidang manufaktur. Perusahaan yang memenuhi syarat meningkatkan investasi dan lapangan kerja, dengan sedikit efek bagi tempat dan perusahaan yang tidak dibantu.

Sumber literatur menunjukkan, kebijakan industri yang menggabungkan instrumen yang komplementer akan lebih mungkin berhasil. Kredit dan subsidi pajak litbang efektif dalam menstimulasi litbang dan inovasi, sementara kebijakan transfer keterampilan dan pengetahuan merupakan instrumen pelengkap yang penting. Akses ke pembiayaan (pinjaman, penjaminan) dan *input* (kebijakan transfer keterampilan dan pengetahuan) adalah pelengkap yang baik untuk meningkatkan persebaran teknologi. Bukti mengenai efektivitas hibah dan subsidi yang ditargetkan lebih terbatas. Bukti yang ada saat ini menunjukkan bahwa manfaat instrumen-instrumen ini lebih dirasakan usaha kecil dibandingkan dengan perusahaan besar dalam negeri dan investor asing. Instrumen dari sisi permintaan memainkan peran yang semakin penting dalam strategi transformasi industri, tetapi bukti tentang efektivitasnya masih kurang, termasuk ketika pengadaan barang dan jasa pemerintah berperan dalam mendorong inovasi ketika permintaan muncul dari sektor publik (misalnya, kedirgantaraan, pertahanan, infrastruktur).

Bukti juga menunjukkan bahwa meningkatkan kebijakan lingkungan bisnis, terutama dalam hal kebijakan persaingan dan perdagangan, adalah kunci untuk mendorong perusahaan yang paling produktif untuk tumbuh dan merupakan saluran penting untuk perubahan struktural. Kebijakan persaingan usaha mendorong realokasi sumber daya yang meningkatkan efisiensi dan, secara tidak langsung, memberikan insentif kepada perusahaan untuk berinovasi dan mengadopsi teknologi baru. Melindungi perusahaan-perusahaan dalam negeri dari pesaing internasional melalui kebijakan perdagangan atau peraturan lainnya sering kali tidak efisien karena dapat mendorong perburuan rente. Sebab itu, kebijakan industri dan persaingan usaha sering kali bertentangan satu sama lain. Oleh karena itu, biaya dan manfaat kebijakan industri harus terus-menerus dievaluasi, dibandingkan dengan kebijakan lain yang biayanya lebih rendah atau tidak terlalu diskriminatif. Pemerintah perlu waspada terhadap risiko mengakarnya kepentingan pribadi, dan menghindari pemberian dukungan yang terus menargetkan sektor-sektor non-produktif.

Sumber: (Criscuolo et al., 2022[40]) dan (Juhász, Lane dan Rodrik, 2023[41])

Mendorong inovasi

Indonesia secara umum berada di peringkat rendah dalam hal kesiapan inovasi. Dalam Indeks Inovasi Global World Intellectual Property Organisation (WIPO), Indonesia naik dari peringkat 72 pada tahun 2010 (INSEAD, 2011[47]) menjadi peringkat 61 pada tahun 2023 (WIPO, 2023[48]). Akan tetapi, Indonesia masih berada di peringkat terendah di ASEAN5 dan telah dilampaui oleh Vietnam. Aktivitas paten di bidang teknologi informasi dan komunikasi relatif rendah (Gambar 2.12, Panel A). Sementara itu, pengeluaran untuk penelitian dan pengembangan (GERD) telah meningkat dari 0,09% dari PDB pada tahun 2013 menjadi 0,28% pada tahun 2020 (Gambar 2.12, Panel B), tetapi angka ini jauh di bawah rata-rata ASEAN sebesar 1,07%. GERD utamanya didorong oleh pemerintah—pangsa sektor publik dari GERD adalah 84,6%, sedangkan pangsa sektor swasta adalah 7,3% (Gambar 2.12, Panel C). Sangat sedikit kegiatan litbang swasta yang dilakukan di sektor manufaktur, kecuali di perusahaan-perusahaan besar (Hill dan Tandon, 2010[49]).

Rendahnya tingkat litbang di Indonesia tercermin dalam basis keahlian penelitiannya. Hanya terdapat 400 pekerja litbang per satu juta penduduk pada tahun 2020, dibandingkan dengan 7.225 orang di Singapura, 2.024 orang di Thailand, 779 orang di Vietnam, dan 726 orang di Malaysia (Panel D). Jumlah mahasiswa jurusan STEM masih rendah, namun diperkirakan meningkat. Indonesia diproyeksikan menghasilkan 3,7% lulusan STEM global pada tahun 2030, menjadikannya salah satu penghasil tertinggi di dunia (Oliss, McFaul dan Riddick, 2023[50]). Dalam hal penelitian ilmiah, dengan publikasi akademis hasil tinjauan rekan sejawat sebagai proksi, Indonesia telah tumbuh dari 0,03% dari total dunia pada tahun 2003 menjadi 0,96% pada tahun 2022, meskipun utamanya didorong peningkatan besar dalam prosiding konferensi dan publikasi berdampak rendah. Di sisi lain, partisipasi perempuan dalam litbang dan inovasi relatif kuat, meskipun masih dapat ditingkatkan lebih lanjut. Proporsi perempuan mencapai 44% dari pekerja litbang, 38% dari peneliti di perusahaan swasta dan pemerintah, dan 21% dari peneliti di perguruan tinggi. Perempuan peneliti berkualifikasi S3 mencapai 36% dan perempuan peneliti berkualifikasi S2 mencapai 49% (UNESCO-UIS).

Terdapat ruang untuk memperkuat perlindungan hak kekayaan intelektual (HKI) di Indonesia, termasuk untuk perangkat lunak dan layanan digital lainnya. UU Tahun 2016 tentang Paten telah memperbaiki kerangka kerja umum, meskipun kriteria paten untuk inovasi tambahan tidak didefinisikan dengan baik dan dasar serta prosedur untuk mengeluarkan lisensi wajib gagal untuk sepenuhnya melindungi kepentingan perusahaan-perusahaan inovatif (US State Department, 2023[51]). Secara keseluruhan, pemegang hak kekayaan intelektual di Indonesia menghadapi tantangan dalam perlindungan dan penegakan hukum, sebagaimana dibuktikan oleh pembajakan dan pemalsuan yang meluas dan keberadaan negara ini dalam daftar pengawasan kategori prioritas 3 dari Komisi Eropa (European Commission, 2023[52]). Penegakan hukum yang buruk menjadi perhatian khusus terkait produk palsu yang berbahaya (seperti obat-obatan dan suku cadang) dan harus diatasi melalui hukuman yang menimbulkan efek jera untuk pelanggaran HKI di pasar fisik dan daring.

Pendanaan litbang dikritik karena terhambat mekanisme alokasi yang tidak kompetitif dan tidak transparan serta manajemen yang tidak efektif, dan juga karena disebar ke terlalu banyak program secara bersamaan (penelitian Komisi Pemberantasan Korupsi tahun 2018). Sistem pendanaan penelitian dan pengembangan, khususnya Dana Ilmu Pengetahuan Indonesia, juga terhambat lambatnya pencairan dana, prosedur administratif yang rumit, dan pendanaan yang bersifat satu tahunan (Asian Development Bank, 2020[53]). Ilmu pengetahuan dan teknologi telah mendapat perhatian yang semakin besar dalam agenda kebijakan nasional. Pada tahun 2019, Undang-Undang Sistem Nasional Ilmu Pengetahuan dan Teknologi (2019) memperkenalkan insentif pajak baru untuk litbang. Pada tahun 2021, Kementerian Pendidikan, Kebudayaan, Riset, dan Teknologi (Kemendikbudristek) yang baru dibentuk, bersama dengan Badan Riset dan Inovasi Nasional (BRIN) yang juga baru. Pada tahun 2023, BRIN menerima Rp 6,39 triliun (USD 408 juta) dari APBN, setara dengan 0,03% dari PDB. Tekanan politik yang tidak semestinya dalam tata kelola dan program kerja BRIN penting untuk dihindari. Selain itu, waktu yang dibutuhkan untuk mendanai penelitian perlu dipersingkat.

Selain mengembangkan dukungan pendanaan litbang, pemerintah Indonesia telah mengambil berbagai langkah untuk mendorong inovasi dan kewirausahaan, termasuk insentif pajak, prosedur pendaftaran usaha yang disederhanakan, dan dukungan pendanaan untuk perusahaan rintisan (*start-up*) tahap awal. Pengurangan pajak sebesar 300% untuk kegiatan litbang diperkenalkan pada tahun 2019, tetapi penyerapan insentif ini masih sangat rendah (Kristanti dan Saptono, 2024[54]). Program "Gerakan Nasional 1000 Start-up Digital" yang diluncurkan pada tahun 2016, mencakup dukungan kesadaran, bimbingan, dan pendampingan untuk perusahaan rintisan digital. Program lain untuk perusahaan rintisan adalah Start-up Inovasi Indonesia dan Startup Studio Indonesia. Program yang terakhir ini bertujuan untuk membina 150 usaha baru pada tahun 2024. Bantuan pembiayaan juga diberikan melalui Dana Merah Putih, sebuah wahana pembiayaan yang didukung oleh pemerintah yang menyatukan lima BUMN modal ventura (*venture capital*).

Gambar 2.12. Kegiatan penelitian dan pengembangan relatif rendah

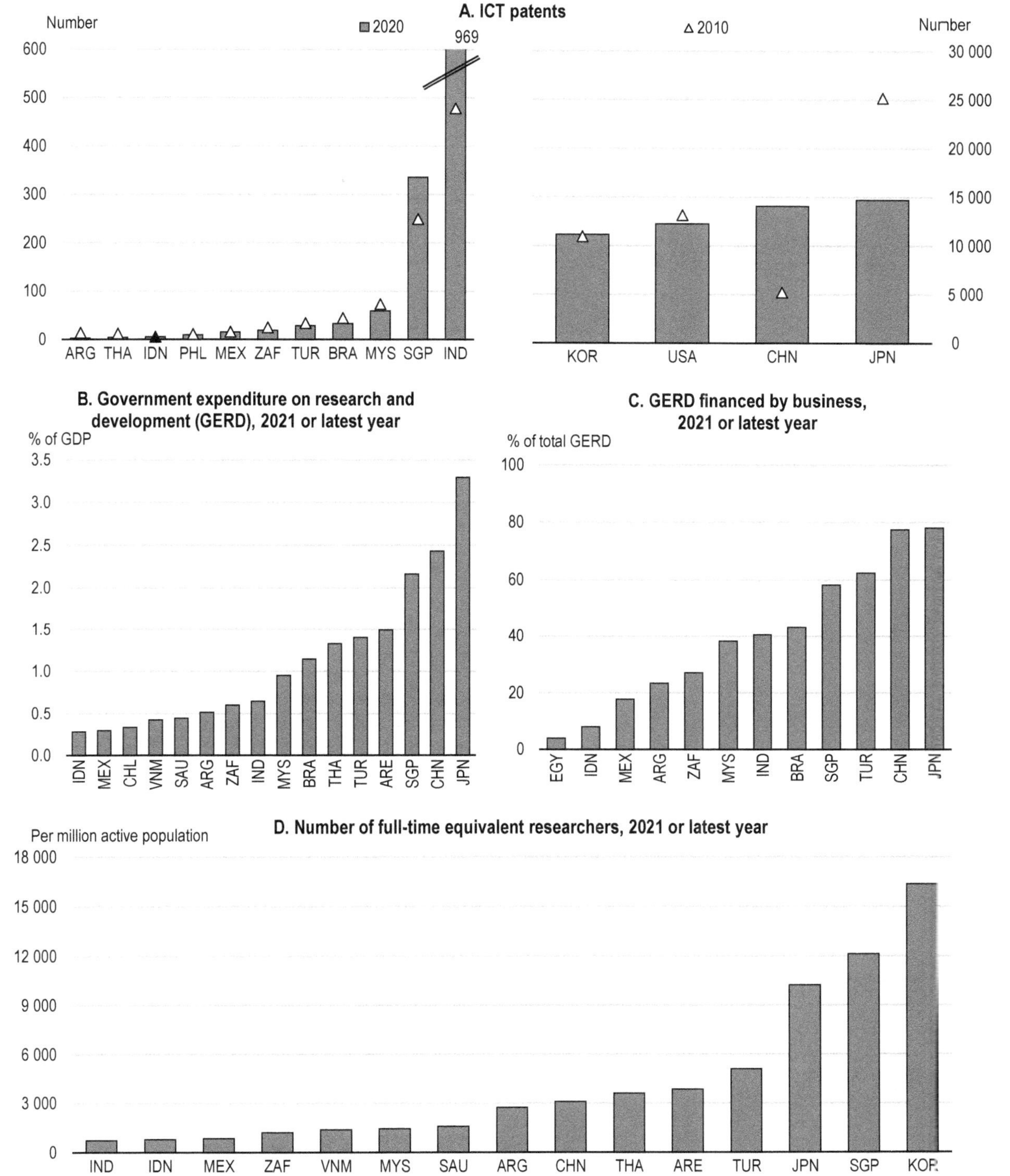

Catatan: Pada Panel A, *patent families* IP5 mengacu pada paten yang telah diajukan di setidaknya dua kantor IP di seluruh dunia, salah satunya di antara Lima Kantor IP (yaitu Kantor Paten Eropa, Kantor Paten Jepang, Kantor Kekayaan Intelektual Korea, Kantor Paten dan Merek Dagang AS, serta Kantor Kekayaan Intelektual Negara RRT). Menghitung paten menurut negara tempat tinggal penemu adalah yang paling relevan untuk mengukur tingkat inovasi teknologi para peneliti dan laboratorium yang berada di suatu negara.
Sumber: OECD (2024), Statistik Paten OECD; Basis Data UIS (2024), Sains, Teknologi, dan Inovasi; Global Innovation Index 2023; dan perhitungan OECD berdasarkan UNESCO (2024), Statistik UIS, dan Bank Dunia.

StatLink https://stat.link/i54q6o

Temuan dan rekomendasi

TEMUAN UTAMA	REKOMENDASI (Rekomendasi utama dicetak tebal)
Mengatasi kesenjangan lapangan kerja informal dan gender	
Pekerjaan informal masih tersebar luas, dengan representasi sangat tinggi dari pekerja perempuan. Pengurangan sebagian lapangan kerja informal dapat dicapai dengan meningkatkan pungutan pajak (Bab 1), tetapi upaya di bidang lain juga diperlukan. UU Cipta Kerja Tahun 2023 mendorong formalisasi dengan melonggarkan peraturan ketenagakerjaan.	Pantau dampak UU Cipta Kerja 2023, dan sederhanakan lagi peraturan pasar tenaga kerja jika diperlukan. Sederhanakan juga lingkungan peraturan bagi perusahaan untuk mendorong formalisasi.
Pengusaha wajib memberi cuti melahirkan selama 3 bulan, tetapi kepatuhannya rendah, terutama di perusahaan-perusahaan kecil. Hal ini berkontribusi pada rendahnya tingkat partisipasi angkatan kerja perempuan dan pekerjaan formal.	**Alihkan pendanaan cuti melahirkan dari pemberi kerja ke jaminan sosial atau perpajakan umum; fokuskan dukungan pada pekerja berupah rendah.**
Kesenjangan gender dalam partisipasi angkatan kerja masih tinggi.	Promosikan peluang kewirausahaan bagi perempuan, formalkan ekonomi pengasuhan, dan atasi bias budaya yang mendiskriminasi perempuan di tempat kerja.
Meningkatkan pendidikan	
Kinerja sekolah menurun menurut indikator PISA 2022, dan Indonesia masih jauh di bawah negara-negara OECD lainnya. Kurikulum yang berbeda diterapkan di sekolah-sekolah umum dan berbasis agama dengan variasi yang besar.	**Tingkatkan mutu pendidikan, termasuk dengan menyelaraskan kurikulum sekolah menengah, dan pastikan konsistensinya secara nasional untuk memberikan pengetahuan inti yang lebih luas bagi semua siswa.**
Angka partisipasi di sekolah dasar hampir universal, tetapi partisipasi dan ketuntasan sekolah menengah lebih rendah, sebagian karena faktor biaya pribadi (transportasi, buku, seragam, dll.).	Turunkan biaya pribadi untuk pendidikan menengah bagi keluarga berpenghasilan rendah dengan memperluas pendanaan negara dari waktu ke waktu.
Menurut data PIAAC, keterampilan orang dewasa Indonesia rendah, terutama dalam hal pemrosesan informasi. Proporsi pelatihan vokasi di sekolah menengah sudah tinggi, tetapi tidak selalu sesuai dengan kebutuhan tenaga kerja lokal. Pemerintah daerah punya ruang untuk menyesuaikan kurikulum, tetapi jarang menggunakannya.	Perluas pelatihan vokasi dan tingkatkan kualitas pengajaran. Berikan pemerintah daerah dan perusahaan-perusahaan ruang dan kapasitas teknis yang lebih besar dalam menentukan kebutuhan lokal untuk pelatihan kejuruan.
Rendahnya keterampilan secara umum merupakan hambatan bagi produktivitas dan membuat pekerja menjadi rentan dalam konteks transisi hijau dan digital.	Lakukan analisis kebutuhan keterampilan secara berkala, dimulai dari sektor-sektor prioritas. Siapkan daftar pekerjaan dan keterampilan yang paling dicari dan punya nilai strategis. Daftar bersifat terpusat dan diperbarui secara teratur.
Mengembangkan strategi untuk BUMN dan peningkatan tata kelolanya	
Cakupan BUMN dan pangsa PDB BUMN lebih tinggi daripada rata-rata OECD, serta negara-negara berkembang yang sebanding.	**Kembangkan strategi kepemilikan negara yang mendefinisikan dengan lebih jelas sektor-sektor di mana kepemilikan pemerintah tetap relevan.**
Alasan perlunya kepemilikan pemerintah masih kurang untuk sejumlah sektor.	Lakukan privatisasi atau divestasi terhadap BUMN yang tidak memerlukan kepemilikan pemerintah.
Profitabilitas BUMN masih rendah dan akuntabilitas sering kali di bawah standar. Pedoman baru telah diperkenalkan untuk tata kelola BUMN. Selain itu, telah ada kemajuan dalam pelaporan keuangan.	Terapkan ketentuan-ketentuan inti dari Pedoman OECD (*OECD Guidelines for SOEs*) 2024 untuk BUMN, dalam rangka meningkatkan tata kelola perusahaan BUMN.
BUMN tidak dikecualikan dari hukum persaingan usaha ketika melakukan kegiatan yang memiliki kepentingan strategis, namun penyalahgunaan posisi dominan masih marak terjadi. BUMN diwajibkan untuk menerapkan Program Kepatuhan Persaingan Usaha Komisi Pengawas Persaingan Usaha (Peraturan KPPU No. 1 Tahun 2012).	Terapkan hukum persaingan usaha atas BUMN; lakukan intervensi ketika BUMN menyalahgunakan posisi dominan mereka di pasar dalam kegiatan non-strategis.
Menjunjung tinggi integritas sektor publik	
Otonomi Komisi Pemberantasan Korupsi (KPK) telah terhambat oleh reformasi 2019, yang mengarah pada persepsi kurangnya independensi.	**Jaga independensi, otonomi, dan kewenangan KPK untuk memastikan pencegahan, deteksi, dan investigasi korupsi yang efektif.**
Indonesia tidak mengkriminalisasi penyuapan terhadap pejabat asing, sebagaimana diatur dalam Konvensi PBB Melawan Korupsi.	Selaraskan peraturan perundang-undangan dengan Konvensi PBB Melawan Korupsi dan pertahankan momentum dengan menandatangani Konvensi Anti-Suap OECD.
Memantau efisiensi kebijakan perdagangan dan industri	
Restriksi perdagangan masih meluas (termasuk Mekanisme Neraca Komoditas yang baru-baru ini diperkenalkan) dan menghambat partisipasi dalam rantai nilai global.	**Kurangi jumlah sektor yang tunduk pada aturan kuota impor dan ekspor; jangan perluas Mekanisme Neraca Komoditas ke barang-barang lain.**
Kebijakan proaktif telah diperkenalkan untuk mengembangkan kegiatan hilirisasi dalam negeri. Beberapa keberhasilan telah dicapai dalam mengembangkan fasilitas pengolahan dan peleburan nikel, namun risiko implementasi masih sangat signifikan.	**Pastikan kebijakan industri mengatasi kegagalan pasar; kebijakan perlu dianalisis dengan pendekatan biaya-manfaat untuk memastikan target ditetapkan secara tepat.**
Perdagangan jasa masih sangat ketat pembatasannya.	Hapus pembatasan yang tidak beralasan terhadap perdagangan jasa.

Sebagian besar sektor sekarang terbuka untuk PMA langsung, namun perusahaan milik asing masih terdiskriminasi oleh berbagai kebijakan preferensi dalam negeri.	Setarakan lingkungan usaha dengan mengurangi ketentuan-ketentuan dalam pengadaan barang dan jasa pemerintah, antimonopoli, dan di bidang-bidang lain yang mungkin menguntungkan perusahaan-perusahaan dalam negeri.
Meningkatkan kebijakan inovasi	
Undang-Undang Paten Tahun 2016 meningkatkan kerangka kerja umum, meskipun kriteria paten untuk inovasi tambahan tidak didefinisikan dengan baik dan alasan serta prosedur untuk mengeluarkan lisensi wajib gagal untuk sepenuhnya melindungi kepentingan perusahaan inovatif.	Lindungi hak kekayaan intelektual dengan lebih baik dengan menetapkan hukuman yang lebih berat atas pelanggaran di pasar fisik dan daring agar efek jera lebih kuat.
Belanja litbang masih rendah dan sistem inovasi nasional mengalami inefisiensi kelembagaan. Pendanaan Badan Riset dan Inovasi Nasional (BRIN, yang didirikan pada tahun 2021) masih rendah dan alokasi dana untuk penelitian terlalu lambat.	Lindungi tata kelola dan kegiatan BRIN dari tekanan politik yang tidak semestinya dan pastikan alokasi sumber daya yang cepat.

Daftar Referensi

Aiginger, K. and D. Rodrik (2020), "Rebirth of Industrial Policy and an Agenda for the Twenty-First Century", *Journal of Industry, Competition and Trade*, Vol. 20/2, pp. 189-207, https://doi.org/10.1007/s10842-019-00322-3. [39]

Asian Development Bank (2022), *Proposed Programmatic Approach and Policy Based Loan for Subprogram 1 – Republic of Indonesia: State-Owned Enterprises' Reform Program*, https://www.adb.org/sites/default/files/project-documents/55235/55235-001-rrp-en.pdf. [20]

Asian Development Bank (2020), *Innovate Indonesia:*, Asian Development Bank, Manila, Philippines, https://doi.org/10.22617/sgp200085-2. [53]

Asian Development Bank (2020), *Reforms, Opportunities, and Challenges for State-Owned Enterprises*, Asian Development Bank, https://doi.org/10.22617/tcs200201-2. [22]

Brumby, J. and N. Gökgür (2021), *Time to rethink State-Owned Enterprise (SOE) performance trade-offs*, https://blogs.worldbank.org/en/governance/time-rethink-state-owned-enterprise-soe-performance-trade-offs. [24]

Butt, S. (2019), "Indonesia's Anti-corruption Courts and the Persistence of Judicial Culture", in *The Politics of Court Reform*, Cambridge University Press, https://doi.org/10.1017/9781108636131.007. [25]

Cadot, O., J. Gourdon and F. van Tongeren (2018), "Estimating Ad Valorem Equivalents of Non-Tariff Measures: Combining Price-Based and Quantity-Based Approaches", *OECD Trade Policy Papers*, No. 215, OECD Publishing, Paris, https://doi.org/10.1787/f3cd5bdc-en. [29]

CEDEFOP (2019), *Vocational Education and Training in Europe: Finland*, http://CEDEFOP (2019), Vocational Education and Training in Europe: Finland, European Centre for the. [18]

Choi, J. and A. Levchenko (2021), *The Long-Term Effects of Industrial Policy*, National Bureau of Economic Research, Cambridge, MA, https://doi.org/10.3386/w29263. [44]

Cingano, F. et al. (2022), *Making Subsidies Work: Rules vs. Discretion*, https://www.cesifo.org/DocDL/cesifo1_wp9560.pdf. [46]

Criscuolo, C. et al. (2022), "An industrial policy framework for OECD countries: Old debates, new perspectives", *OECD Science, Technology and Industry Policy Papers*, No. 127, OECD Publishing, Paris, https://doi.org/10.1787/0002217c-en. [33]

Criscuolo, C. et al. (2022), "Are industrial policy instruments effective?: A review of the evidence in OECD countries", *OECD Science, Technology and Industry Policy Papers*, No. 128, OECD Publishing, Paris, https://doi.org/10.1787/57b3dae2-en. [40]

Criscuolo, C. et al. (2019), "Some Causal Effects of an Industrial Policy", *American Economic Review*, Vol. 109/1, pp. 48-85, https://doi.org/10.1257/aer.20160034. [45]

European Commission (2023), *Report on the Protection and Enforcement of Intellectual Property Rights (IPR) in third countries*, https://policy.trade.ec.europa.eu/news/commission-releases-its-report-intellectual-property-rights-third-countries-2023-05-17_en. [52]

Goldstein, A. (2002), "The political economy of high-tech industries in developing countries: aerospace in Brazil, Indonesia and South Africa", *Cambridge Journal of Economics*, Vol. 26/4, pp. 521-538, https://doi.org/10.1093/cje/26.4.521. [36]

Gupta, K. (2023), "The Heterogeneous Impact of Tariffs and Ntms on Total Factor Productivity for Indonesian Firms", *Bulletin of Indonesian Economic Studies*, Vol. 59/2, pp. 269-300, https://doi.org/10.1080/00074918.2021.2016613. [28]

Hapsari, I. et al. (2023), *Informality in Indonesia: Levels, Trends, and Features*, The World Bank, https://doi.org/10.1596/1813-9450-10586. [6]

Hill, H. and P. Tandon (2010), *Innovation and Technological Capability in Indonesia*, https://pdfs.semanticscholar.org/0956/ e1ff03d2282833140c016fb033aadaebc36c.pdf. [49]

IMF (2023), *Geoeconomic Fragmentation and Foreign Direct Investment*, http://www.imf.org/en/Publications/WEO/Issues/2023/04/11/world-economic-outlook-april-2023. [35]

IMF (2023), *Indonesia – Staff Report for the 2023 Article IV Consultation*, https://www.imf.org/en/Publications/CR/Issues/2023/06/22/Indonesia-2023-Article-IV-Consultation-Press-Release-Staff-Report-and-Statement-by-the-535060. [32]

Indonesian Presidency (2020), *The National Medium-Term Development Plan for 2020-2024*, Presidential Regulation No 18 of 2020, https://faolex.fao.org/docs/pdf/ins204723.pdf. [31]

INSEAD (2011), *Global Innovation Index 2011*, https://www.wipo.int/edocs/pubdocs/en/economics/gii/gii_2011.pdf. [47]

Juhász, R., N. Lane and D. Rodrik (2023), *The New Economics of Industrial Policy*, National Bureau of Economic Research, Cambridge, MA, https://doi.org/10.3386/w31538. [41]

Kim, M., M. Lee and Y. Shin (2021), *The Plant-Level View of an Industrial Policy: The Korean Heavy Industry Drive of 1973*, NBER, Cambridge, MA, https://doi.org/10.3386/w29252. [43]

Kremer, M., J. Willis and Y. You (2022), "Converging to Convergence", *NBER Macroeconomics Annual*, Vol. 36, pp. 337-412, https://doi.org/10.1086/718672. [1]

Kristanti, K. and P. Saptono (2024), "Evaluation of The Super Tax Deduction Policy on Research and Dvelopment Activities in Indonesia", *Journal of Governance, Taxation and Auditing*, Vol. 2/3, pp. 153-167, https://journalkeberlanjutan.com/index.php/JoGTA/article/view/888/799. [54]

Lane, N. (2021), "Manufacturing Revolutions: Industrial Policy and Industrialization in South Korea", *SSRN Electronic Journal*, https://doi.org/10.2139/ssrn.3890311. [42]

Mercier, F. and L. Giua (2023), "Subsidies to the steel industry: Insights from the OECD data collection", *OECD Science, Technology and Industry Policy Papers*, No. 147, OECD Publishing, Paris, https://doi.org/10.1787/06e7c89b-en. [34]

Montfaucon, A., V. Senelwa and A. Doarest (2023), *Early Impacts of Indonesia's Investment Reforms : A Preliminary Analysis*, World Bank Policy Research Working Paper 10478, https://documents.worldbank.org/en/publication/documents-reports/documentdetail/099428406082321250/idu0ecbb6f580adbd04a7408420099ac6e912a33. [21]

Mukhlisah, F. (2024), “Supporting self-employment to solve female labor force participation problem”, *The Jakarta Post*, https://www.thejakartapost.com/opinion/2024/03/04/supporting-self-employment-to-solve-female-labor-force-participation-problem.html. [7]

Murthi, M. (2022), *Reducing child stunting: An investment in the future of Indonesia*, https://blogs.worldbank.org/en/health/reducing-child-stunting-investment-future-indonesia. [2]

OECD (2024), *SIGI 2024 Regional Report for Southeast Asia: Time to Care*, Social Institutions and Gender Index, OECD Publishing, Paris, https://doi.org/10.1787/7fc15e1c-en. [8]

OECD (2024), “Transforming education in Indonesia”*, OECD Education Policy Perspectives*, No. 88, OECD Publishing, Paris, https://doi.org/10.1787/9ff8d407-en. [14]

OECD (2023), *Assessing and Anticipating Skills for the Green Transition: Unlocking Talent for a Sustainable Future*, Getting Skills Right, OECD Publishing, Paris, https://doi.org/10.1787/28fa0bb5-en. [17]

OECD (2023), *PISA 2022 Results (Volume I): The State of Learning and Equity in Education*, PISA, OECD Publishing, Paris, https://doi.org/10.1787/53f23881-en. [11]

OECD (2021), *OECD Economic Surveys: Indonesia 2021*, OECD Publishing, Paris, https://doi.org/10.1787/fd7e6249-en. [13]

OECD (2021), *Ownership and Governance of State-Owned Enterprises: A Compendium of National*, https://www.oecd.org/corporate/ownership-and-governance-of-state-owned-enterprises-a-compendium-of-national-practices.htm. [55]

OECD (2020), *OECD Investment Policy Reviews: Indonesia 2020*, OECD Investment Policy Reviews, OECD Publishing, Paris, https://doi.org/10.1787/b56512da-en. [30]

OECD (2020), *The Independence of Prosecutors in Eastern Europe, Central Asia and Asia Pacific*, https://web-archive.oecd.org/2020-12-08/573087-The-Independence-of-Prosecutors-in-Eastern-Europe-Central-Asia-and-Asia-Pacific.pdf. [27]

OECD (2019), *OECD Economic Surveys: Malaysia 2019*, OECD Publishing, Paris, https://doi.org/10.1787/eaaa4190-en. [19]

OECD (2019), *PISA 2018 Results (Volume I): What Students Know and Can Do*, PISA, OECD Publishing, Paris, https://doi.org/10.1787/5f07c754-en. [12]

OECD (2018), *OECD Economic Surveys: Indonesia 2018*, OECD Publishing, Paris, https://doi.org/10.1787/eco_surveys-idn-2018-en. [5]

OECD (2016), *Skills Matter: Further Results from the Survey of Adult Skills*, OECD Skills Studies, OECD Publishing, Paris, https://doi.org/10.1787/9789264258051-en. [16]

OECD (2015), *Guidelines on Corporate Governance of State-Owned Enterprises, 2015 Edition*, OECD Publishing, Paris. [23]

Oliss, B., C. McFaul and J. Riddick (2023), *The Global Distribution of STEM Graduates*, Georgetown Center for Security and Emerging Technology, https://cset.georgetown.edu/article/the-global-distribution-of-stem-graduates-which-countries-lead-the-way/. [50]

Renda, A. and S. Dougherty (2017), *Pro-Productivity Institutions: Learning from National Experience*, https://doi.org/10.1787/d1615666-en. [3]

Rodrik, D. (2015), "Premature deindustrialization", *Journal of Economic Growth*, Vol. 21/1, pp. 1-33, https://doi.org/10.1007/s10887-015-9122-3. [37]

Rodrik, D. and J. Stiglitz (2024), *A New Growth Strategy for Developing Nations*, https://tinyurl.com/ymrg8qom. [38]

Setyonaluri, D. et al. (2023), *Maternity leave in metropolitan Indonesia: Evidence on duration, benefits and job protection*, Jakarta: ILO, https://www.ilo.org/media/361876/download. [9]

Transparency International (2021), *Dismissals Following Controversial Civics Test Further Weaken Indonesia's Anti-Corruption Agency KPK*, https://www.transparency.org/en/press/dismissals-controversial-civics-test-further-weaken-indonesia-anti-corruption-agency-kpk. [26]

UNICEF (2020), *The State of Children in Indonesia*, https://www.unicef.org/indonesia/media/5041/file/The%20State%20of%20Children%20in%20Indonesia.pdf. [10]

US State Department (2023), *2023 Investment Climate Statements: Indonesia*, https://www.state.gov/reports/2023-investment-climate-statements/indonesia/. [51]

WIPO (2023), *Global Innovation Index 2023, 16th Edition*, World Intellectual Property Organization, https://doi.org/doi.org/10.34667/tind.48220. [48]

World Bank (2020), *Indonesia Public Expenditure Review: Spending for Better Results*, http://www.worldbank.org/idper. [15]

World Economic Forum (2024), *Travel and Tourism Development Index 2024*, https://www.weforum.org/publications/travel-tourism-development-index-2024/. [4]

3 Mewujudkan keberhasilan transformasi digital untuk semua

Andrea Goldstein, OECD

Indonesia telah mewujudkan kemajuan yang cukup besar dalam hal digitalisasi dan memiliki peringkat baik dalam hal penetrasi telepon seluler. Akan tetapi, implementasi 5G berjalan lambat dan penetrasi serta cakupan *broadband* masih rendah. Terlepas dari keberhasilan beberapa perusahaan *unicorn* dan proyek modal ventura berbasis digital, penggunaan alat digital di sektor bisnis secara umum masih relatif rendah. Digitalisasi layanan pemerintah terus berkembang, namun masih ada ruang untuk menjadi lebih baik lagi. Prioritas kebijakan percepatan transformasi digital harus meliputi upaya memastikan regulasi yang independen, meningkatkan keterampilan digital di seluruh populasi, meningkatkan penyediaan layanan pemerintah secara elektronik (*e-delivery*), memperkuat keamanan siber, dan memastikan privasi data yang lebih baik.

Dengan reformasi yang tepat, digitalisasi dapat memacu pertumbuhan ekonomi

Integrasi teknologi digital yang berkelanjutan, termasuk konektivitas *broadband*, kecerdasan artifisial (AI), dan pemelajaran mesin (*machine learning*) ke dalam perekonomian berpotensi menghadirkan manfaat yang cukup besar, terutama bagi ekonomi pasar berkembang, termasuk Indonesia, di mana sebagian besar teknologi yang digunakan masih jauh dari teknologi maju (OECD, 2020[1]). Koneksi *broadband* berkualitas tinggi membuat interaksi di dalam dan di antara perusahaan, serta antara perusahaan dan pelanggan lebih efisien, sehingga meningkatkan produktivitas faktor total. Akses yang terjangkau ke teknologi informasi dan komunikasi (TIK) mendorong otomatisasi tugas-tugas rutin dan membebaskan sumber daya untuk investasi lain, termasuk dalam inovasi. Secara lebih luas, digitalisasi dapat meningkatkan layanan pendidikan, kesehatan, dan layanan sosial lainnya, memperlancar fungsi pasar tenaga kerja dan keuangan, serta membuat para pembuat kebijakan lebih bertanggung jawab kepada konstituen.

Digitalisasi yang lebih luas dan dalam berpotensi memacu pertumbuhan dan membantu Indonesia mencapai tujuan-tujuan aspiratif dalam Indonesia Emas 2045, termasuk menjadi negara berpenghasilan tinggi dan bebas kemiskinan, sebagaimana disoroti dalam Rencana Pembangunan Jangka Panjang Nasional (RPJPN) 2025-2045 (Kepresidenan Republik Indonesia, 2024[2]). Kemajuan ekonomi digital dapat menambah 11% PDB Indonesia dalam dua dekade ke depan (Asian Development Bank, 2022[3]). Indonesia mengenali peluang untuk memetik manfaat lebih lanjut dari digitalisasi, sekaligus mengatasi tantangan-tantangannya, yang tercermin dari berbagai inisiatif kebijakan terkait yang berlaku. Selain peta jalan digital yang menyeluruh, rencana strategis telah disusun untuk mempercepat digitalisasi di sektor-sektor tertentu, menerima kecerdasan artifisial, dan mengatasi keamanan siber. Upaya kebijakan tersebut ditunjukkan oleh aneka Peraturan Presiden dan Peraturan Pemerintah (Kotak 3.1).

Kotak 3.1. Strategi dan kebijakan digitalisasi

Dalam beberapa tahun terakhir, beberapa rencana kebijakan telah diluncurkan untuk memperdalam digitalisasi, termasuk:

- Peta Jalan Digital Indonesia, 2021-2024: cetak biru strategis yang berfokus pada empat isu: masyarakat digital, infrastruktur digital, ekonomi digital, dan pemerintahan digital.
- Rencana Strategis 2020-2024 (Kementerian Komunikasi dan Informatika): berfokus pada memajukan transformasi digital di seluruh bidang usaha, masyarakat, dan pemerintah, meningkatkan penyediaan infrastruktur komunikasi di seluruh Indonesia, serta meningkatkan transparansi dalam pengelolaan informasi dan komunikasi publik.
- *Making Indonesia 4.0*: bertujuan mengakselerasi transformasi digital di lima sektor (makanan dan minuman, otomotif, tekstil, elektronik, dan bahan kimia) melalui insentif pajak dan keuangan.
- Strategi Nasional Kecerdasan Artifisial 2020-2045: berfokus pada empat bidang: etika dan kebijakan; data dan infrastruktur; pengembangan talenta; serta penelitian dan inovasi industri.
- Strategi Peningkatan Keamanan Siber: berfokus pada perlindungan infrastruktur TIK dan data sensitif.
- Strategi Nasional Inklusi Keuangan memberikan dasar hukum untuk menetapkan target inklusi keuangan dan dilengkapi dengan Peta Jalan dan Rencana Aksi Inovasi Keuangan Digital 2020-2024 dan *Blueprint* Sistem Pembayaran Indonesia (BSPI) 2025.
- Rencana Induk Pengembangan Industri Digital 2023-2045 disiapkan oleh Bappenas pada November 2022.

Strategi-strategi ini telah mendorong berbagai tindakan kebijakan yang terperinci, yang paling penting di antaranya adalah:

- Peraturan Presiden No. 95 Tahun 2018 tentang Sistem Pemerintahan Berbasis Elektronik (*e-government*)
- Peraturan Presiden No. 39/2019 tentang Satu Data Indonesia (konsolidasi dan integrasi berbagai data pemerintah di bawah Satu Data Indonesia)
- Peraturan Presiden No. 74 Tahun 2017 tentang Peta Jalan Perdagangan Nasional Berbasis Elektronik (Peta Jalan *e-Commerce*)
- Peraturan Presiden No. 82 Tahun 2023 tentang Percepatan Transformasi Digital dan Keterpaduan Layanan Digital Nasional
- Undang-Undang Informasi dan Transaksi Elektronik, Peraturan Presiden, dan Peraturan Menteri Komunikasi dan Informatika (Kemenkominfo)
- Penyelenggara Sistem Elektronik Lingkup Privat (Permenkominfo 5/2020)
- Tata Kelola Penyelenggaraan Sertifikasi Elektronik (Permenkominfo 11/2022)
- Undang-Undang No. 27/2022 tentang Perlindungan Data Pribadi

Strategi Nasional Ekonomi Digital Indonesia 2023 (Stranas Ekodig)

Dalam beberapa hal, transisi digital di Indonesia berjalan dengan baik. Angka berlangganan telepon seluler per 100 penduduk sebanding dengan negara-negara lain (Gambar 3.1, Panel B), begitu pula dengan tingkat penggunaannya (ITU, 2024[4]). Perdagangan elektronik bertumbuh baik dan ekosistem digitalnya hidup, ditunjukkan antara lain oleh sejumlah besar "*unicorn*," yaitu perusahaan rintisan dengan valuasi lebih dari USD 1 miliar yang dimiliki secara privat dan tidak terdaftar di bursa saham (lihat di bawah). Selain itu, seperti di negara-negara lain, pandemi telah mendorong kemajuan dalam penerapan teknologi daring untuk pekerjaan, pendidikan, dan layanan medis jarak jauh. Selain itu, ketersediaan basis data digital dan pertukaran data tepercaya juga memajukan *e-government*.

Akan tetapi, dalam beberapa dimensi lain, transisi digital Indonesia masih terlalu lambat. Hal ini sebagian disebabkan oleh tantangan penyediaan infrastruktur dan layanan di negara kepulauan yang terdiri dari 17.000 pulau. Penetrasi *fixed broadband* relatif rendah (OECD, 2023[5]) dan peluncuran teknologi seluler 5G masih dalam tahap awal dengan cakupan terbatas pada 15% populasi per akhir tahun 2023 menurut GSMA Intelligence (2023[6]), salah satu yang terendah di Asia Tenggara. Masalah konektivitas yang lebih luas di daerah-daerah terpencil, yang mencerminkan sebagian tantangan teknis dan ekonomi yang spesifik dari geografi Indonesia, berkontribusi pada tingginya kesenjangan digital.

Bab ini diawali dengan uraian fitur-fitur utama lanskap konektivitas di Indonesia dan menyoroti beberapa masalah penting. Kemudian, bab membahas isu-isu digitalisasi terkait pengembangan sektor swasta, keuangan, *e-government*, pendidikan, privasi data di ranah daring, dan keamanan siber.

Memperkuat konektivitas *broadband*

Jaringan telekomunikasi Indonesia belum sepenuhnya beralih ke 5G

Selama satu dekade terakhir, pasar komunikasi di Indonesia telah berkembang pesat. Antara tahun 2011 dan 2017, angka berlangganan seluler per 100 penduduk meningkat dari 101 menjadi 163, sebelum turun menjadi 115 pada tahun 2022 seiring pengguna berhenti menggunakan lebih dari satu kartu SIM prabayar dan beralih ke paket langganan yang menawarkan layanan lengkap (Gambar 3.1, Panel A). Menurut Survei Sosial Ekonomi Nasional (Susenas), pangsa rumah tangga yang mengakses internet (dengan kecepatan 256Kbps dalam tiga bulan terakhir) naik hampir dua kali lipat dari 42% menjadi 82% antara tahun

2011 dan 2022. Pangsa rumah tangga dengan koneksi *broadband* di rumah, yang hanya sebesar 5% pada tahun 2011, pada tahun 2022 mendekati rata-rata tidak tertimbang OECD (87% vs 91%) (OECD, 2024[7]).

4G merupakan teknologi seluler yang paling banyak digunakan di Indonesia, dengan jumlah koneksi mencapai 85% pada tahun 2022. Indikator ini berada di urutan kedua setelah Malaysia (koneksi mencapai 94%) di Asia Tenggara (OECD, 2023[5]). Jangkauan jaringan 4G sangat luas (97% dari populasi pada tahun 2022) dan layanan *broadband* seluler terjangkau (ITU, 2024[4]). Di sisi lain, layanan 5G pertama kali digunakan pada tahun 2021, tetapi peluncurannya relatif lambat, antara lain karena kondisi geografis Indonesia. Pada Desember 2023, populasi cakupan 5G mencapai 16% dibandingkan dengan 90% di Thailand (GSMA Intelligence, 2024[8]). Target pemerintah untuk menyamakan tingkat jangkauan 5G dengan jangkauan 4G pada tahun 2024/2025 tampaknya tidak akan tercapai.

Peningkatan kapasitas *broadband* sangat penting, khususnya bagi sektor-sektor yang memiliki kebutuhan data dan internet yang besar. Dalam hal infrastruktur, *broadband* membutuhkan instalasi jaringan *backbone* dan *backhaul* berkinerja tinggi yang akan terus digunakan di masa depan (*future-proof*) dan mampu memberikan layanan berkualitas tinggi kepada pengguna akhir. Secara khusus, jaringan *backhaul* fiber perlu didekatkan dengan pengguna akhir guna mendukung 5G. Untuk mencapai pengguna akhir (*last-mile*) diperlukan jaringan akses dari berbagai teknologi, kabel atau nirkabel, tetap atau bergerak (misalnya, *fibre-to-the-home*, gabungan fiber-koaksial, akses nirkabel tetap, satelit, 4G, 5G), yang saling melengkapi demi menghadirkan layanan *broadband* yang diperlukan sesuai dengan kriteria efisiensi teknis, geografis, atau ekonomi.

Meskipun penetrasi *mobile broadband* tinggi, penetrasi *fixed broadband* masih rendah baik dalam perbandingan internasional (Gambar 3.1, Panel B) maupun relatif terhadap Asia Tenggara (OECD, 2023[5]). Pada tahun 2016, angka berlangganan *fixed broadband* adalah 2 per 100 penduduk, dan pada tahun 2022 angka ini hanya naik ke 4,9 pelanggan per 100 penduduk. Sebagian besar langganan berasal dari paket layanan '*triple-play*' yang menggabungkan *fixed broadband* dengan *fixed voice* (telepon) dan TV berprotokol internet (IPTV) (Mendoza, 2023[9]). Pada tahun 2021, hampir setengah rumah tangga (44%) menyebutkan biaya yang tinggi sebagai alasan utama tidak berlangganan layanan *fixed broadband* (Wibisana et al., 2022[10]). Akses yang luas ke *fixed broadband* diperlukan untuk memastikan infrastruktur komunikasi yang komprehensif. *Fixed broadband* bersifat komplementer terhadap teknologi akses seluler dan dapat membantu meningkatkan kapasitas dan kinerja semua teknologi akses *broadband*. Meskipun harga *mobile broadband* relatif terjangkau dalam hal daya beli (OECD, 2023[5]) Indonesia merupakan salah satu pasar negara berkembang dengan harga *fixed broadband* termahal (Panel C). Tantangan lain datang dari mutu dan kecepatan jaringan. Angka berlangganan *fixed broadband* per 100 penduduk dengan layanan berkecepatan wajar sudah serupa dengan negara-negara yang jauh lebih kaya (Gambar 3.2, Panel A), namun per Februari 2024 kecepatan jaringan *fixed broadband* di Indonesia merupakan yang terlambat dibandingkan dengan negara berkembang dan negara ASEAN tertentu (Gambar 3.2, Panel B). Oleh karena itu, penyebaran infrastruktur jaringan tetap berkecepatan tinggi menjadi penting untuk meningkatkan kinerja *fixed broadband*, mengingat jaringan 5G utamanya bergantung pada jaringan fiber *backbone* dan *backhaul* (Gambar 3.1, Panel D).

Gambar 3.1. Pasar seluler sudah jenuh, tetapi penetrasi *broadband* masih rendah

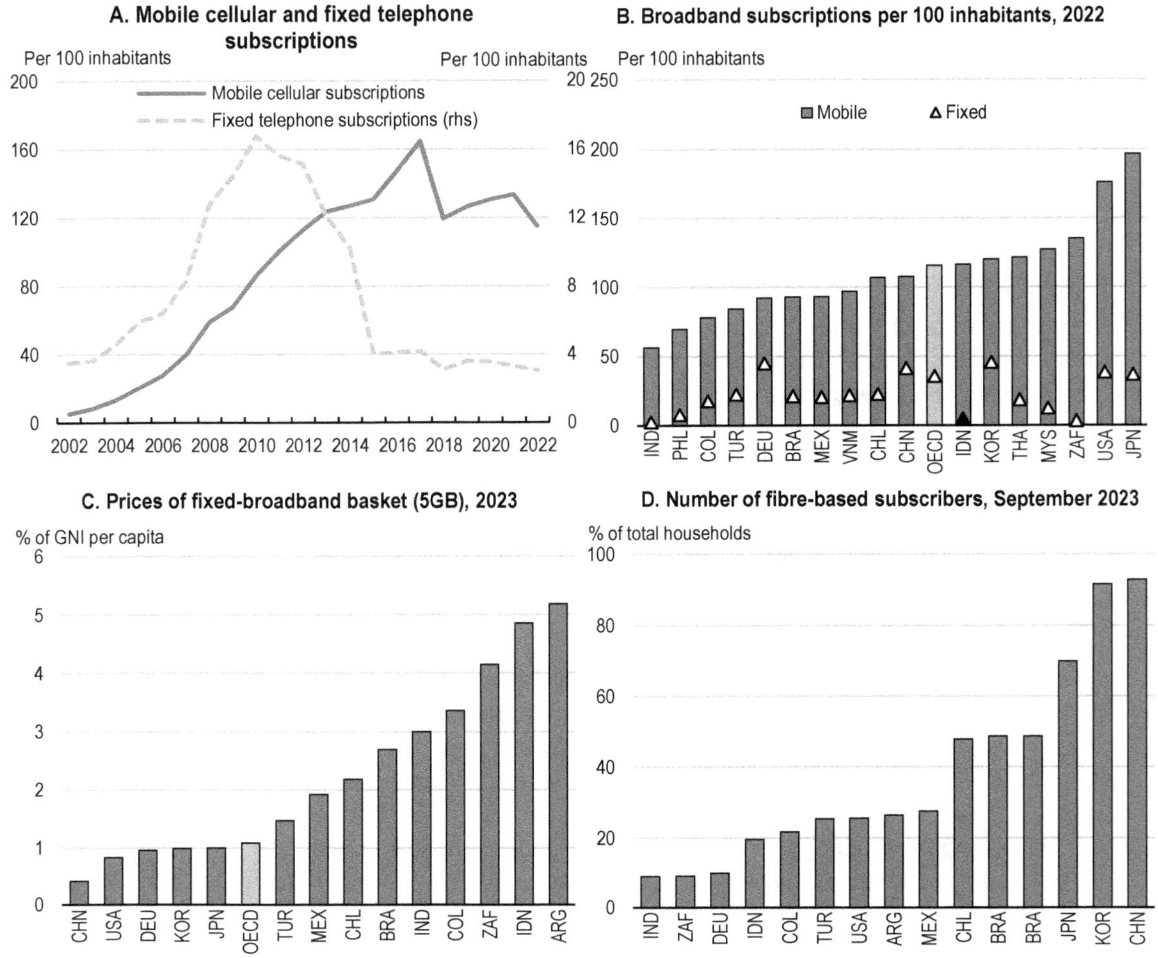

Catatan: Pada Panel C dan D, rata-rata tidak tertimbang untuk agregat OECD. Pada Panel D, tingkat penetrasi fiber adalah bagian dari jumlah pelanggan untuk *Fibre to the Home* (FTTH) dan *Fibre to the Building (FTTB)* dalam total rumah tangga.
Sumber: *Broadband Statistics Database* OECD, www.oecd.org/sti/broadband/broadband-statistics/, (OECD, 2024[11] ; 2023[5]), Bank Dunia, ITU World Telecommunication/ICT Indicators Database; dan FTTH Council Europe, FTTH/B Global Ranking 2024.

StatLink https://stat.link/z2vsrx

Gambar 3.2. Kecepatan *broadband* rendah

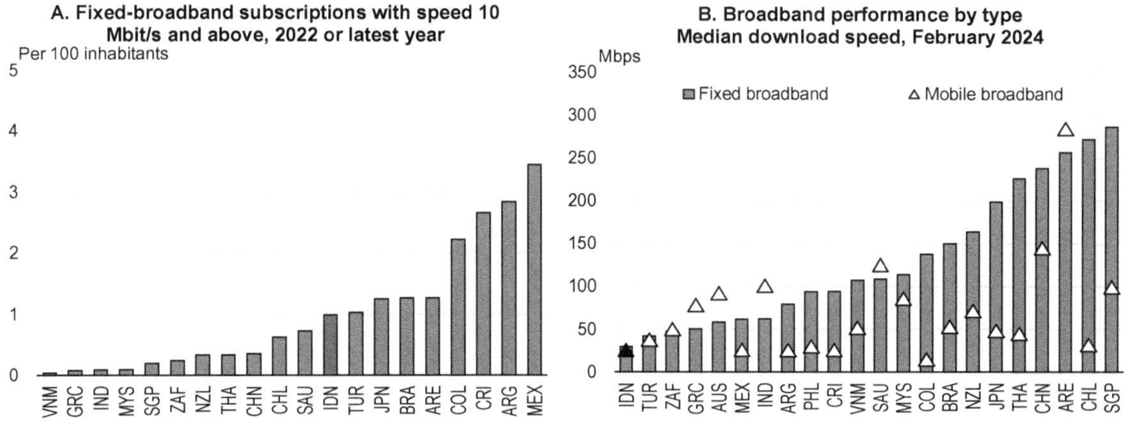

Catatan: Data dikumpulkan dan diagregat oleh Metodologi Ookla's Speedtest® (Ookla, 2023[12]). Istilah 'kecepatan' mengacu pada "kecepatan unduhan yang diiklankan" dalam data ITU dan waktu yang dibutuhkan untuk menarik data dari suatu *server* di internet dalam data Ookla.
Sumber: ITU dan Ookla®, (2024), *Speedtest Global* Index® (https://www.speedtest.net/global-index).

StatLink https://stat.link/3b5x97

Kesenjangan konektivitas bersifat geografis dan sosial ekonomi

Faktor geografis dan sosial ekonomi berpengaruh terhadap kesenjangan adopsi teknologi digital di Indonesia. Tingkat adopsi digital sangat rendah di daerah 3T. Kesenjangan adopsi yang sudah cukup besar antara Jawa dan wilayah lain di Indonesia pun kian melebar, begitu juga dengan kesenjangan antara daerah perkotaan dan perdesaan. (Xuyao, Satria dan Kurniawati, 2023[13]). Beberapa provinsi, seperti Kep. Bangka Belitung dan Jambi, telah meningkatkan penetrasi digital secara signifikan, namun provinsi lain, seperti Papua Barat dan Sulawesi, tertinggal. Kesenjangan antara perkotaan dan perdesaan di Indonesia merupakan yang terbesar kedelapan di antara 35 negara pembanding yang representatif (Gambar 3.3). Dalam hal gender, meskipun akses digital meningkat antara tahun 2020 dan 2022 dari 51% menjadi 64% di antara populasi perempuan, selisihnya terhadap populasi laki-laki stagnan pada enam persen poin (OECD, 2024[14]). Hasil perhitungan statistik menunjukkan bahwa usia, tingkat pendidikan, dan wilayah merupakan faktor penentu paling signifikan dari akses internet (Kotak 3.2).

Gambar 3.3. Kesenjangan digital antara daerah perkotaan dan perdesaan sangat dalam

Porsi koneksi *broadband*, 2023 atau tahun terbaru

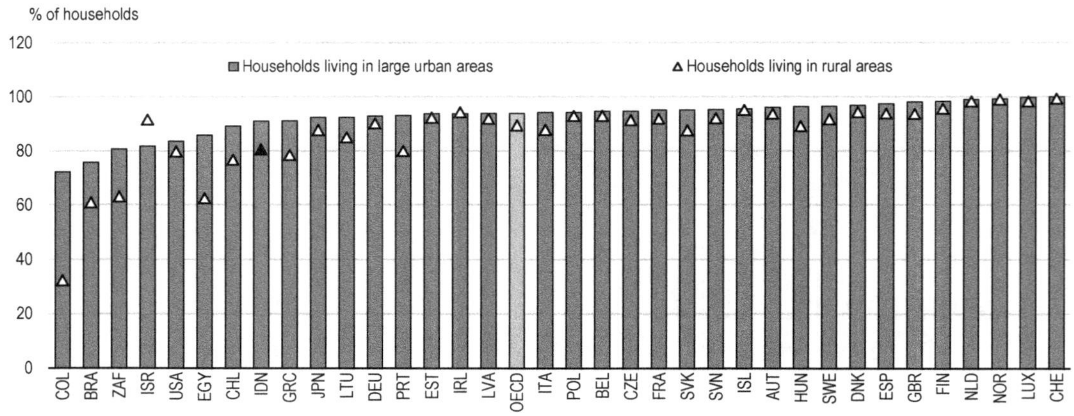

Catatan: Menurut Tipologi Regional OECD, sebuah wilayah diklasifikasikan sebagai perdesaan jika lebih dari separuh penduduknya tinggal di unit-unit lokal dengan kepadatan penduduk di bawah 150 jiwa per kilometer persegi dan perkotaan jika kurang dari 15% penduduknya tinggal di unit-unit lokal dengan kepadatan penduduk yang rendah. Beberapa perbedaan dalam definisi wilayah perkotaan dan perdesaan dapat ditemukan di Brasil, Cile, Amerika Serikat, dan Jepang. Lihat sumbernya untuk lebih jelasnya.

Sumber: OECD (2024[15]), "Disparity in broadband uptake between urban and rural households", *OECD Going Digital Toolkit*, https://goingdigital.oecd.org/indicator/17 (diakses pada tanggal 5 Agustus 2024).

StatLink https://stat.link/8qm3f5

Kotak 3.2. Apa sebab kesenjangan akses internet di Indonesia?

Data mikro dari Survei Sosial Ekonomi Nasional (SUSENAS) tahun 2022 dapat digunakan untuk memperkirakan probabilitas seseorang memiliki akses ke internet menurut beragam karakteristik. Hasil estimasi statistik ditunjukkan di bawah ini. Perhitungan mencakup karakteristik individu (seperti usia, jenis kelamin, pendidikan, pekerjaan, lokasi perdesaan/perkotaan) dan karakteristik rumah tangga (kekayaan, dengan kepemilikan mobil sebagai proksi, dan wilayah) pada sampel sekitar 670.000 orang yang berusia 18 hingga 75 tahun.

Perkiraan probabilitas seseorang mengakses internet, untuk perempuan yang tidak bekerja (baik menganggur maupun tidak aktif) berusia 60-75 tahun, berpendidikan rendah, tinggal di daerah perdesaan, dan dalam rumah tangga tanpa aset tetap, adalah 30% (Gambar 3.4). Jika pindah ke daerah perkotaan, probabilitas perempuan yang sama untuk mengakses internet hanya naik beberapa persen poin. Namun, jika individu ini adalah perempuan perkotaan berusia 18-29 tahun dengan pendidikan menengah ke atas, probabilitasnya meningkat menjadi 60%. Wilayah tempat tinggal, kekayaan, dan jenis kelamin juga diperkirakan memengaruhi probabilitas: jika perempuan yang lebih muda, di perkotaan, dan berpendidikan tinggi ini bekerja dan tinggal di Indonesia bagian barat, probabilitasnya mendekati 80%. Namun demikian, perubahan profil, seperti pada kepemilikan mobil dan jenis kelamin, kecil pengaruhnya.

Gambar 3.4. Perkiraan probabilitas akses internet

Perkiraan probabilitas dari *baseline* dengan perubahan inkremental dalam karakteristik individu

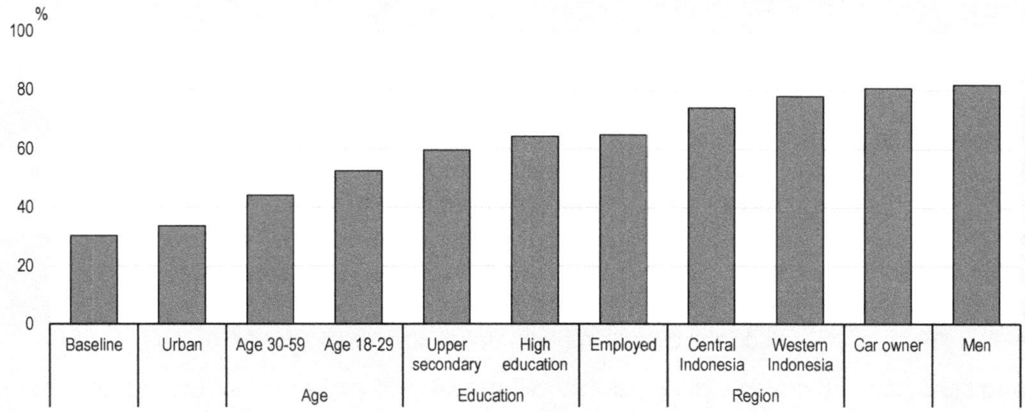

Catatan: *Baseline* mengacu pada perempuan berusia 60 tahun ke atas, berpendidikan rendah (yaitu sekolah menengah ke bawah), tidak bekerja (menganggur atau tidak aktif), tinggal di rumah tangga yang tidak memiliki mobil, di daerah perdesaan Indonesia Timur. Diagram batang menunjukkan estimasi probabilitas rata-rata untuk mengakses internet. Estimasi diperoleh melalui estimasi probit yang mengendalikan usia, jenis kelamin, pendidikan, status pekerjaan, lokasi perdesaan, kepemilikan mobil, dan efek regional.
Sumber: Perhitungan OECD menggunakan Survei Sosial Ekonomi Nasional 2022 (SUSENAS, 2022).

StatLink 2 https://stat.link/x0w5z4

Memfasilitasi investasi untuk konektivitas broadband

Pengembangan infrastruktur TIK untuk mendukung transformasi digital merupakan komponen utama dalam Rencana Pembangunan Jangka Menengah Nasional (RPJMN) 2020-2024 (Kepresidenan Republik Indonesia, 2020[16]). Proyek Palapa Ring, jaringan *backbone* berkecepatan tinggi nasional yang membutuhkan pemasangan lebih dari 35.000kilometer kabel fiber optik darat dan laut, telah memperluas konektivitas secara substansial. Proyek senilai USD 1,5 miliar ini menghadirkan layanan internet 4G ke 514 kota/kabupaten di Indonesia. Meski demikian, masih terdapat tantangan yang harus dihadapi. Di wilayah 3T, khususnya, isu profitabilitas telah membuat operator enggan menggunakan Palapa Ring untuk menyediakan infrastruktur yang menghubungkan *landing station* kabel bawah laut ke kota-kota menengah dan kecil (OECD, 2023[5]). Internet satelit secara teknis unggul dalam mengatasi tantangan geografis, tetapi lebih rentan terhadap kondisi cuaca dan membutuhkan investasi modal yang tinggi. Tiga satelit multifungsi geostasioner (SATRIA, SAteliT Republik IndonesiA) akan diluncurkan sebelum tahun 2030 untuk meningkatkan jangkauan internet di daerah 3T.

Investasi lebih lanjut akan bergantung pada penanganan dua masalah yang mendongkrak harga dan membatasi kualitas jaringan *fixed broadband* di Indonesia (OECD, 2023[5]). Pertama, operator *fixed broadband* terbukti enggan berbagi infrastruktur pasif, padahal praktik ini umum dilakukan di bidang jaringan seluler. Saluran, tiang, ruang milik jalan, lubang selokan, dan pekerjaan sipil menyedot tiga perempat dari biaya pemasangan dan pemeliharaan *fixed broadband*. Skema berbagi biaya akan menguntungkan para penyedia dan menghasilkan investasi yang lebih tinggi (Wibisana et al., 2022[10]). UU Cipta Kerja (lihat Bab 2) juga mengamanatkan pembagian infrastruktur pasif, hal yang perlu ditindaklanjuti dengan peraturan pelaksana. Hal ini akan membutuhkan kepemimpinan yang efektif untuk mengoordinasikan lembaga-lembaga pemerintah terkait. Selain itu, penyederhanaan izin lingkungan dan izin lainnya yang diperlukan untuk memasang infrastruktur digital ke dalam perizinan terintegrasi dapat memberikan nilai tambah. Kedua, rezim perizinan di Indonesia mengharuskan penyedia layanan mengajukan penawaran untuk mendapatkan izin penyelenggaraan layanan tertentu (OECD, 2023[5]). Penyederhanaan rezim perizinan komunikasi akan sangat mengurangi biaya transaksi, memfasilitasi masuknya pasar, dan mempercepat proses administrasi untuk penyebaran jaringan. Manfaat ini juga yang membuat negara-negara OECD beralih dari lisensi berbasis layanan ke model lisensi kelas tunggal yang didasarkan pada "register" (OECD, 2020[17]).

Mereformasi regulasi komunikasi

Setelah liberalisasi pada tahun 1999, sekitar selusin operator memasuki pasar komunikasi. Persaingan ketat menekan harga, namun margin yang sempit melemahkan kinerja para operator, sehingga terjadi konsolidasi yang progresif. Pada tahun 2022, merger operator terbesar kedua dan ketiga untuk menjadi Indosat Ooredoo Hutchison (Indosat) disetujui. Masih ada empat operator besar yang beroperasi, dan sebagian ahli mungkin berpendapat jumlah ini pun terlalu banyak. Sebagai contoh, Eliott et al. (2023[18]) menyatakan, "konsolidasi menghadirkan *trade-off* bagi konsumen: pengunduhan yang lebih cepat dengan harga yang lebih tinggi. [...] Surplus total dimaksimalkan untuk tiga perusahaan."

Operator yang sebagian sahamnya dimiliki pemerintah masih memainkan peran penting di pasar jaringan tetap dan seluler. Di *fixed broadband*, Telkom Indonesia menguasai sekitar 80% dari segmen koneksi rumah dan 90% dari segmen bisnis pada akhir tahun 2021 (OECD, 2023[5]). Selain itu, pemerintah adalah pemilik tunggal saham Seri A dari BUMN sambungan telepon tetap dan Indosat (kepemilikan 9,6% melalui PT Perusahaan Pengelola Aset). Saham Seri A memberikan hak veto atas keputusan bisnis dan penunjukan, yang berarti dalam praktiknya pemerintah tetap memiliki pengaruh atas strategi pesaing utama dari BUMN telekomunikasi terbesar di Indonesia (OECD, 2023[5]).

Saat ini, Indonesia tidak memiliki badan regulasi independen untuk sektor telekomunikasi. Badan Regulasi Telekomunikasi Indonesia (BRTI) yang didirikan pada tahun 2003 diberi kewenangan independen untuk menerbitkan izin dan menyelesaikan sengketa. Akan tetapi, BRTI tidak sepenuhnya independen dari Kementerian Komunikasi dan Informatika (Kominfo) (OECD, 2023[5]). Selain itu, kriteria seleksi dan penunjukan pemimpin BRTI tidak jelas, serta staf dan anggaran terbatas. BRTI dibubarkan pada tahun 2020 menyusul keputusan pemerintah untuk merampingkan fungsi-fungsi pemerintahan. Langkah ini berlawanan dengan rekomendasi dari *Broadband Connectivity Council* OECD yang menyerukan agar keputusan regulasi di sektor komunikasi dibuat "secara independen, tidak memihak, obyektif (berdasarkan bukti dan pengetahuan), proporsional, dan konsisten" (OECD, 2021[19]). Mengandalkan regulator ekonomi independen adalah praktik standar di negara-negara OECD. Sebagai contoh, Institut Telekomunikasi Federal (IFT) Meksiko, dibentuk pada tahun 2013, dinilai sebagai lembaga publik yang otonom, independen dalam keputusan dan fungsinya, dengan status hukum dan sumber dayanya sendiri (OECD, 2017[20]; 2024[21]).

Dengan adanya operator yang dimiliki/dikendalikan oleh negara, diperlukan penyelarasan regulasi komunikasi di Indonesia dengan prinsip-prinsip netralitas persaingan usaha (OECD, 2023[5]). Prinsip-prinsip ini bertujuan memastikan bahwa semua pelaku usaha (misalnya, pemerintah, swasta, Indonesia, atau asing) menghadapi seperangkat aturan yang sama terkait persaingan usaha (OECD, 2021[22]). Memang terdapat risiko bahwa entitas dengan kepemilikan negara menerima perlakuan yang lebih menguntungkan, misalnya dalam hal akses ke fasilitas penting atau lelang pemerintah. Pemerintah perlu mempertimbangkan untuk melaksanakan tinjauan netralitas persaingan usaha di sektor komunikasi sesuai dengan *OECD Competitive Neutrality Reviews: Small-Package Delivery Services in Indonesia* (OECD, 2021[23]) yang menggunakan Perangkat Penilaian Persaingan Usaha (*Competition Assessment Toolkit*) OECD untuk mengidentifikasi cara-cara untuk mendorong persaingan usaha yang lebih baik.

Terdapat kekurangan yang spesifik dalam regulasi sektor komunikasi (OECD, 2023[5]). Indonesia tidak memiliki jaminan portabilitas nomor telepon. Regulasi ini juga memberlakukan hambatan yang tinggi terhadap kepemilikan saham asing (misalnya, terdapat batasan kepemilikan saham pada jaringan telekomunikasi tetap dan telepon internet untuk tujuan publik, ditambah persyaratan untuk memberikan posisi manajemen tertentu bagi warga negara Indonesia). Selain itu, terdapat pembatasan kepemilikan lahan yang menaikkan biaya pemasangan menara telekomunikasi dan larangan perdagangan spektrum sekunder. Mengenai portabilitas nomor, pengalaman Cile dengan fasilitas berbasis web "*Me quiero salir*" (Saya ingin bebas) yang dibuat oleh SERNAC (Badan Konsumen Nasional) mungkin relevan untuk Indonesia. Layanan ini memfasilitasi pembatalan kontrak, sehingga berganti penyedia layanan lebih mudah (OECD, 2022[24]). Hambatan interkoneksi di antara operator jaringan, serta beberapa pembatasan arus data lintas batas, juga membuat Indonesia relatif tertutup terhadap perdagangan digital (OECD, 2021[23]).

Meningkatkan pengelolaan spektrum

Pengelolaan spektrum yang efisien dapat menjadi pendorong utama investasi layanan komunikasi (OECD, 2022[25]). Dalam hal alokasi (yaitu penyediaan spektrum di pasar), pengalaman di seluruh OECD menunjukkan bahwa rezim perizinan yang transparan dan dirancang dengan baik, termasuk pelelangan, memberikan kepastian hukum, dengan tujuan mendorong investasi jangka panjang dan mendukung inovasi (OECD, 2022[25]).

Indonesia menghadapi masalah dalam hal ketersediaan dan penggunaan spektrum seluler. Terdapat kekurangan spektrum untuk menyediakan *broadband* seluler berkecepatan tinggi di daerah perkotaan (Zagdanski, Bahia dan Castells, 2023[6]). Lelang spektrum baru oleh pemerintah telah ditunda beberapa kali dan saat ini diperkirakan akan dilakukan paling cepat pada akhir tahun 2024. Memajukan lelang spektrum yang telah direncanakan akan membantu menyelesaikan masalah ini dan mendorong penyebaran jaringan seluler (OECD, 2023[5]). Dalam hal ini, lisensi spektrum dapat diberikan untuk jangka waktu yang lebih lama dari sepuluh tahun yang berlaku saat ini, demi meningkatkan insentif berinvestasi dalam pengembangan jaringan. Di sebagian besar negara anggota OECD, izin spektrum memiliki jangka waktu mulai dari 10 hingga 30 tahun, dengan persyaratan yang jelas untuk perpanjangan dan pencabutan lisensi (Crean, 2022[26]).

Membuat pendanaan untuk penyelenggaraan layanan universal lebih efisien

Penyediaan layanan telekomunikasi universal penting dalam konteks Indonesia dengan banyaknya rumah tangga yang dipandang otoritas sebagai pelanggan yang tidak memberikan keuntungan komersial. Program layanan universal dimulai pada tahun 2003. Pada awalnya, program ini dibiayai langsung dari APBN, namun pada tahun 2005 beralih ke model pendanaan yang melibatkan operator komunikasi—operator membayar 0,75% (kemudian dinaikkan ke 1,25%) dari pendapatan kotor (GSMA, 2013[27]). Dana ini dikelola oleh Badan Aksesibilitas Telekomunikasi dan Informasi (BAKTI). Kegiatan utama BAKTI terdiri dari: i) membangun BTS (*Base Transceiver Station*); ii) melaksanakan program Akses Internet untuk menyediakan layanan internet satelit gratis bagi sekolah, pusat kesehatan dan bangunan publik lainnya, dan iii) memprakarsai Palapa Ring dan iv) program satelit SATRIA.

Penelitian menunjukkan adanya ruang untuk perbaikan operasional dan peningkatan transparansi dalam pengelolaan BAKTI. Kurangnya kapasitas mungkin telah menunda pencairan dana dan menghambat efektivitas (UNESCAP, 2017[28]). Berdasarkan penelitian lapangan di Kabupaten Sumba Barat Daya, Hunsa dan Budiman (2023[29]) menyarankan perlunya upaya lebih lanjut untuk meningkatkan transparansi atas pilihan area prioritas dalam intervensi BAKTI, transparansi atas rencana jangka menengah, dan komunikasi serta akuntabilitas di hadapan dunia usaha, masyarakat lokal, dan pemangku kepentingan lainnya.

Memfasilitasi digitalisasi di sektor usaha

Ada banyak ruang bagi beragam sektor usaha untuk memanfaatkan alat bantu digital dengan lebih baik

Meskipun terdapat usaha "*unicorn*" dalam jumlah relatif besar di Indonesia, dan pasar modal ventura sedang tumbuh (Kotak 3.3), sektor usaha secara lebih luas relatif tidak banyak menggunakan alat dan teknologi digital dasar, terlebih teknologi maju (Bank Dunia, 2021[30]). Menurut sebuah survei, hanya 6% perusahaan yang menggunakan teknologi baru di seluruh operasinya, 30% di antaranya telah mengadopsi teknologi hingga tingkat menengah, dan 64% hanya mengadopsi teknologi dasar (Asia Development Bank, 2020[31]). Sekitar satu dari tujuh usaha mikro, kecil, dan menengah (UMKM) diperkirakan menggunakan internet untuk pemasaran dan penyediaan produk dan layanan (Wicaksono dan Simangunsong, 2022[32]). Proporsi perusahaan yang mengoperasikan situs webnya sendiri berada di bawah angka negara-negara ASEAN dan G20. Akan tetapi, dalam beberapa dimensi lain, seperti penggunaan teknologi berlisensi asing atau ketersediaan anggaran litbang, peringkat Indonesia bukan yang terburuk (Gambar 3.5).

Kotak 3.3. Ekosistem *unicorn* dan modal ventura di Indonesia

Indonesia memiliki karakteristik yang kondusif bagi keberhasilan perusahaan rintisan: pasar domestik yang besar, kelas menengah yang bertumbuh, dan populasi muda yang melek digital. Indonesia adalah rumah bagi delapan "*unicorn*" (perusahaan rintisan dengan valuasi mencapai USD 1 miliar, tidak terdaftar di bursa saham), terbesar kedua di ASEAN setelah Singapura (dengan 15 unicorn) (CB Insights, 2024[33]). Dua di antaranya, GoTo dan J&T Express, adalah "*decacorn*" (perusahaan rintisan dengan valuasi lebih dari USD 10 miliar).

GoTo dibentuk pada tahun 2020 dari penggabungan dua *unicorn* tertua di Indonesia, yaitu platform pemesanan kendaraan dan pembayaran Gojek dan Tokopedia sebagai *e-commerce* terdepan. GoTo adalah perusahaan *super-app* (salah satu dari sedikit perusahaan serupa di Asia), yang menyediakan berbagai layanan, termasuk pembayaran dan pesan instan. Pada tahun 2022, GoTo diperkirakan memiliki 63,8 juta pengguna, dengan 17,7 juta pedagang, dan menyumbang 1,8 hingga 2,2% dari PDB Indonesia. (LPEM FEB UI, 2023[34]). GoTo terdaftar di Bursa Efek Indonesia pada tahun 2022.

Pasar modal ventura di Indonesia tumbuh bersama dengan pasar ekuitas swasta. Total nilai transaksi mencapai USD 3,6 miliar pada tahun 2021-22. Awalnya, fokus investasi adalah pada usaha *platform*, terutama *e-commerce*, mobilitas, dan logistik. Belakangan ini, minat terhadap teknologi iklim juga meningkat, khususnya kendaraan listrik dan teknologi baterai.

Gambar 3.5. Adopsi teknologi digital oleh perusahaan masih sederhana

2023 atau tahun terakhir

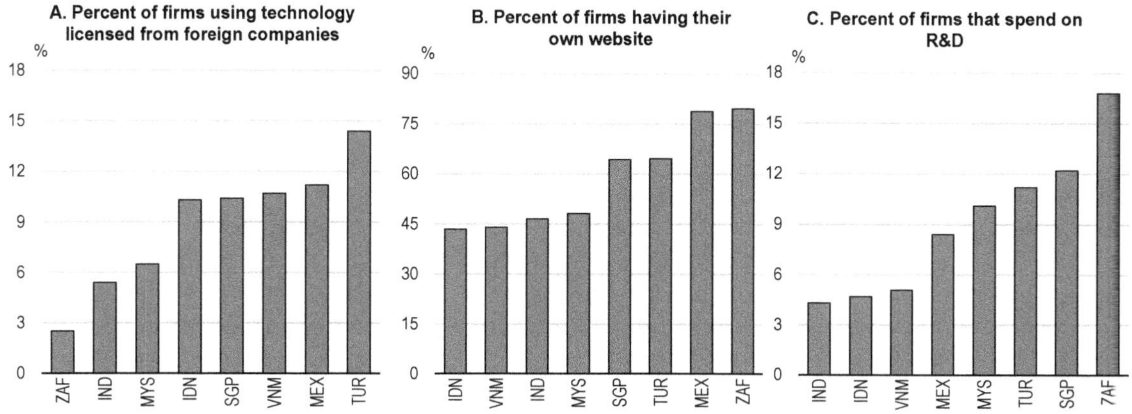

Catatan: Data mengacu pada tahun 2022 untuk India, 2020 untuk Afrika Selatan, dan 2019 untuk Malaysia dan Turki. Perusahaan-perusahaan yang disurvei menjawab pertanyaan-pertanyaan berikut:

- apakah perusahaan saat ini menggunakan teknologi yang dilisensikan dari perusahaan milik asing, tidak termasuk perangkat lunak perkantoran?
- saat ini, apakah perusahaan ini menggunakan situs webnya sendiri?
- dan selama tahun fiskal terakhir, apakah perusahaan ini membelanjakan dana untuk kegiatan penelitian dan pengembangan formal, baik secara internal maupun dikontrakkan dengan perusahaan lain, tidak termasuk survei riset pasar?

Sumber: *Enterprise Surveys Database* Bank Dunia.

StatLink https://stat.link/rocgpk

Terdapat bukti kuat yang menunjukkan potensi manfaat dari penggunaan teknologi digital yang lebih besar di Indonesia, khususnya penggunaan internet. Berdasarkan survei terhadap 1.100 perusahaan, Damuri et al. (2018[35]) menemukan bahwa penggunaan internet meningkatkan penjualan sebesar 12%, terutama untuk perusahaan-perusahaan kecil. Falentina et al. (2021[36]) menemukan efek positif penggunaan internet terhadap pendapatan daerah, produktivitas tenaga kerja, dan ekspor dalam sebuah studi di kota Yogyakarta. Studi lain yang menggunakan survei angkatan kerja Indonesia menemukan bahwa adopsi internet di daerah perdesaan terkait dengan peningkatan pendapatan rumah tangga sebesar 29% (Priyatna, 2022[37]). Yan Ing dan Zhang (2023[38]) menemukan bahwa impor langsung peralatan otomasi oleh perusahaan manufaktur dikaitkan dengan kinerja yang kuat di beberapa bidang, termasuk *output,* lapangan kerja, upah, dan produktivitas. Dengan menggunakan Survei Kehidupan Rumah Tangga Indonesia (SAKERTI), Kharisma (2022[39]) menemukan bahwa penggunaan internet memperkuat modal sosial.

Rendahnya adopsi teknologi digital terjadi khususnya di sektor pertanian (Mercy Corps dan Rabo Foundation, 2021[40]). Sebagian besar petani di Indonesia berpendidikan sekolah dasar, berusia di atas 45 tahun, dan tidak menggunakan internet. Kelompok tani, keluarga, atau teman menjadi sumber informasi utama. Hanya sekitar seperlima petani yang menggunakan media sosial untuk jual-beli dan kurang dari 5% yang aktif di situs *e-commerce*. Sementara itu, bukti menunjukkan bahwa penggunaan internet secara positif dan signifikan memengaruhi kesejahteraan subjektif petani, khususnya pada kuintil pendapatan terendah (Rahman et al., 2023[41]).

Ada banyak inisiatif kebijakan yang bertujuan memfasilitasi transformasi digital Usaha Mikro, Kecil, dan Menengah (UMKM). Pemerintah telah meluncurkan, antara lain, Peta Jalan *Making Indonesia 4.0* (pada tahun 2018), Peta Jalan *E-Commerce* (2019), dan Visi *Go Digital* (2020). KADIN CIPTA memfasilitasi akses ke identitas digital berbasis *blockchain* untuk industri dan UMKM yang menghasilkan analisis dan data yang tersedia untuk pihak ketiga. Program *Promise II Impact* dari ILO berfokus pada strategi untuk meningkatkan produktivitas dan skala UKM serta mendukung adopsi teknologi digital oleh Bank Pembangunan Daerah (BPD), Bank Perkreditan Rakyat (BPR), dan para pembeli (*buyer*). Kementerian

Perdagangan menjalankan program untuk mempromosikan pendidikan dan kesadaran di kalangan konsumen mengenai hak-hak mereka di ranah *e-commerce*.

Beberapa aspek regulasi mungkin menghambat adopsi digital

Beberapa inisiatif peraturan berpotensi melemahkan adopsi digital. Contohnya, Peraturan Menteri Perdagangan No. 31 Tahun 2023 tentang Perizinan Berusaha, Periklanan, Pembinaan, dan Pengawasan Pelaku Usaha dalam Perdagangan Melalui Sistem Elektronik. Peraturan ini memperkenalkan persyaratan dan pembatasan baru untuk bisnis *e-commerce* dalam dan luar negeri, termasuk harga minimum untuk barang impor, larangan *platform* perdagangan sosial yang memfasilitasi transaksi pembayaran, dan batas maksimal pembelian *e-commerce* langsung dari luar negeri. Membatasi fungsi *platform* perdagangan sosial menjadi hanya sebagai "etalase barang dan/atau jasa" secara efektif mencegah transaksi langsung antara penjual dan pembeli dan dapat mencegah dukungan *e-commerce* bagi UKM. Ada pula kepatuhan tambahan lain yang dibebankan pada operator *e-commerce*. Pelanggaran dapat menyebabkan sanksi administratif, termasuk pemblokiran akses ke situs web/platform dan pencabutan izin usaha. Dampak dari peraturan-peraturan ini terhadap *e-commerce* harus dipantau, dan peraturan sebaiknya diubah jika dianggap perlu berdasarkan hasil pemantauan.

Seperti yang dibahas di Bab 2, Indeks Restriksi Perdagangan Jasa (STRI) dan basis data Regulasi Pasar Produk (PMR) OECD mengindikasikan ketatnya regulasi di sektor jasa dan di berbagai sektor serta bidang regulasi lainnya. Hal ini cenderung menghambat adopsi teknologi. Meskipun terdapat pembebasan, pembatasan terutama terjadi di bidang layanan hukum, akuntansi, telekomunikasi, dan asuransi, dengan hambatan yang lebih tinggi untuk masuknya investor asing dan paradigma atur dan awasi (*command-and-control*) yang lebih kuat dibandingkan yang dimiliki mitra dagang regional. Terdapat ruang yang luas bagi regulasi yang lebih baik (yaitu, lebih ramah bagi kompetisi usaha) di bidang-bidang seperti sektor jaringan, pengadaan barang dan jasa pemerintah, tata kelola BUMN, dan penilaian dampak regulasi (Bab 2).

Digitalisasi dapat membantu meningkatkan inklusi keuangan

Menurut Survei Perusahaan Bank Dunia, akses ke pembiayaan adalah hambatan yang paling sering disebut sebagai hambatan berusaha bagi UKM di Indonesia (Gambar 3.6). Perusahaan digital sangat terpengaruh karena aset mereka sebagian besar tidak berwujud dan sulit untuk dijadikan jaminan. Per Januari 2024, pinjaman untuk UKM hanya menyumbang 21% dari seluruh pinjaman bank (dan 7% dari PDB). Kendala kredit semakin besar bagi peminjam perempuan, yang cenderung tidak memiliki agunan untuk mendapatkan pinjaman, dan bagi penduduk di luar Jawa. Instrumen kebijakan utama, Kredit Usaha Rakyat (KUR), adalah program penjaminan kredit parsial yang membantu debitur memenuhi persyaratan agunan yang menghambat UKM untuk mengakses kredit.

Gambar 3.6. Akses ke pembiayaan merupakan masalah signifikan bagi UKM

Persentase responden

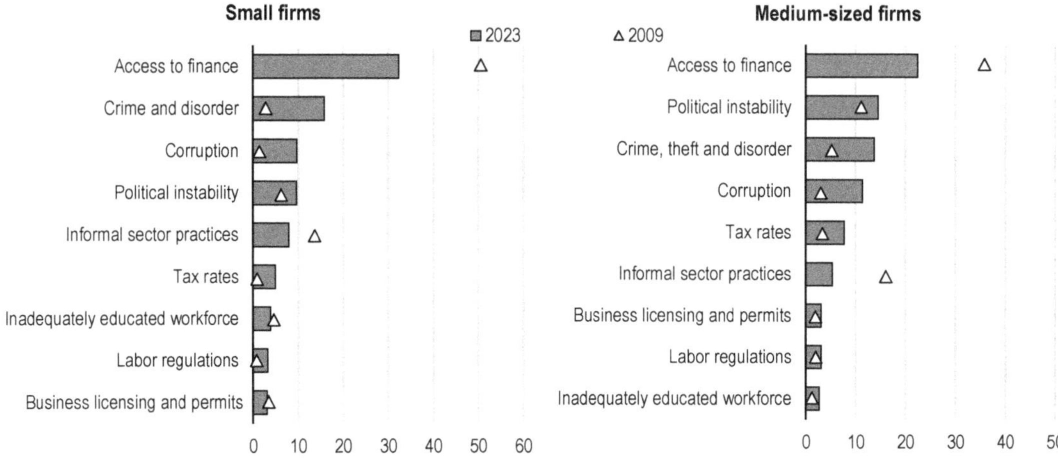

Catatan: UKM mencakup usaha kecil (5 hingga 19 karyawan) dan usaha menengah (20 hingga 99 karyawan). Perusahaan-perusahaan yang disurvei menjawab pertanyaan tentang unsur mana (dari daftar 15 unsur) yang merupakan hambatan terbesar bagi mereka.
Sumber: Basis Data Survei Perusahaan Bank Dunia.

StatLink https://stat.link/lhxav6

Angka inklusi keuangan telah meningkat, namun hal ini masih menjadi tantangan sosial ekonomi utama di Indonesia. Menurut Global Findex 2021, kepemilikan rekening bank meningkat dari 20% di tahun 2011 menjadi 52% di tahun 2021, sebagian besar didorong oleh meningkatnya kepemilikan rekening *mobile money*. Menurut Survei Nasional Literasi dan Inklusi Keuangan (SNLIK) tahun 2022, tingkat inklusi keuangan (diukur berdasarkan penggunaan produk dan layanan keuangan) telah mencapai 85%. Selain itu, sekitar 75 juta orang Indonesia melakukan transaksi pembayaran melalui ponsel pada tahun 2021, 33 juta lebih banyak dari tahun 2014. Kemajuan-kemajuan ini patut diapresiasi, namun tingkat kepemilikan rekening bank di Indonesia secara signifikan tertinggal dari rata-rata negara Asia-Pasifik dan negara berpenghasilan menengah ke bawah lainnya (per 2021, masing-masing 81% dan 62% dibandingkan dengan 52% di Indonesia). Rendahnya pengetahuan nasabah terhadap instrumen keuangan dan kekhawatiran seputar keamanan *online* serta pelanggaran data turut menyebabkan rendahnya peringkat Indonesia (*Global Findex Database* Bank Dunia 2021).

Perluasan *e-government* (lihat bagian sebelumnya) dan implementasi pembayaran upah secara digital dapat mendorong rumah tangga untuk mulai menggunakan layanan keuangan. Misalnya, digitalisasi pembayaran pemerintah, seperti transfer bantuan sosial akan mendorong pembukaan rekening bank. Peralihan ke pembayaran nontunai oleh dua program bantuan utama (PKH dan PIP) telah menghasilkan pembukaan rekening tabungan massal (Bank Dunia, 2020[42]). Promosi pembayaran upah digital juga mengalami kemajuan, sebagaimana disebutkan laporan ILO (2023[43]).

Pemerintah terus mendorong intervensi khusus, seperti Strategi Nasional Inklusi Keuangan 2020-2024 dan Undang-Undang Pengembangan dan Penguatan Sektor Keuangan (P2SK) tahun 2023. Selain itu, Indonesia mengadopsi strategi inklusi keuangan khusus untuk perempuan dan kaum muda. Lebih jauh, inklusi keuangan perempuan telah meningkat secara substantial; indeks literasi keuangan perempuan melampaui indeks literasi keuangan laki-laki pada tahun 2022. Strategi untuk kaum muda mencakup survei untuk lebih memahami perilaku keuangan mereka dan program untuk duta pemuda nasional yang beroperasi sebagai *influencer* di universitas dan media sosial.

Mendorong pertumbuhan fintech *lebih lanjut*

Teknologi finansial (*fintech*) merupakan salah satu sektor dengan ruang pertumbuhan cukup besar di Indonesia. Sektor ini berkembang pesat dari 51 pelaku pada tahun 2011 menjadi 334 pada tahun 2022 (Kumar et al., 2023[44]). Salah satu segmen *fintech* berisi pelaku usaha yang menciptakan mekanisme pembayaran baru. Layanan perbankan terbuka, yang memungkinkan nasabah berbagi informasi keuangan secara aman di seluruh bank dan lembaga keuangan lainnya, juga berkembang. Dilaporkan terdapat 30 juta rekening pinjaman, 60 juta rekening pembayaran, dan 9 juta rekening dana nasabah ritel. Ekspansi *fintech* membuat bank-bank umum tradisional harus berkompetisi dengan pelaku baru, seperti pemberi pinjaman *peer-to-peer* (P2P) dan bank digital. Investasi digital *fintech* (misalnya, *robo-advisor*) juga berkembang pesat, meskipun dari basis yang rendah (IMF, 2024[45]).

Fintech pembayaran difasilitasi oleh perkembangan regulasi teknis oleh Bank Indonesia (BI) yang bekerja sama dengan Asosiasi Sistem Pembayaran Indonesia (ASPI). Pada tahun 2019, BI meluncurkan *Blueprint* Sistem Pembayaran 2025 yang mendorong kolaborasi antara bank dan *fintech*; salah satu langkahnya adalah pengenalan standar kode QR (Quick Response). Selain itu, BI mensponsori Standar Nasional Open API Pembayaran (SNAP), yang akan memajukan transaksi digital. Inisiatif BI yang terbaru adalah mata uang digital (Proyek Garuda). Indonesia saat ini melarang penggunaan mata uang digital sebagai alat pembayaran, tetapi mengizinkan investasinya. BI ingin memastikan operasi digital yang cepat, aman, dan terjangkau bagi Rupiah.

Perkembangan *fintech* dapat terus didorong dengan menjaga kejelasan regulasi, bergeser ke arah regulasi berbasis prinsip, dan mendukung forum kolaborasi antara regulator dan pelaku *fintech*. Selain itu, memperkuat program *sandbox* regulasi juga dapat mendorong eksperimentasi. Program *sandbox* perlu memperhatikan perlindungan dan masukan konsumen (baik mengenai ide usaha maupun regulasinya). Regulasi yang fleksibel juga bisa berupa penyederhanaan syarat perizinan layanan keuangan, seperti dilakukan oleh Belanda dan Inggris (skema ini biasanya memberlakukan batas atas dalam hal jumlah pelanggan atau penjualan).

Memanfaatkan potensi *e-government*

Pemerintah dapat memfasilitasi transformasi digital di seluruh sektor ekonomi dengan digitalisasi proses dan layanan yang diberikan kepada usaha dan rumah tangga (Sorbe et al., 2019[46]). Peningkatan penyediaan layanan *e-government* juga dapat memperkuat pengumpulan pendapatan fiskal dan alokasi pengeluaran, meningkatkan efisiensi sektor publik, termasuk dalam pengadaan. Individu dan usaha dapat memetik manfaat dari layanan publik yang lebih responsif, akuntabel, dan efisien.

Indonesia telah mencapai kemajuan dalam memperkenalkan *e-government*. Pandemi mendorong diperkenalkannya administrasi digital dalam penyelenggaraan tunjangan pengangguran, hibah untuk wiraswasta dan pemberi kerja, dan pinjaman yang dijamin negara. Selain itu, jumlah individu yang menggunakan internet untuk berinteraksi dengan otoritas publik meningkat pesat selama masa pandemi. Kendati demikian, Indonesia memiliki ruang yang cukup besar untuk tetap mengembangkan layanan *e-government* (Gambar 3.7). Pada tahun 2022, Indeks Kesiapan *E-Government* PBB menempatkan Indonesia pada peringkat 77 dari 193 negara.

Gambar 3.7. Terdapat ruang lingkup untuk tetap mengembangkan *e-government*

Indeks Pengembangan *E-Government* (*E-Government Development Index*, EGDI), 2022

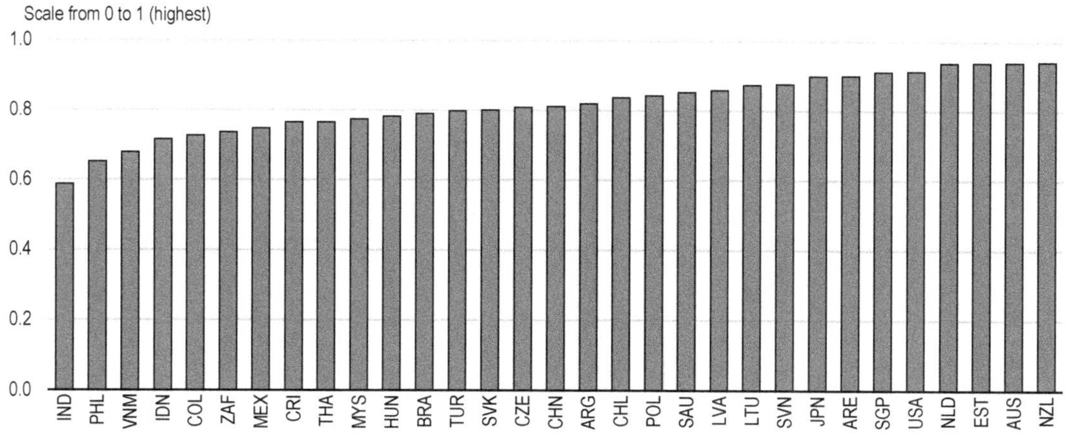

Catatan: EGDI adalah indikator komposit yang mengukur kesiapan dan kapasitas lembaga-lembaga nasional dalam menggunakan TIK untuk memberikan layanan publik. Indikator ini merupakan rata-rata tertimbang dari tiga indeks yang dinormalisasi: 1) Indeks Infrastruktur Telekomunikasi; 2) Indeks Sumber Daya Manusia (*Human Capital*); dan 3) Indeks Layanan Daring/*Online*. Semakin tinggi EGDI, semakin tinggi pula tingkat pengembangan *e-government* di suatu negara.
Sumber: UN e-Government Knowledge base (UNeGovKB).

StatLink https://stat.link/ayi217

Memastikan infrastruktur digital yang aman dan terlindung

Keamanan digital, seperti halnya di tempat lain, merupakan masalah yang terus berkembang, meskipun data menunjukkan insiden lebih jarang terjadi dibandingkan di beberapa negara lain. Sebuah survei terhadap manajer keamanan siber menunjukkan, hanya sekitar 30% responden Indonesia yang melaporkan nol insiden keamanan siber dalam 12 bulan terakhir (Gambar 3.8, Panel A). Angka ini sedikit lebih rendah daripada Korea, tetapi masih lebih tinggi dibandingkan sejumlah negara lain di tingkat regional. Indikator komitmen terhadap keamanan siber (Panel B) menunjukkan bahwa kinerja Indonesia lebih rendah daripada sebagian besar negara di tingkat regional. Kebocoran data menimpa berbagai institusi besar, termasuk beberapa bank besar dan BPJS (Habir dan Negara, 2023[47]). Pada tahun 2021, Badan Siber dan Sandi Negara (BSSN) memperkirakan kerugian ekonomi akibat serangan siber mencapai Rp 14,2 triliun (USD 860 juta) (Sapulette dan Muchtar, 2023[48]).

Gambar 3.8. Seperti di negara-negara lain, insiden keamanan siber sering terjadi

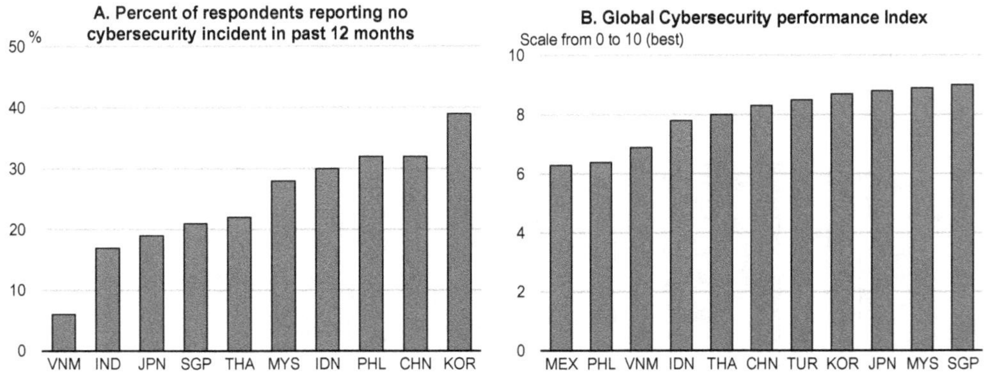

Catatan: Pada Panel A, data didasarkan pada survei *double-blind* yang dilakukan pada Juli 2023 terhadap 4.009 pemimpin yang bertanggung jawab atas keamanan siber di organisasi mereka, termasuk kepemimpinan eksekutif, kepemimpinan keamanan, manajemen keamanan, dan kepemimpinan teknis untuk keamanan siber. Responden yang diwawancarai berasal dari 14 negara. Pada Panel B, Indeks Keamanan Siber Global mengukur komitmen ekonomi terhadap keamanan siber di beberapa dimensi: upaya hukum, upaya teknis, upaya organisasi, pengembangan kapasitas, dan kerja sama.
Sumber: Cloudflare Inc. (2023), Securing the Future: Asia Pacific Cybersecurity Readiness Survey; and Wiley, Digital Skills Gap Index 2021.

StatLink https://stat.link/028h45

Indonesia saat ini tidak memiliki undang-undang khusus keamanan siber. Ketentuan tentang keamanan siber utamanya diatur dalam Undang-Undang No. 19 Tahun 2016 tentang Informasi dan Transaksi Elektronik dan Peraturan Pemerintah No. 71 Tahun 2019 tentang Penyelenggaraan Sistem dan Transaksi Elektronik. Terdapat pula beberapa peraturan pelaksana yang dikeluarkan oleh Badan Siber dan Sandi Negara (BSSN).

Kebocoran data dialami berbagai institusi besar, termasuk beberapa bank besar dan Badan Penyelenggara Jaminan Sosial (BPJS). Kebijakan privasi di Indonesia mencakup UU Perlindungan Data Pribadi tahun 2022 (dengan masa transisi dua tahun), yang mengatur denda perusahaan (setara dengan 2% dari pendapatan tahunan) untuk pelanggaran data. Individu dapat dipenjara hingga enam tahun atas pemalsuan data pribadi untuk keuntungan sendiri atau hingga lima tahun atas pengumpulan data pribadi secara ilegal. Korban pelanggaran data berhak mendapatkan kompensasi dan dapat mencabut persetujuan penggunaan data. Undang-undang ini terinspirasi dari undang-undang Uni Eropa, meskipun hukumannya lebih ringan. Untuk melengkapi ketentuan hukum ini, perlu dipertimbangkan pembentukan komisi independen untuk privasi data dan penyediaan informasi seperti yang sudah berlaku di Australia dan Singapura (Kotak 3.4).

Kotak 3.4. Melindungi data pribadi - pengalaman Australia dan Singapura

Kantor Komisioner Informasi Australia (Office of the Australian Information Commissioner, OAIC) didirikan pada tahun 2010 (UU AIC) untuk mempromosikan dan menegakkan hak-hak privasi dan akses informasi. OAIC merupakan badan hukum independen di bawah naungan Kejaksaan Agung dan dikepalai oleh Komisioner Informasi Australia. Fungsi utama kantor ini ada di bidang privasi, kebebasan informasi, dan kebijakan informasi pemerintah. Tanggung jawabnya termasuk melakukan investigasi, meninjau keputusan, menangani pengaduan, serta memberikan panduan dan saran. Pada tahun 2022-23, OAIC (dengan jumlah staf 177 orang) menyelesaikan 2.576 pengaduan privasi, 84% di antaranya diselesaikan dalam waktu 12 bulan, dan menangani 11.672 pertanyaan tentang privasi.

Komisi Perlindungan Data Pribadi (Personal Data Protection Commission, PDPC) didirikan pada tahun 2013 sebagai otoritas utama Singapura dalam hal-hal terkait administrasi dan penegakan Undang-Undang Perlindungan Data Pribadi. Kegiatan Komisi ini termasuk mengawasi *Do Not Call Registry*, sebuah sistem untuk mencegah individu menerima pesan *telemarketing* yang tidak diinginkan. Komisi ini juga melakukan kegiatan edukasi dan penjangkauan untuk membantu organisasi mengadopsi praktik perlindungan data yang baik.

Seperti halnya di negara lain, Indonesia telah mengembangkan kebijakan internet yang, antara lain, bertujuan untuk memastikan privasi data dan membatasi konten berbahaya. Salah satu langkahnya adalah Peraturan Menteri Komunikasi dan Informatika No. 5 Tahun 2020 tentang Penyelenggara Sistem Elektronik Lingkup Privat, yang mulai berlaku pada tahun 2022. Peraturan ini mencakup persyaratan bagi *platform* internet untuk mendaftar berdasarkan aturan perizinan baru yang bertujuan melindungi data konsumen dan memastikan konten daring digunakan dengan cara yang "positif dan produktif" dan tidak ada konten yang "mengganggu ketertiban umum". Peraturan ini juga mencakup ketentuan yang memungkinkan pemerintah untuk meminta akses data elektronik tanpa perintah pengadilan.

Digitalisasi meningkatkan penyediaan layanan-layanan utama pemerintah

Digitalisasi telah berkembang baik di beberapa area kebijakan. Seperti dibahas pada Bab 1, salah satu bidang ini adalah perpajakan. Di bidang layanan kesehatan publik, terdapat *platform* SatuSehat. Awalnya dikembangkan pada tahun 2020 untuk melacak kontak dan mengelola riwayat vaksinasi, SatuSehat kini mencakup fungsi *telemedicine* untuk konsultasi medis secara virtual, memungkinkan pasien menyimpan riwayat kesehatan, dan melacak kepatuhan pengobatan. Selain itu, digitalisasi telah membantu BPJS Kesehatan, program jaminan sosial kesehatan nasional dengan sistem pembayaran tunggal, untuk memperluas cakupan dari 133 juta peserta pada tahun 2014 menjadi 262 juta pada akhir tahun 2023. Peluncuran SatuSehat untuk menjangkau lebih dari 30.000 fasilitas kesehatan di seluruh Indonesia perlu dipercepat serta sistem informasi, penelitian, dan pengembangan kesehatan perlu diintegrasikan dengan lebih baik (Bank Dunia, 2024[49]).

Digitalisasi sistem peradilan telah berlangsung selama beberapa waktu, termasuk persidangan daring dan sistem pelaporan pelanggaran dan pengawasan digital (Sistem Informasi Pengawasan/SIWAS). Akan tetapi, digitalisasi tidak serta merta menyelesaikan kelemahan sistemik dari sistem hukum, seperti transparansi, integritas, dan akuntabilitas; terkadang digitalisasi bahkan memperkuat masalah-masalah tersebut. Oleh karena itu, perlu dipastikan kejelasan dalam penafsiran prinsip "persidangan terbuka untuk umum" dalam konteks persidangan daring. (UNODC, 2021[50]).

Indonesia mulai mengembangkan pengadaan digital pada awal tahun 2000-an. Lembaga Kebijakan Pengadaan Barang/Jasa Pemerintah (LKPP) telah memperluas sistem LPSE (Layanan Pengadaan Secara Elektronik) di seluruh negeri. Menurut laporan Asian Development Bank (2022[3]) LKPP mengalokasikan sekitar 86% anggaran pengadaan melalui saluran elektronik, dengan penghematan yang diperkirakan mencapai lebih dari USD 10,7 miliar pada periode 2015-2018. Kendati demikian, seperti halnya di bidang lain, masalah struktural tidak serta-merta selesai dengan digitalisasi. Misalnya, digitalisasi dapat memfasilitasi akses mengikuti pengadaan bagi UKM, kelompok marginal, dan pemasok lokal, tetapi aspek kualitas tetap membutuhkan perhatian.

Mengembangkan layanan digital satu atap yang terintegrasi

Dengan semakin banyaknya transaksi daring, sistem identitas digital (ID) menjadi kian penting. Dengan sistem ini, seseorang dapat memverifikasi identitasnya secara aman dan nyaman, baik kepada pemerintah maupun perusahaan swasta. Dalam hal ini, Indonesia telah memadankan Nomor Induk Kependudukan (NIK) dengan Nomor Pokok Wajib Pajak (NPWP)—nomor yang didapatkan seseorang ketika mendaftar sebagai wajib pajak ke sistem perpajakan. Hasil pemadanan ini, dalam bentuk e-KTP, dapat diakses melalui aplikasi ponsel pintar. Per akhir Juli 2023, 57,9 juta akun telah terintegrasi, atau 82% dari wajib pajak orang pribadi.

Peluncuran kartu identitas digital baru sedang berlangsung dan dirancang untuk kelak menggantikan e-KTP. Identitas Kependudukan Digital (IKD) menggunakan pengenal *single sign on* (SSO) dan menyediakan akses ke layanan pemerintah secara daring. Aplikasi IKD dapat digunakan sebagai "dompet digital" untuk menyimpan dokumen identitas, seperti kartu identitas anak dan akta kelahiran. Pemerintah sedang mempertimbangkan untuk menambahkan fitur untuk mendukung masyarakat rentan, seperti lansia atau penyandang disabilitas. Penggunaan layanan ini masih lamban: pada akhir tahun 2017, kurang dari 8 juta orang yang telah mengaktifkan aplikasi IKD. Di negara-negara lain, penggunaan identitas digital terbukti berperan penting dalam *e-government* yang komprehensif (Kotak 3.5).

Kotak 3.5. Menggunakan identitas digital untuk mengakses *e-government*: pengalaman Estonia dan Denmark

Transformasi digital dalam layanan pemerintah dimulai di Estonia pada awal tahun 2000-an. Prinsip digital berdasarkan standar berlaku di seluruh pemerintahan. Diperkirakan 99% layanan publik Estonia tersedia secara daring dan 98% warga negara Estonia menggunakan e-KTP. E-KTP digunakan untuk menghasilkan lebih dari 10 juta tanda tangan digital per tahun. Penggunaan tanda tangan elektronik menghemat sekitar 2% dari PDB Estonia setiap tahunnya.

Di Denmark, 95% dari populasi menggunakan identitas digital (NemID). NemID digabungkan dengan portal administratif (borger.dk) yang merupakan pelayanan terpadu satu pintu untuk sebagian besar proses administrasi kependudukan. Warga Denmark juga wajib mendaftarkan informasi rekening banknya, sehingga memudahkan pemungutan pajak dan pemberian tunjangan. Selain itu, terdapat sistem pengiriman pesan untuk berinteraksi dengan pemerintah, Digital Post, yang digunakan oleh 94% penduduk.

Sumber: (OECD, 2019[51])

Terdapat ruang yang cukup besar untuk koordinasi lebih lanjut di seluruh data pemerintah dan konsolidasi layanan daring. Masalah koordinasi timbul antara lain karena kementerian dan lembaga meluncurkan inisiatif digitalnya sendiri. Kementerian Komunikasi dan Informatika (Kominfo) memperkirakan terdapat 27.400 aplikasi daring pemerintah. Pembentukan Tim Koordinasi Sistem Pemerintahan Berbasis Elektronik (SPBE) disambut baik, tetapi terdapat beberapa tantangan yang signifikan (Bank Dunia, 2022[52]). Skala struktur tata kelola data menggambarkan tantangan standarisasi data dan metadata (Tjondronegoro et al., 2022[53]). Saat ini, terdapat 632 wali data, termasuk 84 kementerian atau lembaga di 34 provinsi. Rendahnya partisipasi dalam registrasi data dan ketidaksesuaian antara kebutuhan dan produksi data menghambat implementasi penghubungan dan standardisasi data. Selain itu, kebijakan pemerintah pusat dengan daerah masih kurang selaras, dan ketersediaan tenaga ahli basis data masih terbatas.

Keberhasilan transformasi digital dapat didukung oleh kegiatan peningkatan kesadaran dan pendidikan, baik dalam administrasi publik maupun terhadap masyarakat umum. Dalam hal ini, komitmen kuat dari kepemimpinan politik sangat menentukan keberhasilan seluruh proses. Pengembangan agenda transformasi digital nasional yang menyeluruh akan membantu, bersamaan dengan penugasan otoritas pemerintah pusat untuk menggalang dukungan politik dan birokrasi di berbagai kementerian.

Memanfaatkan data pemerintah terbuka (open government) *secara maksimal*

Seperti halnya di negara-negara lain, pemerintah Indonesia terus menambah data yang tersedia untuk diakses opublik. Hal ini diterapkan antara lain untuk mendorong layanan dan penelitian berbasis data yang inovatif. Pada tahun 2019, seperangkat peraturan harmonisasi data (Satu Data Indonesia) diperkenalkan untuk memperkuat keterbukaan, akurasi, ketepatan waktu, dan akuntabilitas kumpulan data (*data set*) di kementerian dan lembaga pemerintah. Sebuah portal daring (data.go.id) menyediakan akses ke data yang telah diselaraskan. Data tersebut telah digunakan untuk, misalnya, mengidentifikasi kecurangan dan korupsi dalam pengadaan barang dan jasa pemerintah dan proses anggaran lainnya. Pemerintah berkolaborasi dengan Badan Riset dan Inovasi Nasional (BRIN) untuk mengoptimalkan penggunaan data *open government.* Dengan semakin banyaknya data terbuka dalam format yang dapat dibaca oleh mesin, berbagai inisiatif pun dirancang untuk melibatkan komunitas dan kelompok masyarakat setempat. Salah satu yang berpengaruh dan menjadi perintis adalah Pulse Lab Jakarta, yang didirikan pada tahun 2012 sebagai kemitraan antara PBB dan pemerintah Indonesia (Julliand, Sumadi dan Karetji, 2021[54]) dan ditingkatkan pada tahun 2022 menjadi *open data hub* di tingkat regional.

Akan tetapi, kemajuan dalam mencapai tujuan pemerintahan terbuka yang lebih luas terbukti menantang. Sebagai negara mitra Open Government Partnership (OGP), Indonesia menetapkan rencana aksi mengenai pemerintahan terbuka. Rencana Aksi Nasional OGP keenam (2020-2022) mencakup 24 komitmen. Kemajuan implementasinya telah dinilai, dengan kesimpulan hanya setengah komitmen yang telah diselesaikan atau diimplementasikan secara substansial. Ke depan, komitmen implementasi pemerintah perlu diperkuat, misalnya dalam bentuk peraturan presiden, untuk memastikan alokasi anggaran prioritas. Rencana Aksi ketujuh (2023-2024) mencakup komitmen keterbukaan kontrak (*open contracting*), akses terhadap keadilan, dan penanggulangan kekerasan seksual.

Pendekatan kebijakan yang menyeluruh (*whole-of government*) untuk pengelolaan data akan mengurangi fragmentasi dan memfasilitasi pembagian data (*data sharing*) lintas sektor. Satu Data memberikan Indonesia elemen-elemen utama dalam pengelolaan data. Akan tetapi, implementasinya masih dalam tahap awal. Dalam praktiknya, ketersediaan data yang dapat diandalkan sangat bervariasi di seluruh departemen pemerintah, dan kurangnya standar data serta interoperabilitas menghambat pemerintah untuk menjadikan aksi-aksinya lebih efektif (Islami, 2021[55]).

Memastikan pendidikan dan pelatihan siap untuk digitalisasi

Tingkat pendidikan dan keterampilan umum dan khusus digital memengaruhi perkembangan digitalisasi. Hal ini juga menjadi penyebab kesenjangan digital. Di Indonesia, masih terdapat sejumlah besar penduduk dengan tingkat pendidikan dan keterlibatan teknologi digital yang rendah.

Pencapaian pendidikan umum dan keterampilan terkait TIK masih rendah

Berbagai kekurangan di tingkat pendidikan secara umum membatasi kapasitas masyarakat untuk menggunakan alat dan layanan digital serta menghambat kemampuan Indonesia untuk memetik manfaat digitalisasi. Skor PISA dari OECD menyoroti masalah ini (lihat Bab 2). Selain itu, kemampuan siswa Indonesia terlihat lemah khususnya pada mata pelajaran terkait TIK dan ekonomi digital. Hampir tidak ada siswa Indonesia yang dikategorikan sebagai siswa berprestasi dalam matematika, dibandingkan dengan rata-rata OECD (9% siswa), dan posisi Indonesia jauh lebih rendah dibandingkan dengan enam negara dan ekonomi Asia yang berpartisipasi dalam PISA (OECD, 2024[56]). Sebagaimana diuraikan dalam *Survei Ekonomi* yang terdahulu (2021[57]), ketidakselarasan program pelatihan dengan pasar tenaga kerja menambah masalah kekurangan keterampilan umum. Ketidakselarasan ini bahkan mungkin lebih besar dalam hal keterampilan digital tertentu.

Berbagai studi menunjukkan kekurangan keterampilan yang signifikan dalam pekerjaan terkait TIK di Indonesia dan terbatasnya keterampilan digital dalam angkatan kerja. Menurut (ILO, 2021[58]), sektor TIK di Indonesia menyerap sekitar 1 juta pekerja pada tahun 2020, dengan 500.000 lainnya bekerja sebagai profesional dan teknisi TIK di semua sektor yang menggunakan TIK. Kekurangan tenaga kerja terutama terjadi pada pekerjaan seperti pengembang web/pemrogram web dan desainer grafis. (AWS/AlphaBeta, 2021[59]) memperkirakan sekitar 75% pekerja Indonesia buta digital. Sebuah studi yang dilakukan oleh SMERU, Oxford, dan UNESCAP (2022[60]) memperkirakan bahwa kurang dari 1% pekerja Indonesia memiliki keterampilan digital tingkat lanjut. Studi tersebut menunjukkan, terdapat 96% lembaga pelatihan di Indonesia yang percaya lulusan mereka siap bekerja, namun sepertiga pemberi kerja berpandangan lain (Jagannathan dan Geronimo, 2021[61]). Selain itu, perempuan sangat kurang terwakili dalam industri teknologi di Indonesia. Menurut laporan McKinsey tahun 2020, perempuan hanya mencakup 27% dari tenaga kerja digital, sementara berdasarkan laporan *Women in Tech 2020,* perempuan di Indonesia hanya menduduki 12% posisi eksekutif di perusahaan TIK.

Teknologi dan integrasi telah meningkatkan permintaan akan keterampilan kognitif umum tingkat tinggi - seperti pemecahan masalah yang kompleks, kepemimpinan, cara berpikir kritis, dan komunikasi tingkat lanjut—yang dapat diterapkan ke berbagai pekerjaan. Oleh karena itu, pendidikan tinggi modern perlu mengembangkan keterampilan dasar minimum bagi para mahasiswa. Tambahan satu tahun pendidikan umum yang ditambahkan pada program sarjana di RRT dan Hong Kong pada tahun 2012 tampaknya telah membuahkan hasil yang positif (Lam, 2022[62]).

Momentum kebijakan untuk mendorong pelatihan tenaga kerja perlu dipertahankan

Pemerintah perlu melanjutkan upaya memperkuat pelatihan keterampilan di dunia kerja. Kurang dari 10% perusahaan memberikan pelatihan kepada pekerja, dibandingkan dengan hampir sepertiga di Asia Timur (Bank Dunia, 2023[63]). Pemerintah telah meluncurkan strategi tiga tingkat untuk meningkatkan pelatihan ekonomi digital. Untuk para profesional dan manajer, terdapat beasiswa nasional (Digital Talent Scholarship/DTS) dan Digital Leadership Academy (DLA). Program Kartu Prakerja menyasar para pencari kerja, pekerja terkena pemutusan hubungan kerja (PHK), dan/atau pekerja yang membutuhkan pelatihan keterampilan. Kartu Prakerja menawarkan pelatihan, *upskilling*, dan *re-skilling*, dengan fokus pada keterampilan digital. Skills for Jobs Indonesia, yang diluncurkan pada Januari 2023 melalui kemitraan dengan Microsoft, menyediakan pelatihan literasi digital, *hard skill* dan *soft skill*, serta pelatihan persiapan kerja secara gratis. Ke depannya, prioritas harus diberikan pada peningkatan kualitas dan relevansi program pelatihan yang diselenggarakan di tingkat lokal dengan memperbanyak keterlibatan industri, termasuk melalui program magang yang mengusung pelatihan (OECD/ADB, 2020[64]).

Insentif pelatihan yang lebih baik bagi pemberi kerja dan individu perlu dipertimbangkan. Beberapa negara OECD mendorong pelatihan di tempat kerja melalui subsidi atau keringanan pajak bagi pemberi kerja (OECD, 2022[24]). Langkah-langkah seperti ini perlu dipertimbangkan di Indonesia. Selain itu, insentif bagi individu untuk mengikuti pelatihan harus ditingkatkan. Misalnya, skema akun yang memungkinkan seseorang mengakumulasikan waktu mengikuti pelatihan dapat membantu mengatasi kendala waktu dalam mengikuti kursus. Prancis telah menggunakan akun semacam ini, sehingga karyawan dapat menggunakan jam pelatihan untuk memperoleh kualifikasi yang diakui atau keterampilan dasar (Perez dan Vourc'h, 2020[65]). Sistem tersebut membutuhkan panduan yang kuat demi memastikan pelatihan yang selaras dengan bidang pasar tenaga kerja terkait. Pemerintah juga perlu memastikan sistem jaminan kualitas yang kuat atas penyedia pelatihan dan secara teratur mengevaluasi program-program tersebut.

Mengoptimalkan penggunaan perangkat digital di sektor pendidikan

Indonesia sedang meluncurkan reformasi pendidikan besar-besaran yang bertumpu pada penggunaan perangkat pengajaran digital. Reformasi ini, Merdeka Belajar, diluncurkan pada tahun 2021 (lihat Bab 2 untuk informasi lebih lanjut), meliputi Merdeka Mengajar, sebuah *platform* digital untuk guru yang berisi tutorial dan sumber daya tentang kurikulum baru, perangkat manajemen, dan perencanaan sekolah. Program Guru Penggerak diperkenalkan untuk memastikan para guru mampu beradaptasi dengan sistem baru.

Kebijakan pendidikan juga bertujuan meningkatkan penggunaan TIK dalam pendidikan dan pelatihan kejuruan. Proyek-proyek khusus mencakup pengembangan dua sistem media pembelajaran berbasis TIK, yaitu PembaTIK dan MembaTIK, yang pertama khusus untuk guru dan yang kedua untuk masyarakat umum. Contoh lain adalah Rapor Pendidikan, sebuah *platform* yang menyediakan informasi kinerja sekolah serta membantu sekolah dan guru untuk memperbaiki metode pengajaran mereka.

Implementasi perangkat pendidikan digital sangat menantang di Indonesia. Para guru kerap kali tidak memiliki keterampilan yang sesuai. Pada tahun 2020, 67% guru melaporkan kesulitan dalam mengoperasikan perangkat dan menggunakan *platform* pembelajaran daring (UNICEF, 2021[66]). Selain itu, kegiatan pelatihan untuk mengatasi masalah ini sering kali tidak memadai (Yarrow et al., 2022[67]) dan ketidakhadiran guru dalam pelatihan bisa sangat tinggi. Banyak sekolah tidak memiliki koneksi internet. Sebagai gambaran, hanya 55% sekolah yang beroperasi di bawah Kementerian Pendidikan dan Kebudayaan yang memiliki koneksi internet.

Keterampilan digital di sektor pemerintahan perlu diperkuat

Beberapa laporan menggarisbawahi kurangnya jumlah pegawai pemerintah yang memiliki keterampilan digital yang kuat (SMERU/GIZ/BGS, 2023[68]). Kurang dari satu dari setiap 400 pegawai pemerintah memiliki keterampilan digital profesional (jabatan fungsional Pranata Komputer, atau Prakom) dan lowongan untuk jabatan Prakom sering kali tidak terisi. Retensi karyawan menjadi tantangan karena adanya persaingan dari sektor swasta. Masalah ini dapat diatasi dengan meningkatkan penggunaan layanan eksternal dan peningkatan upah untuk formasi yang sulit diisi di lembaga pemerintahan.

Membantu rumah tangga dan pekerja menghadapi digitalisasi

Digitalisasi mengubah sifat pekerjaan di seluruh dunia (OECD, 2023[69]). Hal ini menghasilkan otomatisasi beberapa tugas, menciptakan jenis-jenis tugas baru, peralihan ke bentuk pekerjaan yang lebih fleksibel (seperti pekerjaan "*gig economy*") dan fleksibilitas baru dalam bekerja. Para pemberi kerja menuntut keterampilan khusus; desain pasar tenaga kerja dan kebijakan pendidikan dan pelatihan harus efektif merespons tantangan saat ini dan masa depan. Di antara pekerjaan digital, tingkat pertumbuhan pengembang perangkat lunak, pemrogram dan insinyur, ilmuwan data, dan insinyur data adalah di antara yang paling menonjol di sebagian besar negara (OECD, 2022[70]).

Penelitian OECD baru-baru ini menemukan bahwa 27% pekerjaan di Indonesia merupakan pekerjaan yang berisiko tinggi mengalami otomatisasi (termasuk dari AI). Laporan McKinsey (Das et al., 2019[71]) memperkirakan bahwa sekitar 16% dari total jam kerja di Indonesia dapat diotomatisasi. Laporan yang sama juga menyimpulkan bahwa permintaan terhadap jenis pekerjaan baru akan lebih dari sekadar mengimbangi kehilangan pekerjaan tadi. Bekerja dari rumah sangat menarik bagi warga kota besar Indonesia, terutama Jakarta, karena waktu tempuh perjalanan yang panjang. Waktu tempuh rata-rata di Jakarta diperkirakan berkisar antara 80-120 menit (Suharto, Kusuma dan Wijaya, 2021[72]). Teknologi digital juga mendukung kemunculan *gig economy* (Permana, Izzati dan Askar, 2022[73]). Sekitar 2,3 juta warga Indonesia diperkirakan menyediakan layanan yang mengandalkan *platform* digital, seperti akomodasi dan transportasi.

Di samping manfaat terkait produktivitas dan fleksibilitas, digitalisasi juga menimbulkan risiko bagi para pekerja. Terlebih, kesadaran akan perlindungan sosial di kalangan pekerja lepas, yang sebagian besar bekerja sebagai pengemudi ojek *online*, pengantar makanan, dan kurir, masih sangat minim. Dalam hal ini, BPJS Kesehatan dapat bekerja sama lebih jauh dengan perusahaan aplikasi daring untuk menyosialisasikan pentingnya membayar iuran jaminan sosial bagi para pekerja tersebut. Terkait bekerja dari rumah, Indonesia menghadapi masalah yang sama seperti di negara lainnya, yaitu rasa terisolasi, kurangnya interaksi tim, serta masalah keselamatan dan kesehatan kerja.

Pemerintah dapat mendukung adaptasi terhadap digitalisasi dengan memastikan layanan dan dukungan informasi pasar tenaga kerja yang berkualitas. Dalam hal ini, pemerintah telah membangun SIAPkerja, sebuah sistem digital yang mengintegrasikan semua layanan terkait ketenagakerjaan, termasuk pelatihan keterampilan, penempatan kerja, dan hubungan industri. Inisiatif serupa untuk meningkatkan layanan pasar tenaga kerja dilakukan di negara-negara seperti Spanyol, India, Uruguay, Maroko, dan Belanda (OECD/ADB, 2020[64]). Selain itu, Indonesia telah mengintegrasikan BPJS Ketenagakerjaan, yang mengelola pembayaran manfaat tunai, dengan *platform* ketenagakerjaan nasional Karirhub-Sistem Informasi Ketenagakerjaan (Karirhub-Sisnaker).

Temuan dan rekomendasi

TEMUAN UTAMA	REKOMENDASI (Rekomendasi utama dicetak tebal)
Memperkuat konektivitas *broadband*	
Implementasi infrastruktur 5G secara nasional mahal mengingat kondisi geografis Indonesia yang berupa kepulauan.	**Investasi infrastruktur digital perlu dianalisis dengan pendekatan biaya-manfaat yang mendetail.**
Implementasi infrastruktur internet berkecepatan tinggi perlu lebih cepat. Regulator komunikasi dibatasi kewenangannya. Partisipasi negara secara langsung dan tidak langsung pada operator komunikasi dapat timbulkan konflik kepentingan dan berisiko merusak netralitas persaingan.	**Kurangi hambatan implementasi *broadband* dengan menyederhanakan prosedur perizinan instalasi infrastruktur, termasuk akses ke infrastruktur publik.** **Bentuk regulator komunikasi yang murni independen dan dengan sumber daya memadai.**
Penetrasi *fixed broadband* rendah dan kesenjangan desa/kota besar.	Pertimbangkan untuk mengubah kerangka kerja spektrum dan menetapkan spektrum tambahan untuk mendukung implementasi 5G.
Ekonomi digital menimbulkan tantangan baru bagi kebijakan persaingan usaha.	Tinjau secara sistematis tekanan persaingan di sektor digital dengan melakukan studi pasar dan menerapkan pedoman dari Perangkat Penilaian Persaingan OECD.
Memfasilitasi digitalisasi di sektor usaha	
Potensi usaha dari transformasi digital belum sepenuhnya dimanfaatkan. Adopsi perangkat digital tertinggal dari negara-negara OECD, terutama di kalangan UKM.	**Terus tingkatkan dukungan publik kepada UKM, bekerja sama dengan sektor usaha, melalui program-program bersasaran untuk memfasilitasi adopsi perangkat digital.**
Salah satu hambatan terpenting bagi pertumbuhan perusahaan rintisan adalah akses terhadap pembiayaan.	Dukung pengembangan sektor *fintech*, modal ventura, *angel investor,* dan pembiayaan alternatif untuk perusahaan baru dan UKM.
Layanan digital menghadapi beberapa hambatan, seperti halnya di sektor layanan lainnya (lihat Bab 2). Skor STRI tahun 2023 berada di atas rata-rata OECD, dan skor indeks sedikit meningkat dibandingkan tahun 2022.	Untuk memfasilitasi transformasi digital, turunkan hambatan tarif dan non-tarif, kurangi biaya perdagangan, dan dorong interoperabilitas peraturan yang lebih baik. Lakukan penilaian dampak atas peraturan *e-commerce* yang baru.
Pusat inovasi serta inkubator dan akselerator perusahaan rintisan memiliki kapasitas manajemen yang terbatas, kekurangan staf tetap, dan gagal menetapkan SOP serta mendapatkan pendanaan yang berkesinambungan.	Rekrut karyawan yang lebih berpengalaman dengan kepakaran di seluruh sektor untuk memfasilitasi kolaborasi dalam ekosistem inovasi.
Memanfaatkan potensi *e-government*	
Perlindungan dan keamanan digital yang buruk membatasi manfaat dari transaksi daring.	Berikan komitmen pengawasan independen untuk memperkuat kredibilitas Undang-Undang Perlindungan Data Pribadi.
Keamanan digital masih tertinggal, sementara kemunculan jenis ancaman baru dapat berdampak signifikan terhadap stabilitas keuangan.	Tingkatkan investasi terkait keamanan digital dan sosialisasikan cara mengelola risiko digital ke seluruh masyarakat.
Kesadaran keamanan siber dan privasi masih amat terbatas.	Integrasikan keamanan dan kesadaran digital di seluruh sistem pendidikan dan pendidikan orang dewasa. Rumuskan peraturan tambahan dan kerahkan dukungan untuk implementasi kebijakan.
Terdapat kemajuan signifikan menuju pelayanan terpadu satu pintu digital, khususnya peluncuran identitas kependudukan digital (IKD) yang baru. Akan tetapi, implementasi berjalan lambat.	Raih penetrasi 100% untuk identitas digital universal dan percepat aktivasi e-KTP.
Masih ada ruang cukup besar untuk koordinasi lebih lanjut di seluruh data dan konsolidasi layanan daring pemerintah, seiring beberapa Kementerian meluncurkan inisiatif digital publik yang ambisius. Pembentukan Tim Koordinasi Sistem Pemerintahan Berbasis Elektronik (SPBE) disambut baik, namun masih terdapat tantangan yang signifikan.	Rampingkan inisiatif yang sudah ada dan hentikan inisiatif baru, buat kemajuan standardisasi data dan metadata, dorong partisipasi dalam registrasi data, dan atasi kesenjangan antara kebutuhan dan produksi data. Perkuat kewenangan Tim Koordinasi SPBE.
Digitalisasi meningkatkan transparansi dalam pengadaan barang dan jasa pemerintah. Beberapa kekurangan masih ada, seperti preferensi yang diberikan kepada BUMN dan pemasok lokal.	Setarakan perlakuan terhadap BUMN dan sektor swasta dalam pengadaan barang dan jasa pemerintah. Sesuaikan jadwal penyerahan penawaran dengan ukuran dan kompleksitas lelang. Hal ini penting, khususnya untuk proyek yang secara teknis rumit, sehingga butuh waktu agar estimasi biaya akurat.
Inisiatif kebijakan untuk menggunakan *big data* dalam pengambilan keputusan secara *real-time* mengalami tumpang tindih di berbagai kementerian atau lembaga pemerintah.	Kembangkan agenda transformasi digital nasional yang komprehensif dan tugaskan otoritas pemerintah pusat dengan pengawasan lintas-kementerian untuk mendorong dukungan politik dan birokrasi.
Memastikan pendidikan dan pelatihan siap untuk digitalisasi	
Fondasi dan keterampilan khusus dalam pemanfaatan digitalisasi masih lemah. Jumlah tenaga profesional TIK masih sedikit dan komposisi gendernya tidak seimbang.	**Angkat kompetensi digital dalam kurikulum sekolah, tingkatkan keterampilan digital para guru dan kepala sekolah, dan dorong partisipasi anak perempuan dalam pendidikan STEM.**
Risiko otomatisasi dialami hingga 50% pekerjaan. Pekerja semi-kasar, kasar, dan profesional tanpa kualifikasi sangat rentan. Kualitas dan relevansi program pelatihan sering kali buruk.	Ubah program pelatihan dari perusahaan agar relevansi dan mutu pelatihan meningkat dan program dapat menyasar pekerja rentan dengan lebih baik.

Daftar Referensi

Asian Development Bank (2022), *Assessment on Digital Procurement Transformation in Indonesia Public Procurement System*, ADB Technical Assistance Consultant's Report, https://www.adb.org/sites/default/files/project-documents/52109/52109-001-tacr-en_5.pdf. [3]

Asian Development Bank (2020), *Innovate Indonesia: Unlocking Growth through Technological Transformation*. [31]

AWS/AlphaBeta (2021), *APAC Digital Skills Research*, Amazon Web Services and AlphaBeta, https://pages.awscloud.com/APAC-public-DL-APAC-Digital-Skills-Research-2021-learn.html. [59]

Aziz, N. and A. Budiatri (2024), "The Role of Government in Facilitating Digital Economy for Micro, Small, and Medium Enterprises", in *The Digitalization of Indonesian Small and Medium Enterprises, Engaging Indonesia*, Springer Nature Singapore, Singapore, https://doi.org/10.1007/978-981-97-0029-5_7. [74]

CB Insights (2024), *State of Venture 2023 Report*, https://www.cbinsights.com/research/report/venture-trends-2023/. [33]

Crean, A. (2022), *Developments in Spectrum Management for Communication Services*, https://www.oecd.org/content/dam/oecd/en/publications/reports/2022/10/developments-in-spectrum-management-for-communication-services_ae18e03f/175e7ce5-en.pdf. [26]

Damuri, Y., H. Aswicahyono and D. Christian (2018), *Innovation Policy in Indonesia*, ERIA, https://www.eria.org/uploads/media/5.ERIA_Innovation_Policy_ASEAN_Chapter_4.pdf. [35]

Das, K. et al. (2019), *Automation and the future of work in Indonesia: Jobs lost, jobs gained, jobs changed*, McKinsey & Company, https://www.mckinsey.com/~/media/mckinsey/featured%20insights/asia%20pacific/automation%20and%20the%20future%20of%20work%20in%20indonesia/automation-and-the-future-of-work-in-indonesia-vf.pdf. [71]

Elliott, J. et al. (2023), "Market Structure, Investment, and Technical Efficiencies in Mobile Telecommunications", *SSRN Electronic Journal*, https://doi.org/10.2139/ssrn.4503412. [18]

Falentina, A. et al. (2021), "Digitalisation and the Performance of Micro and Small Enterprises in Yogyakarta, Indonesia", *Bulletin of Indonesian Economic Studies*, Vol. 57/3, pp. 343-369, https://doi.org/10.1080/00074918.2020.1803210. [36]

GSMA (2013), *Universal Service Fund Study*, Report prepared for GSMA by Ladcomm Corporation, https://www.gsma.com/solutions-and-impact/connectivity-for-good/public-policy/wp-content/uploads/2016/09/GSMA2013_Report_SurveyOfUniversalServiceFunds.pdf. [27]

GSMA Intelligence (2024), *The State of 5G 2024: Introducing the GSMA Intelligence 5G Connectivity Index*. [8]

Habir, M. and S. Negara (2023), *The Digital Transformation of Indonesia's Banking Sector: Current Trends and Future Prospects*, https://www.iseas.edu.sg/wp-content/uploads/2023/08/ISEAS_Perspective_2023_78.pdf. [47]

Husna, A. and L. Budiman (2023), *Connecting the Unconnected: Lessons for Enhancing Fast and Reliable Internet from Southwest Sumba District*, Center for Indonesian Policy Studies, https://repository.cips-indonesia.org/publications/566907/connecting-the-unconnected-lessons-for-enhancing-fast-and-reliable-internet-from. [29]

ILO (2023), *Digital wages for decent work in Indonesia: A rapid assessment*, https://www.ilo.org/sites/default/files/wcmsp5/groups/public/@ed_emp/@emp_ent/documents/publication/wcms_883918.pdf. [43]

ILO (2021), *Rapid assessment of information and communication technology skills demand in Indonesia*, https://www.ilo.org/publications/rapid-assessment-information-and-communication-technology-skills-demand. [58]

IMF (2024), *Indonesia – Staff Report for the 2024 Article IV Consultation*, IMF, https://www.imf.org/en/Publications/CR/Issues/2024/08/07/Indonesia-2024-Article-IV-Consultation-Press-Release-Staff-Report-and-Statement-by-the-553165. [45]

Indonesian Presidency (2024), *National Long Term Development Plan 2025-2045*, https://indonesia2045.go.id/publikasi. [2]

Indonesian Presidency (2020), *The National Medium-Term Development Plan for 2020-2024*, Presidential Regulation No 18 of 2020, https://faolex.fao.org/docs/pdf/ins204723.pdf. [16]

Islami, M. (2021), “Implementasi Satu Data Indonesia”, *Jurnal Komunika: Jurnal Komunikasi, Media dan Informatika*, Vol. 10/1, p. 13, https://doi.org/10.31504/komunika.v10i1.3750. [55]

ITU (2024), *ITU DataHub*, https://datahub.itu.int/. [4]

Jagannathan, S. and D. Geronimo (2021), *Reaping the Benefits of Industry 4.0 through Skills Development in High-Growth Industries in Southeast Asia: Insights from Cambodia, Indonesia, the Philippines, and Viet Nam*, Asian Development Bank, https://doi.org/10.22617/spr200328. [61]

Julliand, V., P. Sumadi and P. Karetji (2021), *How Big Data Is Helping Transform Indonesia's Public Transport System*, ADB - Southeast Asia Development Solutions, https://seads.adb.org/solutions/how-big-data-helping-transform-indonesias-public-transport-system. [54]

Kharisma, B. (2022), “Surfing alone? The Internet and social capital: evidence from Indonesia”, *Journal of Economic Structures*, Vol. 11/1, https://doi.org/10.1186/s40008-022-00267-7. [39]

Kumar, S. et al. (2023), *Indonesia's Fintech Industry Is Ready to Rise*, Boston Consulting Group, https://www.bcg.com/publications/2023/fintech-industry-indonesia-growth. [44]

Lam, A. (2022), *Seven lessons from interdisciplinary general education curriculum reform*, https://www.timeshighereducation.com/campus/seven-lessons-interdisciplinary-general-education-curriculum-reform. [62]

LPEM FEB UI (2023), *Post-Pandemic Digital Platform Consumer Survey and the Impact of Corporate Integration on Consumer Satisfaction: Case Study of GoTo*, http://bit.ly/LPEMRisetKonsumenIntegrasiGOTO. [34]

Mendoza, F. (2023), *Bundle offers push IPTV growth in Southeast Asia, IPTV to lead by year-end 2023*, S&P Global Market Intelligence, https://www.spglobal.com/marketintelligence/en/news-insights/research/bundle-offers-push-iptv-growth-in-southeast-asia-iptv-to-lead-by-year-end-2023. [9]

Mercy Corps and Rabo Foundation (2021), *Landscaping of Digital Agriculture System of Indonesia*, https://www.mercycorpsagrifin.org/landscaping-of-digital-agriculture-system-of-indonesia/. [40]

OECD (2024), "Disparity in broadband uptake between urban and rural households", *OECD Going Digital Toolkit*, https://goingdigital.oecd.org/indicator/17 (accessed on 18 July 2024). [15]

OECD (2024), "Disparity in Internet use between men and women", *OECD Going Digital Toolkit*, https://goingdigital.oecd.org/indicator/57 (accessed on 18 July 2024). [14]

OECD (2024), *OECD Economic Surveys: Mexico 2024*, OECD Publishing, Paris, https://doi.org/10.1787/b8d974db-en. [21]

OECD (2024), *OECD Going Digital Toolkit*, https://goingdigital.oecd.org (accessed on 18 July 2024). [11]

OECD (2024), "Share of households with broadband connections", *OECD Going Digital Toolkit*, https://goingdigital.oecd.org/indicator/13 (accessed on 18 July 2024). [7]

OECD (2024), "Top-performing 15-16 year old students in science, mathematics and reading", *OECD Going Digital Toolkit*, https://goingdigital.oecd.org/indicator/52 (accessed on 18 July 2024). [56]

OECD (2023), *Extending Broadband Connectivity in Southeast Asia*, OECD Publishing, Paris, https://doi.org/10.1787/b8920f6d-en. [5]

OECD (2023), *OECD Skills Outlook 2023: Skills for a Resilient Green and Digital Transition*, OECD Publishing, Paris, https://doi.org/10.1787/27452f29-en. [69]

OECD (2022), "Developments in spectrum management for communication services", *OECD Digital Economy Papers*, No. 332, OECD Publishing, Paris, https://doi.org/10.1787/175e7ce5-en. [25]

OECD (2022), *OECD Economic Surveys: Chile 2022*, OECD Publishing, Paris, https://doi.org/10.1787/311ec37e-en. [24]

OECD (2022), *Skills for the Digital Transition: Assessing Recent Trends Using Big Data*, https://doi.org/10.1787/38c36777-en. [70]

OECD (2021), *OECD Competitive Neutrality Reviews: Small-Package Delivery Services in ASEAN*, https://www.oecd.org/competition/fostering-competition-in-asean.htm. [23]

OECD (2021), *OECD Economic Surveys: Indonesia 2021*, OECD Publishing, Paris, https://doi.org/10.1787/fd7e6249-en. [57]

OECD (2021), *Recommendation of the Council on Broadband Connectivity*, OECD Legal Instruments, https://legalinstruments.oecd.org/en/instruments/OECD-LEGAL-0322. [19]

OECD (2021), *Recommendation of the Council on Competitive Neutrality*, https://doi.org/OECD/LEGAL/0462. [22]

OECD (2020), "Going Digital integrated policy framework", *OECD Digital Economy Papers*, No. 292, OECD Publishing, Paris, https://doi.org/10.1787/dc930adc-en. [1]

OECD (2020), *OECD Telecommunication and Broadcasting Review of Brazil 2020*, OECD Publishing, Paris, https://doi.org/10.1787/30ab8568-en. [17]

OECD (2019), *Digital Opportunities for Better Agricultural Policies*, OECD Publishing, Paris, https://doi.org/10.1787/571a0812-en. [51]

OECD (2017), *OECD Telecommunication and Broadcasting Review of Mexico 2017*, OECD Publishing, Paris, https://doi.org/10.1787/9789264278011-en. [20]

OECD/ADB (2020), *Employment and Skills Strategies in Indonesia*, OECD Reviews on Local Job Creation, OECD Publishing, Paris, https://doi.org/10.1787/dc9f0c7c-en. [64]

Ookla (2023), *Ookla's Speedtest® Methodology*, https://www.ookla.com/resources/guides/speedtest-methodology#performance-metrics (accessed on 27 November 2023). [12]

Perez, C. and A. Vourc'h (2020), *Individualising training access schemes: France – the Compte Personnel de Formation (Personal Training Account – CPF)*, https://doi.org/10.1787/301041f1-en. [65]

Permana, M., N. Izzati and M. Askar (2022), "Measuring The Gig Economy in Indonesia: Typology, Characteristics, and Distribution", *Jurnal Manajemen Teknologi*, Vol. 21/3, pp. 339-358, https://doi.org/10.12695/jmt.2022.21.3.7. [73]

Permata Bachtiar, P. et al. (eds.) (2023), *Indonesia's Technology Startups*, Asian Development Bank, Manila, Philippines, https://doi.org/10.22617/tcs230176-2. [75]

Priyatna, M. (2022), "Does Internet Usage Lead to An Increase in Household Incomes? Indonesian Rural Case Study", *Jurnal Ekonomi Indonesia, 11(1). 13–24.*, Vol. 11/1, pp. 13 - 24. [37]

Rahman, M. et al. (2023), "Does internet use make farmers happier? Evidence from Indonesia", *Cogent Social Sciences*, Vol. 9/2, https://doi.org/10.1080/23311886.2023.2243716. [41]

Sapulette, M. and P. Muchtar (2023), *Redefining Indonesia's Digital Economy*, ERIA, https://www.eria.org/research/redefining-indonesias-digital-economy. [48]

SMERU, Oxford, and UNESCAP (2022), *Accelerating Digital Skills Development in Indonesia*, https://smeru.or.id/en/research/accelerating-digital-skills-indonesia. [60]

SMERU/GIZ/BGS (2023), *Analysis of Digital Skills Development in the Public Sector in Indonesia*, Draft Research Report. SMERU Research Institute, GIZ, and Blavatnik School of Governance, https://smeru.or.id/en/publication/analysis-digital-skills-development-public-sector-indonesia. [68]

Sorbe, S. et al. (2019), "Digital Dividend: Policies to Harness the Productivity Potential of Digital Technologies", *OECD Economic Policy Papers*, https://doi.org/10.1787/273176bc-en. [46]

Suharto, B., M. Kusuma and K. Wijaya (2021), "The implications of urban expansion to commuter travel behavior in the Jakarta Metropolitan Area", *IOP Conference Series: Earth and Environmental Science*, Vol. 737/1, p. 012020, https://doi.org/10.1088/1755-1315/737/1/012020. [72]

Tjondronegoro, D. et al. (2022), *The state of open data implementation in Indonesia*, Regional Outlook, Griffith Asia Institute, https://www.griffith.edu.au/__data/assets/pdf_file/0023/1610393/RO70-Tjondronegoro-et-al-web.pdf. [53]

UNESCAP (2017), *The Impact of Universal Service Funds on Fixed-Broadband Deployment and Internet Adoption in Asia and the Pacific*, https://www.unescap.org/sites/default/files/Universal%20Access%20and%20Service%20Funds.pdf. [28]

UNICEF (2021), *Strengthening Digital Learning across Indonesia*, https://www.unicef.org/indonesia/media/10531/file/Strengthening%20Digital%20Learning%20across%20Indonesia:%20A%20Study%20Brief.pdf. [66]

UNODC (2021), *Digital Transformation and New Technologies: Lessons Learned from Indonesia*, United Nations Office on Drugs and Crime, https://www.unodc.org/dohadeclaration/en/news/2021/28/digital-transformation-and-new-technologies_-lessons-learned-from-indonesia.html. [50]

Wibisana, P. et al. (2022), *How can Indonesia improve the quality of its internet services and universalize access?*, World Bank Blogs, https://blogs.worldbank.org/en/eastasiapacific/how-can-indonesia-improve-quality-its-internet-services-and-universalize-access. [10]

Wicaksono, T. and A. Simangunsong (2022), *Digital Technology Adoption and Indonesia's MSMEs during the COVID-19 Pandemic*, ERIA Discussion Paper Series, https://www.eria.org/publications/digital-technology-adoption-and-indonesias-msmes-during-the-covid-19-pandemic. [32]

World Bank (2024), *Indonesia Support Health Transformation Project*, https://documents1.worldbank.org/curated/en/099040124032028391/pdf/P500764108de8d041aea41b398fd6b1860.pdf. [49]

World Bank (2023), *Labor Market Information and Skills System Transformation for Labor Market Flexibility (LISTRAF) Project, Project Appraisal Document, PAD4052*, https://documents1.worldbank.org/curated/en/099122123150015590/pdf/BOSIB157fc44550921bea21c4aa45654912.pdf. [63]

World Bank (2022), *Using digital technologies to improve resilience and inclusion in Indonesia*, World Bank Blogs, https://blogs.worldbank.org/en/governance/using-digital-technologies-improve-resilience-and-inclusion-indonesia. [52]

World Bank (2021), *Beyond Unicorns: Harnessing Digital Technologies for Inclusion in Indonesia*, https://www.worldbank.org/en/country/indonesia/publication/beyond-unicorns-harnessing-digital-technologies-for-inclusion-in-indonesia. [30]

World Bank (2020), *Investing in People: Social Protection for Indonesia 2045 Vision*, https://www.worldbank.org/en/country/indonesia/publication/investing-in-people-social-protection-for-indonesia-2045-vision. [42]

Xuyao, Z., B. Satria and H. Kurniawati (2023), *Indonesia and its Digital Economy: A Subnational Competitiveness Analysis*, https://lkyspp.nus.edu.sg/docs/default-source/aci/indonesia-and-its-digital-economy-a-sub-national-competitiveness-analysis.pdf. [13]

Yan Ing, L. and R. Zhang (2023), *Automation in Indonesia: Productivity, Quality, and Employment*, ERIA, https://www.eria.org/uploads/media/EAEA_slides_Lili_221009.pdf. [38]

Yarrow, N. et al. (2022), *The digital future of teacher training in Indonesia: What's Next?*, World Bank and Australian Govenrment, https://openknowledge.worldbank.org/server/api/core/bitstreams/e47c923a-1d76-5476-bde0-4088c0ef2523/content. [67]

Zagdanski, J., K. Bahia and P. Castells (2023), *Sustainable spectrum pricing to boost Indonesia's digital economy*, GSMA, https://data.gsmaintelligence.com/research/research/research-2023/sustainable-spectrum-pricing-to-boost-indonesia-s-digital-economy. [6]

Asian Development Bank (2022), *Assessment on Digital Procurement Transformation in Indonesia Public Procurement System*, ADB Technical Assistance Consultant's Report, https://www.adb.org/sites/default/files/project-documents/52109/52109-001-tacr-en_5.pdf. [74]

Asian Development Bank (2020), *Innovate Indonesia: Unlocking Growth through Technological Transformation*. [73]

AWS/AlphaBeta (2021), *APAC Digital Skills Research*, Amazon Web Services and AlphaBeta, https://pages.awscloud.com/APAC-public-DL-APAC-Digital-Skills-Research-2021-learn.html. [66]

Aziz, N. and A. Budiatri (2024), "The Role of Government in Facilitating Digital Economy for Micro, Small, and Medium Enterprises", in *The Digitalization of Indonesian Small and Medium Enterprises, Engaging Indonesia*, Springer Nature Singapore, Singapore, https://doi.org/10.1007/978-981-97-0029-5_7. [2]

CB Insights (2024), *State of Venture 2023 Report*, https://www.cbinsights.com/research/report/venture-trends-2023/. [47]

Crean, A. (2022), *Developments in Spectrum Management for Communication Services*, https://www.oecd.org/content/dam/oecd/en/publications/reports/2022/10/developments-in-spectrum-management-for-communication-services_ae18e03f/175e7ce5-en.pdf. [68]

Damuri, Y., H. Aswicahyono and D. Christian (2018), *Innovation Policy in Indonesia*, ERIA, https://www.eria.org/uploads/media/5.ERIA_Innovation_Policy_ASEAN_Chapter_4.pdf. [33]

Das, K. et al. (2019), *Automation and the future of work in Indonesia: Jobs lost, jobs gained, jobs changed*, McKinsey & Company, https://www.mckinsey.com/~/media/mckinsey/featured%20insights/asia%20pacific/automation%20and%20the%20future%20of%20work%20in%20indonesia/automation-and-the-future-of-work-in-indonesia-vf.pdf. [15]

Elliott, J. et al. (2023), "Market Structure, Investment, and Technical Efficiencies in Mobile Telecommunications", *SSRN Electronic Journal*, https://doi.org/10.2139/ssrn.4503412. [24]

Falentina, A. et al. (2021), "Digitalisation and the Performance of Micro and Small Enterprises in Yogyakarta, Indonesia", *Bulletin of Indonesian Economic Studies*, Vol. 57/3, pp. 343-369, https://doi.org/10.1080/00074918.2020.1803210. [34]

GSMA (2013), *Universal Service Fund Study*, Report prepared for GSMA by Ladcomm Corporation, https://www.gsma.com/solutions-and-impact/connectivity-for-good/public-policy/wp-content/uploads/2016/09/GSMA2013_Report_SurveyOfUniversalServiceFunds.pdf. [63]

GSMA Intelligence (2024), *The State of 5G 2024: Introducing the GSMA Intelligence 5G Connectivity Index*. [57]

Habir, M. and S. Negara (2023), *The Digital Transformation of Indonesia's Banking Sector: Current Trends and Future Prospects*, https://www.iseas.edu.sg/wp-content/uploads/2023/08/ISEAS_Perspective_2023_78.pdf. [70]

Husna, A. and L. Budiman (2023), *Connecting the Unconnected: Lessons for Enhancing Fast and Reliable Internet from Southwest Sumba District*, Center for Indonesian Policy Studies, https://repository.cips-indonesia.org/publications/566907/connecting-the-unconnected-lessons-for-enhancing-fast-and-reliable-internet-from. [30]

ILO (2023), *Digital wages for decent work in Indonesia: A rapid assessment*, https://www.ilo.org/sites/default/files/wcmsp5/groups/public/@ed_emp/@emp_ent/documents/publication/wcms_883918.pdf. [19]

ILO (2021), *Rapid assessment of information and communication technology skills demand in Indonesia*, https://www.ilo.org/publications/rapid-assessment-information-and-communication-technology-skills-demand. [9]

IMF (2024), *Indonesia – Staff Report for the 2024 Article IV Consultation*, IMF, https://www.imf.org/en/Publications/CR/Issues/2024/08/07/Indonesia-2024-Article-IV-Consultation-Press-Release-Staff-Report-and-Statement-by-the-553165. [69]

Indonesian Presidency (2024), *National Long Term Development Plan 2025-2045*, https://indonesia2045.go.id/publikasi. [61]

Indonesian Presidency (2020), *The National Medium-Term Development Plan for 2020-2024*, Presidential Regulation No 18 of 2020, https://faolex.fao.org/docs/pdf/ins204723.pdf. [60]

Islami, M. (2021), "Implementasi Satu Data Indonesia", *Jurnal Komunika: Jurnal Komunikasi, Media dan Informatika*, Vol. 10/1, p. 13, https://doi.org/10.31504/komunika.v10i1.3750. [45]

ITU (2024), *ITU DataHub*, https://datahub.itu.int/. [62]

Jagannathan, S. and D. Geronimo (2021), *Reaping the Benefits of Industry 4.0 through Skills Development in High-Growth Industries in Southeast Asia: Insights from Cambodia, Indonesia, the Philippines, and Viet Nam*, Asian Development Bank, https://doi.org/10.22617/spr200328. [10]

Julliand, V., P. Sumadi and P. Karetji (2021), *How Big Data Is Helping Transform Indonesia's Public Transport System*, ADB - Southeast Asia Development Solutions, https://seads.adb.org/solutions/how-big-data-helping-transform-indonesias-public-transport-system. [6]

Kharisma, B. (2022), "Surfing alone? The Internet and social capital: evidence from Indonesia", *Journal of Economic Structures*, Vol. 11/1, https://doi.org/10.1186/s40008-022-00267-7. [37]

Kumar, S. et al. (2023), *Indonesia's Fintech Industry Is Ready to Rise*, Boston Consulting Group, https://www.bcg.com/publications/2023/fintech-industry-indonesia-growth. [3]

Lam, A. (2022), *Seven lessons from interdisciplinary general education curriculum reform*, https://www.timeshighereducation.com/campus/seven-lessons-interdisciplinary-general-education-curriculum-reform. [20]

LPEM FEB UI (2023), *Post-Pandemic Digital Platform Consumer Survey and the Impact of Corporate Integration on Consumer Satisfaction: Case Study of GoTo*, http://bit.ly/LPEMRisetKonsumenIntegrasiGOTO. [48]

Mendoza, F. (2023), *Bundle offers push IPTV growth in Southeast Asia, IPTV to lead by year-end 2023*, S&P Global Market Intelligence, https://www.spglobal.com/marketintelligence/en/news-insights/research/bundle-offers-push-iptv-growth-in-southeast-asia-iptv-to-lead-by-year-end-2023. [64]

Mercy Corps and Rabo Foundation (2021), *Landscaping of Digital Agriculture System of Indonesia*, https://www.mercycorpsagrifin.org/landscaping-of-digital-agriculture-system-of-indonesia/. [38]

OECD (2024), "Disparity in broadband uptake between urban and rural households", *OECD Going Digital Toolkit*, https://goingdigital.oecd.org/indicator/17 (accessed on 18 July 2024). [53]

OECD (2024), "Disparity in Internet use between men and women", *OECD Going Digital Toolkit*, https://goingdigital.oecd.org/indicator/57 (accessed on 18 July 2024). [52]

OECD (2024), *OECD Economic Surveys: Mexico 2024*, OECD Publishing, Paris, https://doi.org/10.1787/b8d974db-en. [22]

OECD (2024), *OECD Going Digital Toolkit*, https://goingdigital.oecd.org (accessed on 18 July 2024). [50]

OECD (2024), "Share of households with broadband connections", *OECD Going Digital Toolkit*, https://goingdigital.oecd.org/indicator/13 (accessed on 18 July 2024). [49]

OECD (2024), "Top-performing 15-16 year old students in science, mathematics and reading", *OECD Going Digital Toolkit*, https://goingdigital.oecd.org/indicator/52 (accessed on 18 July 2024). [55]

OECD (2023), *Extending Broadband Connectivity in Southeast Asia*, OECD Publishing, Paris, https://doi.org/10.1787/b8920f6d-en. [56]

OECD (2023), *OECD Skills Outlook 2023: Skills for a Resilient Green and Digital Transition*, OECD Publishing, Paris, https://doi.org/10.1787/27452f29-en. [14]

OECD (2022), "Developments in spectrum management for communication services", *OECD Digital Economy Papers*, No. 332, OECD Publishing, Paris, https://doi.org/10.1787/175e7ce5-en. [54]

OECD (2022), *OECD Economic Surveys: Chile 2022*, OECD Publishing, Paris, https://doi.org/10.1787/311ec37e-en. [46]

OECD (2022), *Skills for the Digital Transition: Assessing Recent Trends Using Big Data*, https://doi.org/10.1787/38c36777-en. [72]

OECD (2021), *OECD Competitive Neutrality Reviews: Small-Package Delivery Services in ASEAN*, https://www.oecd.org/competition/fostering-competition-in-asean.htm. [26]

OECD (2021), *OECD Economic Surveys: Indonesia 2021*, OECD Publishing, Paris, https://doi.org/10.1787/fd7e6249-en. [40]

OECD (2021), *Recommendation of the Council on Broadband Connectivity*, OECD Legal Instruments, https://legalinstruments.oecd.org/en/instruments/OECD-LEGAL-0322. [25]

OECD (2021), *Recommendation of the Council on Competitive Neutrality*, https://doi.org/OECD/LEGAL/0462. [27]

OECD (2020), "Going Digital integrated policy framework", *OECD Digital Economy Papers*, No. 292, OECD Publishing, Paris, https://doi.org/10.1787/dc930adc-en. [23]

OECD (2020), *OECD Telecommunication and Broadcasting Review of Brazil 2020*, OECD Publishing, Paris, https://doi.org/10.1787/30ab8568-en. [58]

OECD (2019), *Digital Opportunities for Better Agricultural Policies*, OECD Publishing, Paris, https://doi.org/10.1787/571a0812-en. [75]

OECD (2017), *OECD Telecommunication and Broadcasting Review of Mexico 2017*, OECD Publishing, Paris, https://doi.org/10.1787/9789264278011-en. [59]

OECD/ADB (2020), *Employment and Skills Strategies in Indonesia*, OECD Reviews on Local Job Creation, OECD Publishing, Paris, https://doi.org/10.1787/dc9f0c7c-en. [42]

Ookla (2023), *Ookla's Speedtest® Methodology*, https://www.ookla.com/resources/guides/speedtest-methodology#performance-metrics (accessed on 27 November 2023). [51]

Perez, C. and A. Vourc'h (2020), *Individualising training access schemes: France – the Compte Personnel de Formation (Personal Training Account – CPF)*, https://doi.org/10.1787/301041f1-en. [71]

Permana, M., N. Izzati and M. Askar (2022), "Measuring The Gig Economy in Indonesia: Typology, Characteristics, and Distribution", *Jurnal Manajemen Teknologi*, Vol. 21/3, pp. 339-358, https://doi.org/10.12695/jmt.2022.21.3.7. [17]

Permata Bachtiar, P. et al. (eds.) (2023), *Indonesia's Technology Startups*, Asian Development Bank, Manila, Philippines, https://doi.org/10.22617/tcs230176-2. [4]

Priyatna, M. (2022), "Does Internet Usage Lead to An Increase in Household Incomes? Indonesian Rural Case Study", *Jurnal Ekonomi Indonesia, 11(1). 13–24.*, Vol. 11/1, pp. 13 - 24. [35]

Rahman, M. et al. (2023), "Does internet use make farmers happier? Evidence from Indonesia", *Cogent Social Sciences*, Vol. 9/2, https://doi.org/10.1080/23311886.2023.2243716. [39]

Sapulette, M. and P. Muchtar (2023), *Redefining Indonesia's Digital Economy*, ERIA, https://www.eria.org/research/redefining-indonesias-digital-economy. [7]

SMERU, Oxford, and UNESCAP (2022), *Accelerating Digital Skills Development in Indonesia*, https://smeru.or.id/en/research/accelerating-digital-skills-indonesia. [8]

SMERU/GIZ/BGS (2023), *Analysis of Digital Skills Development in the Public Sector in Indonesia*, Draft Research Report. SMERU Research Institute, GIZ, and Blavatnik School of Governance, https://smeru.or.id/en/publication/analysis-digital-skills-development-public-sector-indonesia. [13]

Sorbe, S. et al. (2019), "Digital Dividend: Policies to Harness the Productivity Potential of Digital Technologies", *OECD Economic Policy Papers*, https://doi.org/10.1787/273176bc-en. [44]

Suharto, B., M. Kusuma and K. Wijaya (2021), "The implications of urban expansion to commuter travel behavior in the Jakarta Metropolitan Area", *IOP Conference Series: Earth and Environmental Science*, Vol. 737/1, p. 012020, https://doi.org/10.1088/1755-1315/737/1/012020. [16]

Tjondronegoro, D. et al. (2022), *The state of open data implementation in Indonesia*, Regional Outlook, Griffith Asia Institute, https://www.griffith.edu.au/__data/assets/pdf_file/0023/1610393/RO70-Tjondronegoro-et-al-web.pdf. [5]

UNESCAP (2017), *The Impact of Universal Service Funds on Fixed-Broadband Deployment and Internet Adoption in Asia and the Pacific*, https://www.unescap.org/sites/default/files/Universal%20Access%20and%20Service%20Funds.pdf. [29]

UNICEF (2021), *Strengthening Digital Learning across Indonesia*, https://www.unicef.org/indonesia/media/10531/file/Strengthening%20Digital%20Learning%20across%20Indonesia:%20A%20Study%20Brief.pdf. [11]

UNODC (2021), *Digital Transformation and New Technologies: Lessons Learned from Indonesia*, United Nations Office on Drugs and Crime, https://www.unodc.org/dohadeclaration/en/news/2021/28/digital-transformation-and-new-technologies_-lessons-learned-from-indonesia.html. [65]

Wibisana, P. et al. (2022), *How can Indonesia improve the quality of its internet services and universalize access?*, World Bank Blogs, https://blogs.worldbank.org/en/eastasiapacific/how-can-indonesia-improve-quality-its-internet-services-and-universalize-access. [1]

Wicaksono, T. and A. Simangunsong (2022), *Digital Technology Adoption and Indonesia's MSMEs during the COVID-19 Pandemic*, ERIA Discussion Paper Series, https://www.eria.org/publications/digital-technology-adoption-and-indonesias-msmes-during-the-covid-19-pandemic. [32]

World Bank (2024), *Indonesia Support Health Transformation Project*, https://documents1.worldbank.org/curated/en/099040124032028391/pdf/P500764108de8d041aea41b398fd6b1860.pdf. [67]

World Bank (2023), *Labor Market Information and Skills System Transformation for Labor Market Flexibility (LISTRAF) Project, Project Appraisal Document, PAD4052*, https://documents1.worldbank.org/curated/en/099122123150015590/pdf/BOSIB157fc44550921bea21c4aa45654912.pdf. [41]

World Bank (2022), *Using digital technologies to improve resilience and inclusion in Indonesia*, World Bank Blogs, https://blogs.worldbank.org/en/governance/using-digital-technologies-improve-resilience-and-inclusion-indonesia. [43]

World Bank (2021), *Beyond Unicorns: Harnessing Digital Technologies for Inclusion in Indonesia*, https://www.worldbank.org/en/country/indonesia/publication/beyond-unicorns-harnessing-digital-technologies-for-inclusion-in-indonesia. [31]

World Bank (2020), *Investing in People: Social Protection for Indonesia 2045 Vision*, https://www.worldbank.org/en/country/indonesia/publication/investing-in-people-social-protection-for-indonesia-2045-vision. [18]

Xuyao, Z., B. Satria and H. Kurniawati (2023), *Indonesia and its Digital Economy: A Subnational Competitiveness Analysis*, https://lkyspp.nus.edu.sg/docs/default-source/aci/indonesia-and-its-digital-economy-a-sub-national-competitiveness-analysis.pdf. [21]

Yan Ing, L. and R. Zhang (2023), *Automation in Indonesia: Productivity, Quality, and Employment*, ERIA, https://www.eria.org/uploads/media/EAEA_slides_Lili_221009.pdf. [36]

Yarrow, N. et al. (2022), *The digital future of teacher training in Indonesia: What's Next?*, World Bank and Australian Govenrment, https://openknowledge.worldbank.org/server/api/core/bitstreams/e47c923a-1d76-5476-bde0-4088c0ef2523/content. [12]

Zagdanski, J., K. Bahia and P. Castells (2023), *Sustainable spectrum pricing to boost Indonesia's digital economy*, GSMA, https://data.gsmaintelligence.com/research/research/research-2023/sustainable-spectrum-pricing-to-boost-indonesia-s-digital-economy. [28]

4 Berpacu maju dengan transisi hijau

Andrea Goldstein, OECD

Indonesia memiliki tujuan-tujuan ambisius dalam transisi menuju ekonomi hijau, terutama tujuan mencapai emisi gas rumah kaca nol bersih (*net-zero*) pada tahun 2060 atau lebih cepat. Indonesia rentan terhadap dampak lingkungan dan sosial dari perubahan iklim dan menghadapi tantangan dalam penguatan mitigasi, perbaikan adaptasi, dan peningkatan ketahanan iklim. Isu-isu utama dalam mempensiunkan pembangkit listrik tenaga uap batu bara secara bertahap dan meningkatkan kapasitas energi terbarukan dapat diatasi melalui kebijakan dalam negeri, seperti perpajakan karbon, investasi publik di bidang transmisi, dan dukungan internasional. Investasi yang lebih besar dalam transportasi publik serta dukungan untuk kendaraan listrik juga diperlukan. Kemajuan telah dicapai dalam mengalihkan rumah tangga ke bahan bakar ramah lingkungan untuk memasak, tetapi langkah lebih lanjut masih diperlukan, dan bangunan harus lebih terlindung dari panas. Dalam adaptasi perubahan iklim, Indonesia memiliki sistem penanggulangan bencana yang sudah mapan, meski cakupannya masih dapat lebih mendetail. Kebijakan berbasis pasar dapat membantu mengatasi risiko kekeringan yang lebih besar di beberapa daerah di Indonesia.

Pendahuluan

Indonesia memiliki tujuan-tujuan ambisius dalam bertransisi menuju ekonomi hijau, terutama tujuan mencapai emisi gas rumah kaca (GRK) nol bersih pada tahun 2060, setelah mencapai puncaknya pada tahun 2030 (Gambar 4.1, Panel A). Emisi bersih naik dalam beberapa tahun terakhir (Panel B), meskipun emisi GRK Indonesia secara per kapita sekitar setengah dari rata-rata emisi GRK OECD. Bagi negara berkembang lain, pengurangan emisi akan menjadi tantangan tersendiri, mengingat laju pertumbuhan ekonomi tinggi diperlukan hingga standar hidup dapat menjadi setara dengan Anggota OECD, sehingga berimplikasi pada peningkatan emisi dalam jangka pendek. Tantangan lain bagi Indonesia adalah ketergantungan tinggi terhadap batu bara sebagai sumber energi. Memastikan ketahanan energi dengan mengurangi ketergantungan terhadap batu bara merupakan aspek utama dari transisi hijau. Sementara itu, lahan Indonesia yang luas dan subur memberikan peluang untuk memperlambat emisi bersih melalui perubahan penggunaan lahan, khususnya dengan tidak lagi melakukan deforestasi.

Gambar 4.1. Indonesia perlu mempertahankan penurunan emisi GRK untuk mencapai nol bersih

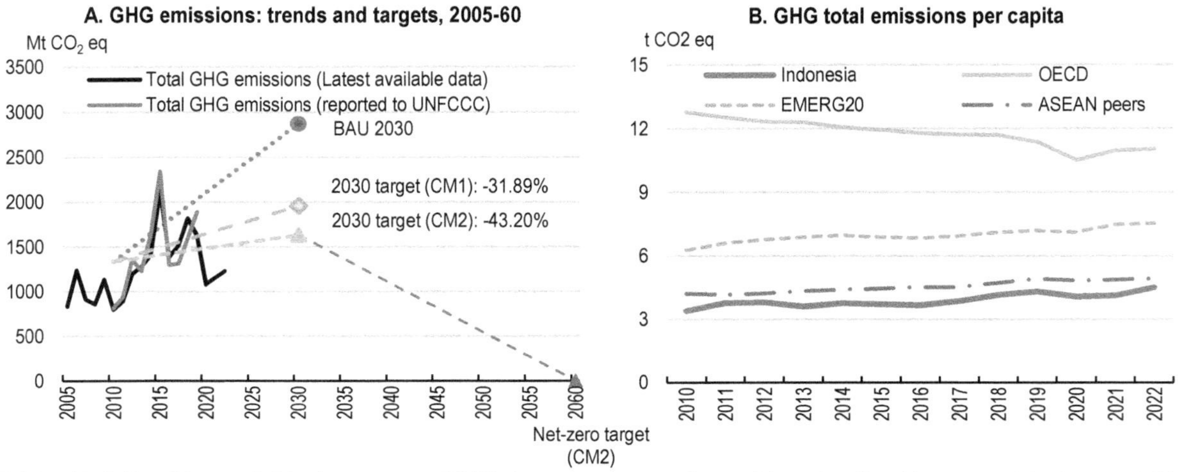

Catatan: Pada Panel A, proyeksi *business-as-usual* (BAU) dan upaya penanggulangan (skenario mitigasi tanpa syarat dan bersyarat, CM1 dan CM2) from the Enhanced Nationally Determined Contribution Report by Indonesia to UNFCCC (2022). Pada Panel B, perhitungan OECD berdasarkan EDGAR. Rata-rata tertimbang untuk agregat menggunakan data populasi tahun 2022. EMERG20 mengacu pada negara-negara berkembang G20 tidak termasuk Indonesia: Argentina, Brasil, Tiongkok, India, Meksiko, Rusia, Arab Saudi, Afrika Selatan, dan Turki. Rekan ASEAN mengacu pada empat negara rekan termasuk Malaysia, Filipina, Thailand, dan Vietnam.
Sumber: Laporan Inventarisasi Gas Rumah Kaca (GRK) dan Monitoring, Pelaporan, Verifikasi (MPV) 2023, Volume 9, Januari 2024; MoEF (2022), Peningkatan Nationally Determined Contribution (NDC) di bawah United Nations Framework Convention on Climate Change (UNFCCC); dan Basis Data GRK Komunitas EDGAR (Emissions Database for Global Atmospheric Research), https://edgar.jrc.ec.europa.eu/report_2023.

StatLink https://stat.link/wdskeg

Selain itu, Indonesia menghadapi tantangan yang cukup besar dalam adaptasi perubahan iklim. Indonesia amat terpapar oleh suhu rata-rata yang lebih tinggi serta cuaca yang ekstrem dan tidak dapat diprediksi. Menurut perkiraan OECD (2023[1]), suhu rata-rata harian di Indonesia kemungkinan lebih tinggi 1°C dibandingkan dengan periode 1985-2014 pada tahun 2050, termasuk jika masyarakat global berhasil menurunkan emisi secara drastis. Analisis terbaru memproyeksikan PDB pada tahun 2050 akan lebih rendah hingga 0,6% jika level emisi global terjaga sesuai dengan Perjanjian Paris (yaitu dengan menahan kenaikan suhu global di bawah 2°C), tetapi akan lebih rendah hingga 4,4% jika suhu rata-rata global naik lebih dari 3°C. (Swiss Re Institute, 2021[2]). Selain itu, berdasarkan skenario emisi tinggi, kematian akibat suhu panas di kelompok individu berusia 65 tahun dapat mencapai 53 per 100.000 orang per tahun pada tahun 2080, dibandingkan dengan angka dasar historis sebesar 1 kematian per 100.000 orang (WHO, 2015[3]).

Bab ini pertama-tama membahas perkembangan di masa lalu dan tantangan di masa depan dalam pengurangan emisi GRK dan sumber energi dalam negeri. Kemudian, bab ini membahas isu-isu utama dalam transisi hijau, terutama respons kebijakan di sektor manufaktur, transportasi, dan bangunan berkelanjutan. Bagian terakhir menguraikan adaptasi, yang mencakup manajemen risiko bencana, isu sumber daya air, dan cara rumah tangga dan usaha mengatasi tantangan perubahan iklim. Bab ini berfokus pada isu-isu terkait emisi GRK, sehingga beberapa isu transisi hijau tidak tercakup. Melindungi lingkungan hidup dan mengurangi polusi meliputi tantangan-tantangan yang lebih dari sekadar pengurangan emisi GRK dan adaptasi perubahan iklim. Secara khusus, polusi udara terus membebani kesehatan masyarakat Indonesia. Selain itu, masih banyak yang harus dilakukan untuk melestarikan kekayaan alam dan satwa laut Indonesia; Indonesia masih menjadi penghasil polusi plastik terbesar kedua di dunia, yang sebagian besar berakhir di sungai dan lautan.

Perkembangan masa lalu dan tantangan masa depan dalam pengurangan emisi

Penurunan emisi GRK telah menjadi elemen inti dari kerja sama perubahan iklim internasional dengan tujuan menstabilkan konsentrasi atmosfer agar menghindari "gangguan antropogenik yang berbahaya terhadap sistem iklim." Sejak tahun 1997, negara-negara industri dan negara-negara yang sedang bertransisi menuju ekonomi pasar telah berkomitmen untuk mencapai target pengurangan emisi yang terukur untuk enam kelompok GRK. Salah satu elemen utama dari proses ini adalah komitmen negara-negara untuk secara teratur melaporkan emisi mereka kepada UNFCCC. Memastikan komitmen kuat dalam pelaporan merupakan hal penting, termasuk bagi Indonesia.

Dalam beberapa tahun terakhir, kegiatan terkait energi, kebakaran gambut, dan penggunaan lahan lainnya (terutama kehutanan) telah menjadi kontributor terbesar emisi GRK Indonesia, meskipun yang terakhir ini telah turun signifikan (Gambar 4.2, Panel A). Hal ini terutama sejalan dengan upaya untuk mengurangi laju deforestasi. Turunnya emisi yang terkait penggunaan lahan bahkan menyumbang pada perlambatan kenaikan total emisi bersih pada periode 2018-2022. Meski demikian, emisi kembali mengalami tren kenaikan yang kuat sejak 2020. Pengurangan emisi terkait perubahan penggunaan lahan diharapkan dapat berkontribusi cukup besar pemenuhan komitmen global Indonesia pada masa mendatang (lihat di bawah ini).

Sementara itu, emisi GRK lainnya terus mengalami tren kenaikan—penurunan selama pandemi merupakan pengecualian (Gambar 4.2, Panel A). Emisi ini terutama terdiri dari kegiatan terkait energi, dengan pembangkit listrik sebagai komponen terbesarnya. Komponen terkait energi lainnya termasuk transportasi dan manufaktur. Akan tetapi, terdapat kemajuan di balik peningkatan emisi: intensitas emisi dalam perekonomian turun, yang artinya peningkatan emisi lebih rendah dari pertumbuhan PDB. Antara tahun 2010 dan 2022, emisi per unit PDB turun sebesar sedikit di atas 10% (Gambar 4.3, Panel D). Penurunan ini antara lain mencerminkan perluasan layanan energi modern ke rumah-rumah yang turut menurunkan penggunaan biomassa untuk kebutuhan memasak rumah tangga (IEA, 2022[4]). Intensitas emisi saat ini kurang lebih sama dengan negara-negara ASEAN lainnya, seperti Malaysia dan Thailand (Gambar 4.3, Panel C). Menimbang perbedaan geografis dan ketersediaan sumber daya alam, serta kemajuan kebijakan yang lebih cepat, negara-negara berkembang lainnya telah mencapai pengurangan intensitas emisi yang lebih cepat. Sebagai contoh, penurunan intensitas emisi di wilayah ASEAN secara keseluruhan telah mendekati 20% (Gambar 4.3, Panel D).

Gambar 4.2. Emisi terus meningkat stabil, kecuali yang terkait penggunaan lahan

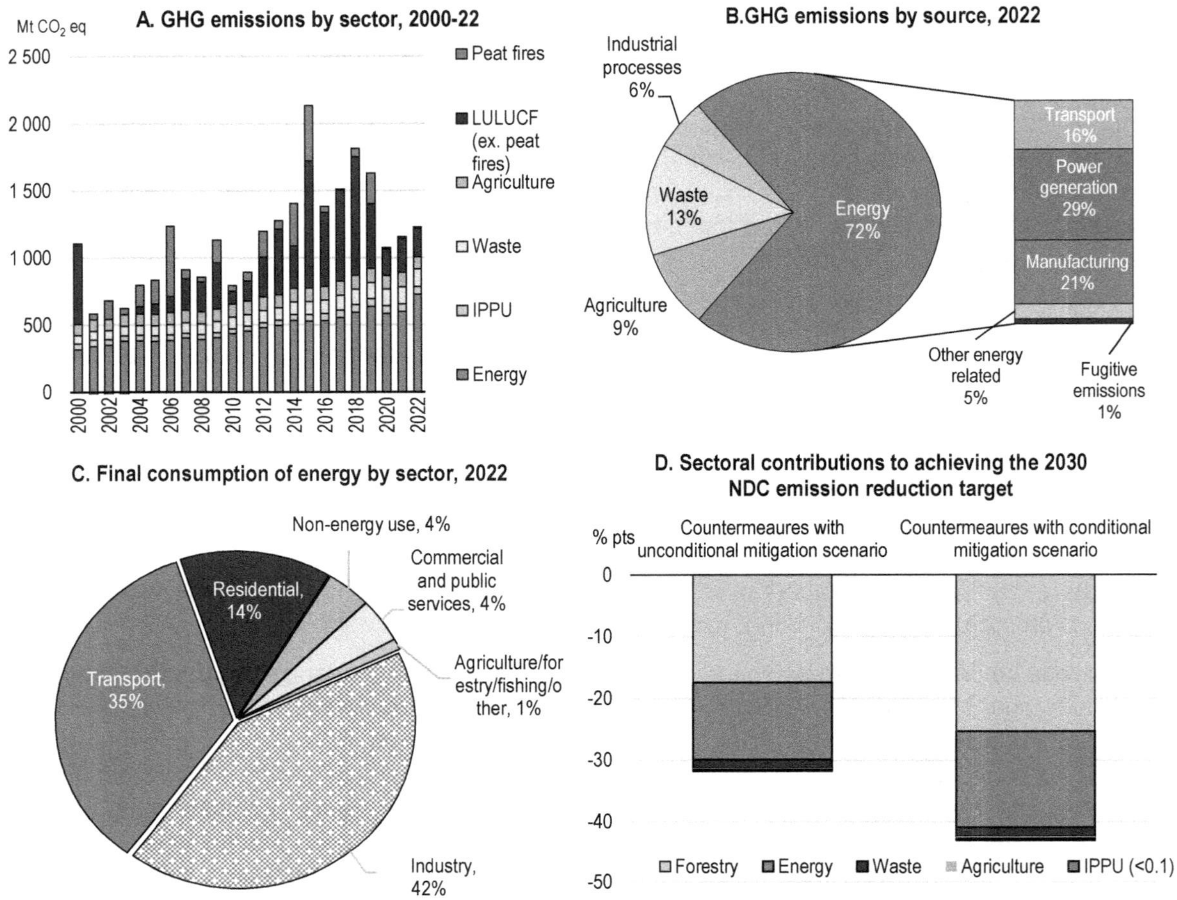

Catatan: Pada Panel A, IPPU mengacu pada proses industri dan penggunaan produk. Pada Panel B, total emisi tidak termasuk LULUCF. Pada Panel D, kehutanan mencakup penggunaan lahan lainnya. Target dengan tindakan penanggulangan berskenario mitigasi bersyarat ditetapkan hingga 43% pengurangan dari proyeksi *business-as-usual* (BAU).
Sumber: Laporan Inventarisasi Gas Rumah Kaca (GRK) dan Monitoring, Pelaporan, Verifikasi (MPV) 2023, Volume 9, Januari 2024; MoEF (2022), Peningkatan Nationally Determined Contribution (NDC) di bawah United Nations Framework Convention on Climate Change (UNFCCC); dan IEA (2024), IEA World Energy Statistics and Balances (basis data).

StatLink https://stat.link/vgor5t

Indonesia telah mengajukan rencana ambisius untuk mengurangi emisi GRK relatif terhadap *baseline* dalam beberapa tahun terakhir (Kotak 4.1). Pada tahun 2021, Indonesia memperbarui Kontribusi yang Ditetapkan Secara Nasional (*Nationally Determined Contribution*/NDC) tahun 2016. Dalam NDC 2021, Indonesia berkomitmen mengurangi emisi GRK sebesar 32%-43% (tanpa syarat dan dengan syarat) pada tahun 2030, mencapai puncak emisi pada tahun 2030, dan mencapai nol bersih pada tahun 2060 atau lebih awal. Investasi besar dibutuhkan. Menurut pemerintah Indonesia, untuk mencapai target NDC 2030 saja, dibutuhkan setidaknya Rp4,52 kuadriliun (USD 310 miliar, sekitar 20% dari PDB 2023) untuk aksi mitigasi. Sebagai pengakuan atas ambisi kebijakan Indonesia yang semakin meningkat, International Partners Group (terdiri dari negara-negara G7, Uni Eropa, Denmark, dan Norwegia) bersama dengan lembaga-lembaga keuangan terkemuka berjanji mendukung Indonesia dengan dana awal sebesar USD 20 miliar (lihat Kotak 4.4 pada Kemitraan Transisi Energi Berkeadilan atau *Just Energy Transition Partnership*/JETP), setengahnya akan berasal dari sektor swasta, dana abadi pemerintah (*sovereign wealth funds*), dan yayasan filantropi. Penyaluran tepat waktu atas komitmen di atas akan sangat penting untuk membantu Indonesia mencapai target 2030.

Gambar 4.3 Pemisahan lebih lanjut diperlukan untuk mencapai emisi nol bersih sekaligus meningkatkan standar hidup

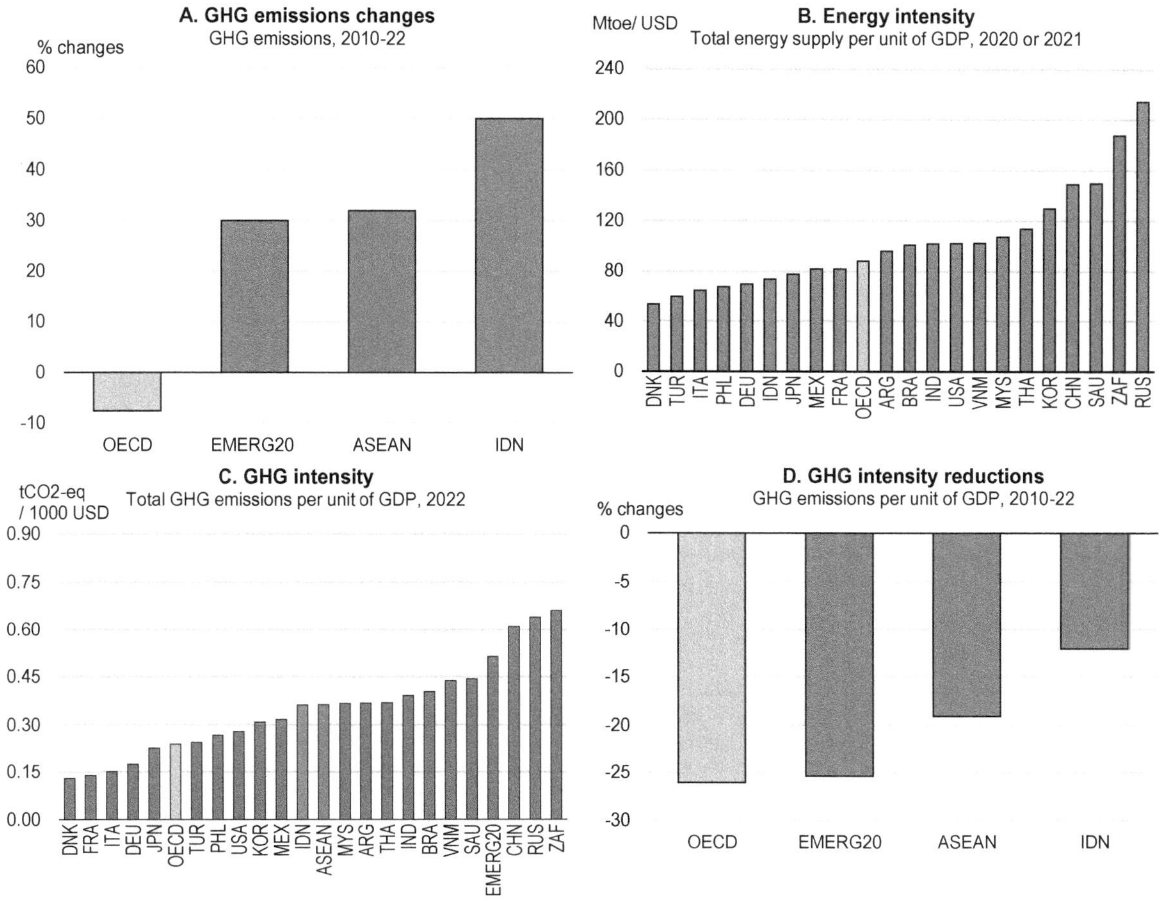

Catatan: Perhitungan OECD untuk agregat. EMERG20 mengacu pada negara-negara berkembang G20 tidak termasuk Indonesia Argentina, Brasil, Tiongkok, India, Meksiko, Afrika Selatan, Arab Saudi, Rusia, dan Turki. ASEAN mengacu pada empat negara rekan termasuk Malaysia, Filipina, Thailand, dan Vietnam. Pada Panel C dan D, PDB dinyatakan dalam USD (PPP, konstanta 2017).
Sumber: Basis data GRK Komunitas EDGAR (Emissions Database for Global Atmospheric Research); World Bank (2024), World Development Indicators; OECD (2022), OECD Environment Statistics (basis data); dan Laporan Inventarisasi Gas Rumah Kaca (GRK) dan Monitoring, Pelaporan, Verifikasi (MPV) 2023, Volume 9, Januari 2024.

StatLink https://stat.link/3y2rag

Kotak 4.1. Rencana dan tujuan kebijakan utama Indonesia untuk transisi ekonomi hijau

Tujuan dan langkah-langkah kebijakan utama terkait transisi ekonomi hijau ditetapkan dalam dokumen NDC (sebagai bagian dari Perjanjian Paris tentang perubahan iklim) dan Strategi Jangka Panjang Pembangunan Rendah Karbon dan Berketahanan Iklim 2050.

Tabel 4.1. Target kebijakan utama dan langkah-langkah untuk mencapai transisi ekonomi hijau

	NDC pertama	NDC yang diperbarui	Strategi Jangka Panjang Pembangunan Rendah Karbon dan Berketahanan Iklim 2050
Total emisi GRK	Mengurangi emisi sebesar 26% (tanpa syarat) atau 41% (bersyarat) pada tahun 2030, dibandingkan dengan skenario BAU	Mengurangi emisi sebesar 31,89% untuk CM 1 atau 43,20% untuk CM 2 pada tahun 2030, dibandingkan skenario BAU, dan mencapai emisi puncak pada tahun 2030	Emisi nol bersih pada tahun 2060 atau lebih cepat, dengan penurunan yang cepat setelah tahun 2030.
Industri energi	CM 1: 11% atau 314 Mt CM 2: 14% atau 398 Mt	CM 1: 12,5% atau 358 Mt CM 2: 15,5% atau 445 Mt	CPOS 2.116 Mt pada tahun 2050 TRNS 1.439 Mt pada tahun 2050 LCCP 572 Mt pada tahun 2050
Bangunan			CPOS 272 Mt pada tahun 2050 TRNS 223 Mt pada tahun 2050 LCCP 120 Mt pada tahun 2050
Transportasi	CM 1: 0,10% atau 2,75 Mt CM 2: 0,11% atau 3,25 Mt	CM 1: 0,2% atau 7 Mt CM 2: 0,3% atau 9 Mt	CPOS 70 Mt pada tahun 2050 TRNS 66 Mt pada tahun 2050 LCCP 50,2 Mt pada tahun 2050
Kehutanan	CM 1: 0,32% atau 9 Mt CM 2: 0,13% atau 4 Mt	CM 1: 0,3% atau 10 Mt CM 2: 0,4% atau 12 Mt	LCCP *net sink* pada tahun 2030 (CPOS) dan 76 Kg (LCCP) pada tahun 2050.
Penggunaan lahan	CM 1: 17,2% atau 497 Mt CM 2: 23% atau 650 Mt	CM 1: 17,4% atau 500 Mt CM 2: 25,4% atau 729 Mt	LCCP *net sink* pada tahun 2030 Indonesia menargetkan untuk melindungi 120,3 juta hektar hutan, termasuk 14,9 juta hektar lahan gambut

Akronim: BAU = *business as usual*; CM 1 dan 2 = penanggulangan atau *countermeasures* (komitmen tanpa syarat dan bersyarat; CPOS = *current policy scenario*, skenario kebijakan saat ini (yaitu komitmen tanpa syarat yang diperpanjang); TRNS = *transition scenario*, skenario transisi dan LCCP = *low-carbon scenario*, skenario rendah karbon yang kompatibel dengan Perjanjian Paris.

Tabel 4.2. Kebijakan utama untuk ekonomi hijau

Kebijakan (sesuai tahun terbit)	Ketentuan utama
Undang-Undang Kehutanan (No. 41 Tahun 1999, diubah tahun 2020)	Menetapkan kerangka pengelolaan hutan yang berkelanjutan, termasuk: i) penetapan hutan konservasi dan hutan lindung; ii) pelaksanaan kewajiban reboisasi dan penghijauan; iii) izin pemanfaatan sumber daya hutan yang berkelanjutan dengan kuota dan pemantauan yang ketat; iv) program pengelolaan hutan kemasyarakatan yang melibatkan masyarakat setempat dalam perlindungan hutan.
Undang-Undang Energi (2007)	Memprioritaskan produk dan jasa dalam negeri ketika mengembangkan aset pembangkit, termasuk: i) kewajiban penggunaan sumber energi terbarukan dalam proyek-proyek energi baru; ii) insentif keuangan dan subsidi untuk investasi teknologi energi hijau; iii) penerapan standar dan peraturan efisiensi energi untuk bangunan dan industri; iv) pengembangan Rencana Umum Energi Nasional (RUEN) dan Daerah (RUED) yang berkelanjutan.
Undang-Undang tentang Perlindungan dan Pengelolaan Lingkungan Hidup (No. 32 Tahun 2009), diubah pada tahun 2020	Menyediakan kerangka kerja yang menyeluruh untuk melindungi lingkungan, termasuk: i) langkah-langkah pengendalian polusi termasuk batasan emisi dan pembuangan; ii) analisis dampak lingkungan (AMDAL) wajib untuk semua proyek-proyek besar; iii) peraturan pengelolaan limbah yang komprehensif, termasuk daur ulang dan pembuangan limbah berbahaya; iv) program-program untuk restorasi dan rehabilitasi ekosistem yang terdegradasi.
Undang-Undang No. 18 Tahun 2013 tentang Pencegahan dan Pemberantasan Perusakan Hutan, sebagaimana telah diubah dengan Undang-Undang Cipta Kerja	Memperkuat peraturan untuk melawan perusakan hutan, termasuk: i) sanksi atas pembalakan liar dan perambahan hutan; ii) persyaratan bagi perusahaan untuk merehabilitasi lahan hutan yang terdegradasi; iii) keterlibatan masyarakat dalam pengawasan dan penegakan hukum; iv) memperkuat kesatuan pengelolaan hutan dan meningkatkan sistem surveilans.
Peraturan Pemerintah No. 79 Tahun 2014 tentang Kebijakan Energi Nasional	Menetapkan tujuan: i) porsi energi terbarukan dalam total pasokan energi (setidaknya 23% pada tahun 2025 dan 31% pada tahun 2050); ii) permintaan listrik (2.500 kWh per kapita pada tahun 2025 dan 7.000 kWh pada tahun 2050); iii) intensitas energi final (pengurangan 1% per tahun antara tahun 2015 dan 2025).
Peraturan Pemerintah tentang Instrumen Ekonomi Lingkungan Hidup (No. 46 Tahun 2017) dan Peraturan Presiden No. 98 Tahun 2021	Menyediakan kerangka kerja nasional untuk instrumen penetapan nilai ekonomi karbon, termasuk Sistem Perdagangan Emisi (*Emissions Trading System*/ETS) dan berkomitmen untuk menerapkan sistem perdagangan karbon pada tahun 2025.
Peraturan Pemerintah No. 24 Tahun 2018 tentang Pelayanan Perizinan Berusaha Terintegrasi Secara Elektronik (OSS)	Menyederhanakan perizinan usaha, termasuk izin lingkungan, untuk mendorong praktik investasi yang berkelanjutan. Mengintegrasikan pertimbangan dampak lingkungan ke dalam proses perizinan usaha.
UU No. 7 Tahun 2021 tentang Harmonisasi Peraturan Perpajakan dan *Omnibus Law* Sektor Keuangan (2023)	Memperkenalkan pajak karbon yang ditetapkan sebesar Rp 30.000 (USD 2) per ton ekuivalen karbon dioksida (CO2e). Pajak ini berlaku sebagai batas bawah jika harga karbon di Bursa Karbon jatuh di bawah harga minimum ini. Di bawah *Omnibus Law* Sektor Keuangan (2023), Otoritas Jasa Keuangan (OJK) mengawasi perdagangan karbon dan Bursa Karbon.
Peraturan Pemerintah No. 22 Tahun 2021 tentang Penyelenggaraan Perlindungan dan Pengelolaan Lingkungan Hidup	Mendefinisikan struktur organisasi untuk lembaga-lembaga lingkungan hidup.
Peraturan Pemerintah No. 23 Tahun 2021 tentang Penyelenggaraan Kehutanan	Mendefinisikan struktur dan amanat lembaga-lembaga kehutanan, termasuk: i) program konservasi yang bertujuan melindungi keanekaragaman hayati dan ekosistem hutan; ii) dukungan untuk inisiatif hutan kemasyarakatan dan praktik-praktik pemanfaatan yang berkelanjutan; iii) proyek-proyek reboisasi dan penghijauan untuk meningkatkan tutupan hutan dan penyerapan karbon.
Rencana Usaha Penyediaan Tenaga Listrik 2021-2030 (2021)	Antara tahun 2021 dan 2030, energi terbarukan (yang hampir setengahnya merupakan energi air) direncanakan untuk memenuhi lebih dari setengah penambahan kapasitas.
Peraturan Presiden No. 112 Tahun 2022 tentang Percepatan Pengembangan Energi Terbarukan untuk Penyediaan Tenaga Listrik	Peraturan ini mencakup, antara lain, harga jual listrik dari energi terbarukan dan pensiun dini pembangkit listrik tenaga uap secara bertahap. Pembangunan PLTU batubara baru diperbolehkan jika (i) telah terdaftar sebelum peraturan ini berlaku, (ii) berkontribusi secara signifikan terhadap penciptaan lapangan kerja dan kepentingan strategis nasional, (iii) berkomitmen untuk mengurangi emisi gas rumah kaca paling sedikit 35% dalam jangka waktu 10 tahun dibandingkan rata-rata emisi PLTU batubara di Indonesia pada tahun 2021, atau (iv) ditetapkan untuk beroperasi paling lambat hingga tahun 2050.
Rencana Umum Ketenagalistrikan Nasional 2019-2038 (Draf ketiga, 2023)	Memprioritaskan sumber energi terbarukan, terutama tenaga air, untuk memperluas kapasitas pembangkit listrik. Menetapkan tujuan untuk meningkatkan porsi energi terbarukan dalam bauran pembangkit listrik menjadi 22% pada tahun 2025 untuk pembangkit-pembangkit PLN.

Sumber: (OECD, 2021[5]) dan otoritas nasional

Mendapatkan bauran instrumen yang tepat untuk dekarbonisasi

Seperti halnya di negara-negara lain, bauran kebijakan Indonesia yang diperlukan transisi yang berhasil dan hemat biaya menuju emisi GRK nol bersih harus diselaraskan dengan konteks lokal. Kotak 4.2 membahas instrumen kebijakan yang tersedia dan potensi kontribusinya dalam merancang dan menerapkan mitigasi yang hemat biaya dan dapat diterima secara sosial. Penetapan nilai ekonomi karbon (NEK) memberikan insentif yang efektif untuk mengidentifikasi dan menerapkan bauran kebijakan dengan biaya terendah demi mengurangi emisi di seluruh sektor dan telah diakui sebagai landasan untuk mencapai transisi energi hijau (OECD, 2023[6]). Akan tetapi, dampak NEK terhadap biaya produksi dan harga barang dan jasa perlu dievaluasi, dan dalam beberapa kasus dikompensasi (*offset*).

Penetapan NEK dan perdagangan emisi

Memperkenalkan dan secara bertahap menaikkan NEK merupakan instrumen kebijakan utama yang hemat biaya dalam paket kebijakan mitigasi, karena tidak hanya menurunkan emisi tetapi juga meraih pendapatan untuk mendukung transisi hijau. Kelompok-kelompok rentan harus dipertimbangkan dalam penerapan NEK, misalnya melalui bantuan bersasaran, untuk meminimalkan hilangnya pendapatan akibat transisi hijau. Instrumen penetapan NEK dan pajak karbon masih kurang berkembang dalam bauran kebijakan Indonesia, meskipun terdapat perkembangan dalam beberapa tahun terakhir, terutama melalui UU No. 7/2021 tentang Harmonisasi Peraturan Perpajakan (Tabel 4.2). Sejauh ini, strategi mitigasi lebih mengutamakan instrumen berbasis non-pasar, terutama standar kinerja minimum, persyaratan pelabelan, pelarangan, dan pensiun dini, ketimbang instrumen berbasis pasar (D'Arcangelo, Kruse dan Pisu, 2023[7]). Instrumen berbasis pasar berkontribusi lebih kecil terhadap total aksi iklim di Indonesia dibandingkan dengan kawasan OECD, sedangkan kontribusi target, tata kelola, dan data iklim jauh lebih besar. Pada tahun 2019, pendapatan pajak terkait lingkungan (terutama pajak kendaraan bermotor) setara dengan kurang dari 1% PDB, dibandingkan dengan rata-rata 2,3% di seluruh negara OECD dan non-OECD (Lewis, 2019[8]). Sejak tahun 2021, kendaraan bermotor yang menghasilkan emisi di atas 250 gram per liter bahan bakar dikenakan Pajak Penjualan Barang Mewah sebesar 40%. Pihak berwenang menjelaskan bahwa lambatnya peluncuran perpajakan berbasis emisi sebagian disebabkan oleh kekhawatiran mengenai besarnya transmisi harga (*price pass-through*) yang harus ditanggung konsumen akibat kenaikan pajak dan biaya operasional. Pada bulan September 2023, Bursa Efek Indonesia meluncurkan Bursa Karbon Indonesia (IDX Carbon). Kurang dari satu tahun operasi, volume dan nilai perdagangan telah meningkat, meskipun jumlah proyek dan frekuensi transaksi masih terbatas.

Gambar 4.4. Kontribusi instrumen berbasis pasar terhadap aksi iklim secara keseluruhan masih terbatas

Bauran kebijakan iklim, 2022

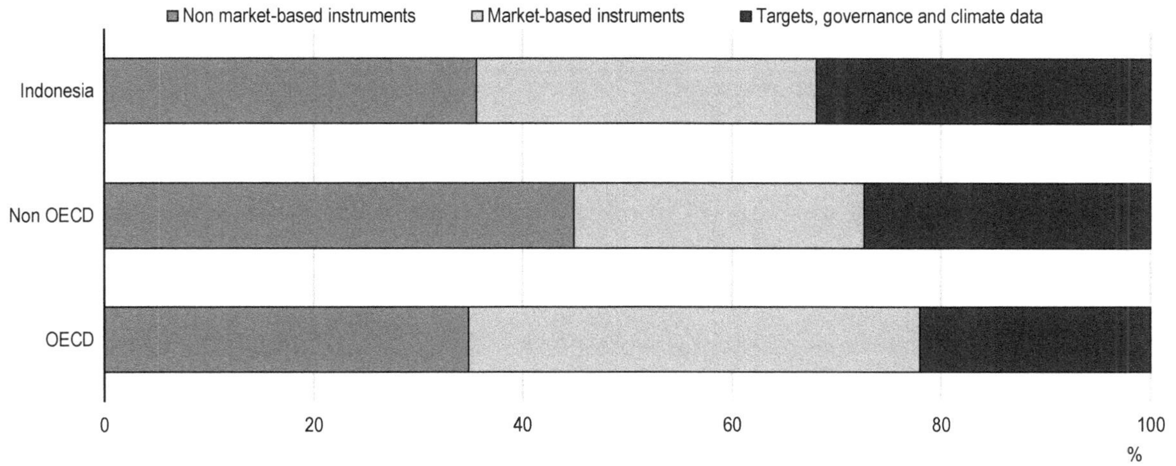

Catatan: Berdasarkan Climate Actions and Policies Measurement Framework (CAPMF, Kerangka Kerja Pengukuran Aksi dan Kebijakan Iklim) yang merupakan basis data kebijakan iklim internasional yang telah diharmonisasi hingga saat ini dengan 130 instrumen kebijakan dan aksi iklim (dikelompokkan ke dalam 56 kebijakan), yang mencakup periode 1990-2022 dan mencakup 49 negara (OECD, G20, dan negara-negara kandidat aksesi OECD) dan EU 27. Instrumen berbasis pasar adalah instrumen kebijakan yang menggunakan pasar, harga dan/atau sarana moneter lainnya untuk memberikan insentif kepada produsen dan konsumen untuk mengurangi atau menghapus eksternalitas lingkungan dan eksternalitas lainnya. Instrumen berbasis non-pasar adalah instrumen yang bekerja melalui pengenaan kewajiban tertentu atau dengan memasang insentif non-moneter untuk mengubah perilaku. Lihat sumber untuk lebih jelasnya.

Sumber: Nachtigall, D., et.al. (2022), "The climate actions and policies measurement framework: A structured and harmonised climate policy database to monitor countries' mitigation action", OECD Environment Working Papers, No. 203; dan basis data OECD Climate actions and policies measurement framework, https://oe.cd/dx/capmf.

StatLink https://stat.link/ykiw0q

Pengembangan dan implementasi Sistem Perdagangan Emisi (ETS) dalam negeri untuk sektor listrik dan industri dapat membantu memenuhi target NDC Indonesia yang telah ditingkatkan. Indonesia menetapkan harga sekitar 22% emisi karbon dari penggunaan energi dan tidak ada yang ditetapkan dengan Harga Karbon Efektif di atas EUR 60 per ton CO_2 (OECD, 2023[6]). Berdasarkan pelajaran yang diperoleh dari uji coba ETS tahun 2021, pemerintah bermaksud untuk terus mengembangkan dan menerapkannya bersamaan dengan rencana pajak karbon, yang belum ditetapkan tanggal pelaksanaannya. ETS berbasis intensitas untuk sektor pembangkit listrik diluncurkan pada bulan Februari 2023, menjadikan listrik sebagai sektor kedua setelah transportasi jalan yang tercakup dalam instrumen penetapan harga karbon. Komitmen untuk meningkatkan harga karbon secara bertahap dan memperluas basisnya akan membentuk ekspektasi dan mendorong investasi di bidang energi bersih. Pendekatan lebih ketat ini harus dilengkapi dengan intervensi kebijakan lainnya, seperti *feed-in-tariff* untuk energi terbarukan dan mekanisme pembiayaan untuk efisiensi energi. Penerapan penandaan anggaran (*budget tagging*) iklim akan memungkinkan peningkatan alokasi sumber daya publik dengan memperhatikan sebaran dampak kebijakan (Boutron et al., 2023[9]).

Kotak 4.2. Menggunakan serangkaian instrumen kebijakan untuk mengurangi emisi GRK dengan biaya terendah

Instrumen-instrumen kebijakan untuk mengurangi emisi GRK mencakup peraturan, pajak, dan insentif untuk berinvestasi pada peralatan dan inovasi bersih. Bauran instrumen berbeda di setiap negara. Sebagai contoh, Prancis berfokus pada peraturan dan bantuan investasi untuk sektor transportasi, pertanian, dan perumahan (OECD, 2021[10]). Denmark menerapkan pajak GRK untuk bahan bakar transportasi dan sistem pemanas non-distrik, serta memberikan insentif litbang bidang mitigasi (OECD, 2021[11]). Instrumen kebijakan yang tersedia dapat dikelompokkan menjadi instrumen berbasis insentif, standar dan peraturan, serta kebijakan pelengkap. Tabel 4.3 merangkum karakteristik utama dari instrumen kebijakan yang dipilih.

Tabel 4.3. Membandingkan instrumen kebijakan mitigasi

Instrumen kebijakan	Kontribusi terhadap efektivitas biaya pengurangan emisi (*abatement cost*)	Biaya administrasi dan fiskal	Pertimbangan distribusi dan sosial	Keberterimaan (*acceptability*) politik
(a) Penetapan harga emisi dan instrumen berbasis insentif				
Penetapan NEK, misalnya, pajak GRK atau cukai bahan bakar	Meminimalkan biaya hingga sana dengan biaya pengurangan marjinal. Mendorong inovasi untuk mengurangi biaya pengurangan di masa depan, namun tidak mengatasi kegagalan koordinasi.	Pemantauan emisi untuk pajak GRK artinya ada potensi biaya administrasi tinggi. Biaya untuk pajak cukai bahan bakar lebih rendah. Pendapatan pajak meningkat.	Regresif, kecuali jika disandingkan dengan kebijakan kompensasi. Dapat menyebabkan kebocoran karbon (*carbon leakage*).	Kenaikan harga yang terlalu terasa dapat menyebabkan keberterimaan rendah.
Subsidi, misalnya, *feed-in-tariff*	Bergantung pada desain, kontribusi serupa dengan meminimalkan biaya pengurangan, tetapi berisiko berpihak pada sektor tertentu.	Menargetkan dan menetapkan kelayakan dapat menimbulkan biaya administrasi yang tinggi. Peningkatan pengeluaran.	Regresif, karena mendukung mereka yang mampu menyelenggarakan kegiatan.	Pengurangan biaya dapat menghasilkan keberterimaan yang tinggi.
(b) Standar dan peraturan				
Standar kinerja, misalnya, kendaraan tanpa emisi	Efektivitas biaya bisa saja terbatas, karena biaya pengurangan tidak merata di semua sektor. Dapat mengurangi biaya pengurangan di masa depan dengan memacu inovasi.	Sertifikasi dapat meningkatkan biaya administrasi, tetapi biaya administrasi secara keseluruhan rendah. Dampak fiskal netral.	Regresif jika kepatuhan membutuhkan investasi.	Keberterimaan yang tinggi jika efek harga tersembunyi; kebutuhan investasi berbiaya tinggi dapat mengurangi keberterimaan.
Persyaratan informasi, misalnya, sertifikat efisiensi energi bangunan	Tidak membuat biaya pengurangan merata di semua sektor, tetapi dapat membantu mengarahkan atau "mendorong" perilaku konsumsi menuju alternatif rendah emisi.	Biaya administrasi rendah. Dampak fiskal netral.	Tidak ada pertimbangan distribusi dan sosial.	Keberterimaan cukup baik.
(c) Kebijakan pelengkap				
Investasi infrastruktur publik, misalnya, dalam jaringan kereta api atau listrik	Dapat mengurangi biaya pengurangan secara keseluruhan dengan mengatasi kegagalan pasar untuk barang publik atau masalah koordinasi.	Biaya administrasi moderat. Pengeluaran naik.	Tidak ada pertimbangan distribusi dan sosial jika kompatibel dengan keseimbangan fiskal.	Keberterimaan tinggi.
Kebijakan bantuan keuangan, misalnya pinjaman bersubsidi untuk renovasi atau subsidi pembelian kendaraan	Dapat menurunkan biaya pengurangan secara keseluruhan dengan mengatasi friksi keuangan dan masalah koordinasi kegagalan pasar.	Biaya administrasi moderat. Pengeluaran naik, dengan lebih besar untuk hibah dibandingkan pinjaman.	Regresif, karena mendukung mereka yang mampu menyelenggarakan kegiatan.	Keberterimaan tinggi.
Kebijakan pengadaan barang dan jasa pemerintah (mis. pengadaan kendaraan dinas berupa kendaraan listrik)	Efektivitas biaya tergantung pada area pengadaan dan detail kebijakan.	Berpotensi moderat, misalnya jika kebijakan melibatkan penambahan kriteria pengadaan.	Tidak ada pertimbangan distribusi dan sosial.	Keberterimaan berpotensi terganggu jika terdapat biaya tambahan yang substansial.

Sumber: Leidecker et al. (2023[12]) diadaptasi dari D'Arcangelo et al. (2022[13])

Mereformasi subsidi energi

Mereformasi subsidi energi dan menargetkannya kepada rumah tangga rentan juga merupakan kunci untuk mendorong transisi dari karbon. Porsi subsidi energi (listrik, bahan bakar, dan LPG) cukup besar dalam anggaran pemerintah (lihat Bab 1). Berdasarkan hukum di Indonesia, subsidi energi dimaksudkan menyasar kelompok masyarakat miskin dan rentan, namun manfaat subsidi juga diterima oleh banyak rumah tangga lain. Subsidi dikurangi pada pertengahan 2010-an, dikombinasikan dengan langkah-langkah bantuan yang menyasar rumah tangga paling rentan (Kotak 4.3). Hasilnya, kelompok masyarakat berpendapatan rendah kini menerima bagian yang lebih besar dari subsidi ini dibandingkan sebelumnya. Akan tetapi, ketepatan penargetan dapat ditingkatkan lebih jauh, karena saat ini semua desil pendapatan mendapatkan proporsi manfaat yang kurang lebih sama dari total subsidi energi (Bank Dunia, 2020[14]). Subsidi energi juga mendistorsi pilihan ekonomi, sehingga menghambat transisi energi. Peralihan dari subsidi ke bantuan tunai bersasaran dapat mengatasi masalah tersebut, serta berpotensi hemat biaya dan lebih redistributif.

Kotak 4.3. Memangkas subsidi energi sambil tetap melindungi kelompok yang paling rentan - pengalaman periode 2013-2018

Pada awal tahun 2010-an, subsidi bahan bakar menyerap lebih dari 20% belanja pemerintah, namun 40% dari manfaat subsidi justru diterima masyarakat di desil pendapatan tertinggi dan kurang dari 1% manfaat yang mencapai kelompok masyarakat di desil terendah. Subsidi bahan bakar dikurangi pada bulan Juni 2013 dan pada bulan November 2014. Pada awal 2015, jatuhnya harga minyak dunia memberikan pemerintah kesempatan untuk menghapus rezim penetapan harga bensin dan solar. Dalam sistem yang baru, harga bensin dan solar domestik dikaitkan dengan harga dunia melalui rumus semi-otomatis, dengan hanya solar yang mendapatkan subsidi tetap sebesar Rp 1.000 (pada saat itu setara USD 0,08) per liter. Pada rumus awal, anggaran 2015 mengalokasikan lebih dari 13% dari total belanja pemerintah untuk subsidi bahan bakar; di bawah sistem yang direformasi, porsi yang dibelanjakan akhirnya dipangkas menjadi 1%. Pemangkasan subsidi untuk bensin dan solar pada pertengahan 2010-an memungkinkan peningkatan substansial dalam belanja pemerintah di area lain, terutama yang terkait perlindungan sosial dan infrastruktur. "Suntikan modal" ini membantu peningkatan investasi di bidang infrastruktur, konektivitas, kedaulatan pangan, dan prioritas lain yang diidentifikasi dalam rencana pembangunan jangka menengah Indonesia.

Gambar 4.5. Subsidi bahan bakar implisit makin signifikan dalam beberapa tahun terakhir

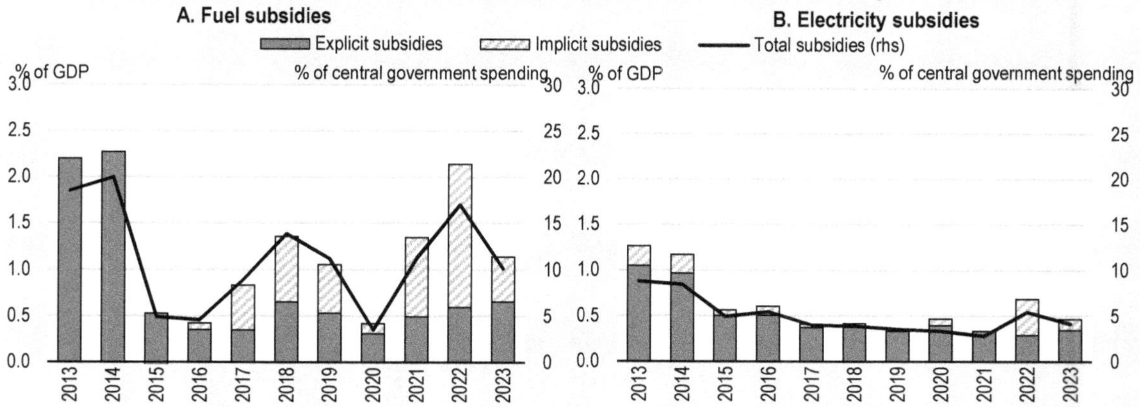

Catatan: Estimasi Bank Dunia untuk tahun 2022 dan 2023. Subsidi eksplisit adalah transfer dari pemerintah pusat ke PLN dan Pertamina untuk memasok energi dengan harga subsidi. Subsidi implisit adalah kerugian yang ditanggung kedua BUMN ketika subsidi eksplisit tidak memadai untuk menutup selisih biaya dengan harga yang ditetapkan.

Sumber: (Bank Dunia, 2020[14]) berdasarkan data statistik Kemenkeu, PT Pertamina dan PLN.

StatLink https://stat.link/p4na3u

Reformasi subsidi listrik juga telah dilakukan. Hingga tahun 2012, seluruh pelanggan listrik disubsidi; antara tahun 2012 dan 2018, sasaran subsidi secara bertahap dipersempit menjadi 40% populasi termiskin. Pada awal tahun 2024, pemerintah mengumumkan bahwa tabung LPG bersubsidi 3 kg yang biasa digunakan oleh rumah tangga pada akhirnya akan dibatasi untuk rumah tangga termiskin, melalui prapendaftaran pelanggan. Namun, hingga saat ini, subsidi LPG 3 kg masih belum tepat sasaran dan mendistorsi permintaan akan tabung LPG 5,5 kg dan 12 kg non-subsidi.

Meski demikian, sejak akhir 2010-an, telah berlaku beberapa pelonggaran dalam upaya menahan subsidi. Harga eceran bahan bakar dan listrik dimaksudkan untuk menyesuaikan rumus semi-otomatis terhadap harga minyak mentah global dan biaya listrik, tetapi pemerintah tidak secara sistematis mengikuti aturan-aturan ini: harga bahan bakar eceran nyaris tidak berubah antara tahun 2016 dan 2018 meskipun terjadi kenaikan harga minyak global. Akibatnya, biaya subsidi bahan bakar dan listrik semakin besar ditanggung oleh Pertamina dan PLN selaku BUMN bidang migas dan ketenagalistrikan Indonesia. Pada tahun 2018, subsidi implisit naik menjadi Rp 59 triliun (USD 4,2 miliar) untuk bahan bakar dan Rp 71 triliun (USD 5 miliar) untuk listrik (Bank Dunia, 2020[14]).

Mendorong dekarbonisasi pada pembangkitan listrik

Pembangkitan dan distribusi listrik di Indonesia utamanya disediakan oleh Perusahaan Listrik Negara (PLN). Pembangkitan listrik menyumbang sekitar 30% dari emisi GRK Indonesia (Gambar 4.6, Panel A). Dengan mengecualikan pengurangan emisi yang berkaitan dengan penggunaan lahan, sebagian besar pengurangan emisi dalam Rencana Umum Energi Nasional dan RAN Mitigasi dan Adaptasi Perubahan Iklim Indonesia diharapkan berasal dari penggunaan energi, terutama dari pembangkit. Beban puncak dapat meningkat tiga kali lipat antara tahun 2010 dan 2030 dalam kondisi BAU, terutama didorong oleh pendingin ruangan dan dari penerangan dan lemari es, yang kontribusinya besar (McNeil, Karali dan Letschert, 2019[15]). Ketergantungan Indonesia pada bahan bakar fosil untuk produksi listrik masih tinggi (Panel B), sementara tenaga bayu dan surya diabaikan dalam bauran pembangkit listrik pada tahun 2024. Selama sekitar satu dekade terakhir, produksi listrik berbasis batu bara meningkat pesat, produksi listrik berbasis gas juga meningkat, sementara penggunaan minyak bumi menurun (Panel C). Jika digabungkan, tenaga air, biomassa, dan panas bumi menghasilkan hampir seperlima dari total produksi listrik.

Gambar 4.6. Di Indonesia, emisi terkait energi mendominasi total emisi GRK

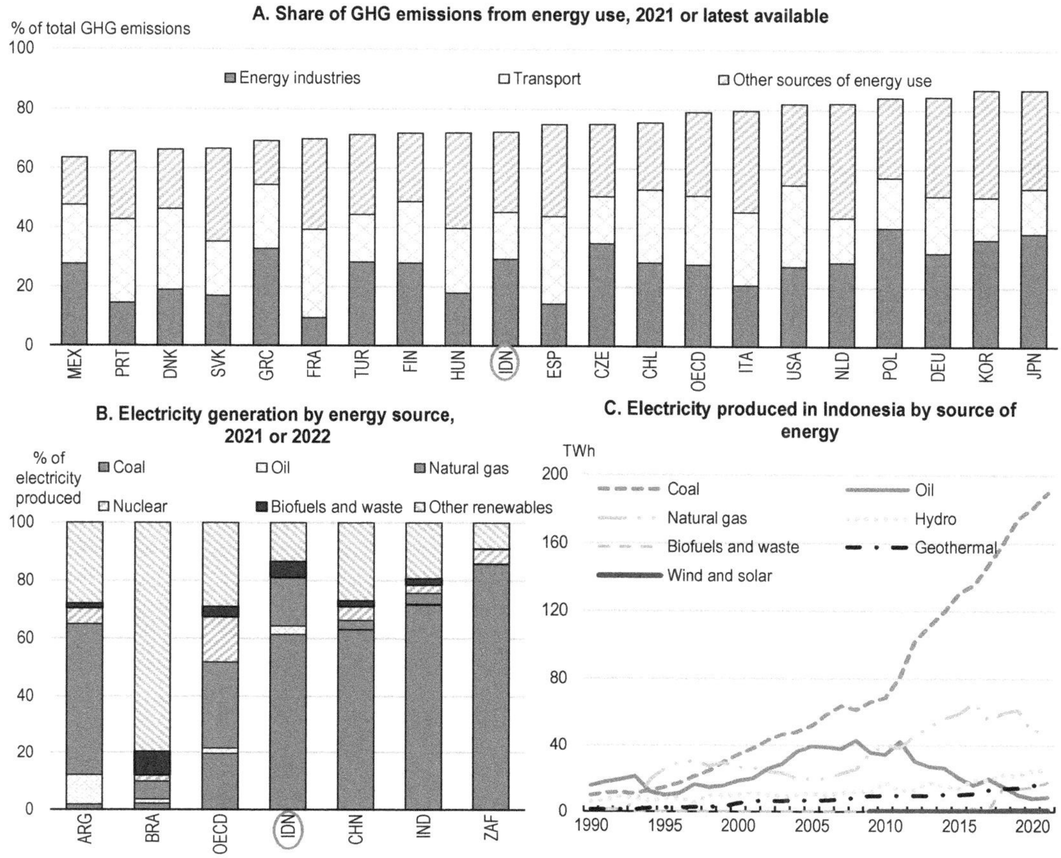

Catatan: Pada Panel A, data mengacu pada tahun 2020 untuk Cile dan Korea, serta tahun 2019 untuk Meksiko. Data Indonesia mengacu pada tahun 2022 dan berasal dari sumber nasional. Pada Panel B, energi terbarukan lainnya termasuk tenaga air, bayu, surya, panas bumi dan energi lainnya. Pada Panel C, batu bara termasuk gambut dan serpih minyak (*oil shale*) jika relevan dan tenaga air termasuk yang berasal dari PLTA pompa.
Sumber: OECD (2024), Statistik Lingkungan Hidup (basis data); IEA (2024), Informasi Ketenagalistrikan (basis data); dan Laporan Inventarisasi Gas Rumah Kaca (GRK) dan Monitoring, Pelaporan, Verifikasi (MPV) 2023, Volume 9, Januari 2024.

StatLink https://stat.link/b32vur

Analisis menunjukkan bahwa biaya ekonomi (diukur sebagai perbedaan tingkat PDB relatif terhadap PDB *baseline*) untuk mencapai transisi energi bersih di Indonesia mungkin relatif kecil. Skenario jangka panjang OECD menunjukkan bahwa pada tahun 2050, biaya mitigasi kumulatif terkait transisi energi hanya mencapai kurang dari 9% dari PDB *baseline* untuk Indonesia dan 11% dari PDB untuk wilayah pasar negara berkembang G20 (Guillemette dan Château, 2023[16]). Dalam hal pertumbuhan *output* lebih rendah, transisi yang cepat akan memiliki biaya ekonomi yang rendah dan terkonsentrasi pada tahun 2020-an. Selain itu, transisi yang lebih cepat akan menghasilkan pertumbuhan yang lebih tinggi selama beberapa dekade berikutnya (Gambar 4.7). Sebaliknya, dalam transisi yang lebih lambat, terdapat risiko target mitigasi tidak tercapai dan timbul emisi tambahan sekitar 230 juta ton CO_2 ekuivalen dari penggunaan energi s.d. tahun 2050 meskipun emisi bersih dikurangi hingga nol pada tahun 2050.

Gambar 4.7. Indonesia masih harus menempuh perjalanan panjang dalam upaya dekarbonisasi pasokan energi

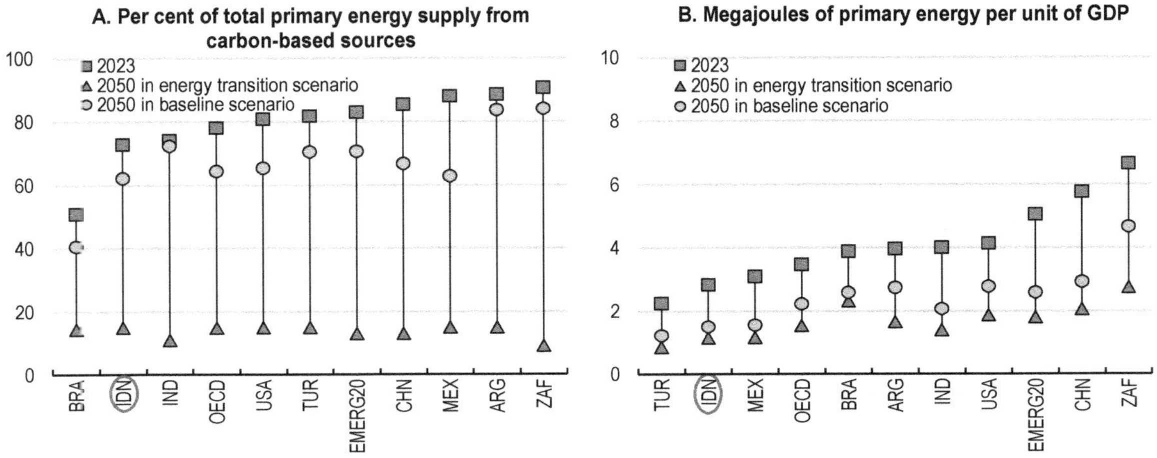

Catatan: Data berasal dari *underlying data* pada gambar 8 dan 9 pada sumber. EMERG20 mengacu pada negara-negara berkembang G20 termasuk Indonesia: (yaitu Argentina, Brasil, Tiongkok, India, Indonesia, Meksiko, Rusia, Arab Saudi, Afrika Selatan, dan Turki). Pada Panel A, sumber-sumber berbasis karbon meliputi batu bara, minyak, dan gas. Dalam skenario transisi energi, batu bara diasumsikan akan dihapus pada tahun 2050, sementara pangsa minyak dalam energi primer diasumsikan turun menjadi 5% dan gas menjadi 10%, kecuali jika pangsa tersebut sudah berada di bawah target pada awal periode proyeksi, maka pangsa tersebut akan tetap konstan. Pada Panel B, PDB dinyatakan dalam USD pada PPP 2015. Islandia tidak termasuk dalam agregat OECD, karena dianggap sebagai pencilan akibat besarnya porsi panas bumi dalam bauran energinya.
Sumber: Guillemette, Y. dan J. Château (2023), "Long-term scenarios: incorporating the energy transition", OECD Economic Policy Papers, No. 33.

StatLink https://stat.link/fl5r1h

Secara lebih luas, manfaat potensial terbesar dari aksi mitigasi iklim diperoleh dari terhapusnya distorsi kebijakan dalam negeri yang berkontribusi terhadap emisi dan hilangnya efisiensi ekonomi (*deadweight loss*). Sebagai contoh, pencabutan bertahap subsidi bahan bakar fosil yang tidak tepat sasaran akan mengurangi polusi udara dan emisi, sehingga capaian kesehatan di tingkat lokal membaik. Di sisi lain, mekanisme penetapan harga berpotensi menimbulkan dampak ekonomi yang luas terhadap rumah tangga dalam hal pekerjaan dan upah, dengan dampak terbesar pada sektor-sektor padat energi. Akan tetapi, biaya sosial dan ekonomi pajak karbon di Indonesia tidak akan terlalu besar ketimbang biaya sosial dan ekonomi akibat polusi udara dan faktor-faktor lainnya. Pembatasan dampak sosial dapat dicapai melalui penghapusan bertahap subsidi bahan bakar dan dengan memastikan rumah tangga rentan menerima dukungan memadai dengan cara-cara lain (seperti bantuan sosial rutin). Secara keseluruhan, lapangan kerja di sektor padat energi memang cukup rendah, yaitu 10% dari total lapangan kerja, meskipun angka ini lebih tinggi di daerah penghasil batu bara (Bank Dunia, 2023[17]).

Mengentikan pemanfaatan batu bara secara bertahap

Sebagai bagian dari skema *Just Energy Transition Partnership* (JETP) (Kotak 4.4), dari 250 pembangkit listrik tenaga uap (PLTU) batubara (sekitar 2% dari kapasitas listrik nasional), dua PLTU dijadwalkan pensiun dini pada tahun 2040. Jumlah PLTU yang berhenti beroperasi secara alami antara tahun 2030 dan 2040 akan bertambah, meskipun usia PLTU batu bara di Indonesia masih relatif muda. Pada tahun 2020, sekitar 60% PLTU berusia kurang dari 10 tahun dan 23% berusia lebih dari 20 tahun (IEA, 2020[18]). Manfaat sosial-ekonomi dari penutupan PLTU diperkirakan dapat mencapai empat kali lipat dari biayanya (Cui et al., 2022[19]) Akan tetapi, kemajuan yang lebih cepat dapat terhambat oleh kelompok-kelompok kepentingan yang kuat di tingkat daerah. Dalam jangka panjang, pelaksanaan retrofit PLTU batu bara dan PLTU gas agar dapat menangkap karbon atau beroperasi dengan hidrogen dapat makin mengurangi emisi dari gas alam, meskipun biayanya mungkin tinggi (IEA, 2022[4]). PLTU batubara di Indonesia menghasilkan emisi yang cukup besar, sekaligus berkontribusi terhadap kelebihan kapasitas. Margin kapasitas di Indonesia, khususnya di sistem Jawa-Bali, berkisar 57% pada tahun 2022. Angka ini melebihi margin kapasitas yang ditargetkan oleh operator (30%) dan tiga hingga empat kali lebih tinggi dari tolok ukur internasional yang dibutuhkan untuk memenuhi beban puncak dan mempertahankan margin cadangan sebesar 15%. Hasil analisis pemodelan, baik dari Kementerian ESDM maupun IEA, mengindikasikan tidak akan ada kebutuhan baru terhadap PLTU batu bara setelah proyek pembangunan PLTU yang saat ini berjalan selesai. Analisis memproyeksikan pemensiunan bertahap PLTU batu bara *unabated* (yakni yang tidak memiliki upaya bermakna untuk menurunkan emisi yang dihasilkannya selama siklus hidup PLTU) hingga tahun 2050-an. Peraturan Presiden 112/2022 mengatur percepatan pengakhiran masa operasional PLTU batu bara secara bertahap, meskipun PLTU batu bara baru masih dapat dibangun jika telah didaftarkan sebelum Peraturan Presiden terbit, atau jika memenuhi kondisi tertentu (Tabel 4.2).

Dilatari hal di atas, diperlukan penyesuaian kontrak yang secara bersamaan mengarahkan sektor energi berbahan bakar batu bara (dan gas) menuju *decommissioning/*penonaktifan (atau memanfaatkan teknologi penghilang emisi) dan memastikan bahwa pembangkit listrik beroperasi secara lebih fleksibel dengan faktor kapasitas tahunan yang lebih rendah. Pensiun dini PLTU juga dapat membantu mengurangi kelebihan kapasitas dalam sistem jika dilakukan dengan hati-hati demi menjaga kepercayaan investor (IEA-MEMR, 2022[20]). Berdasarkan asesmen mendetail terhadap neraca keuangan pembangkit, dukungan internasional perlu disediakan untuk membantu Indonesia menanggung modal yang kemungkinan tidak akan kembali atau *unrecovered capital* (IEA-MEMR, 2022[20]). Dengan Mekanisme Transisi Energi (ETM) (Kotak 4.4), ADB menawarkan bantuan keuangan untuk memfasilitasi pemensiunan dini PLTU batu bara dan satu perjanjian telah disepakati pada tahun 2023. PLTU Cirebon-1 berkapasitas 660 megawatt di Jawa Barat kemungkinan akan dipensiunkan hampir tujuh tahun lebih awal. Pada saat yang bersamaan, penambahan unit-unit bertenaga batu bara baru harus terbatas pada penggunaan teknologi yang lebih bersih (Ramdlaningrum, 2024[21]).

Kotak 4.4. *Just Energy Transition Partnerships* dan Mekanisme Transisi Energi (ETM)

Just Energy Transition Partnership

Just Energy Transition Partnerships (JETP) atau Kemitraan untuk Transisi Energi Berkeadilan adalah struktur antar-pemerintah yang bersifat plurilateral dan bertujuan mempercepat penghapusan bertahap bahan bakar fosil dan peluncuran energi terbarukan. JETP mengoordinasikan sumber daya keuangan dan bantuan teknis dari beberapa mitra ke negara penerima untuk penghapusan bertahap bahan bakar fosil. JETP pertama dengan Afrika Selatan bernilai sekitar USD 8,5 miliar dan diumumkan pada COP 26 di Glasgow pada tahun 2021. Tiga JETP lainnya telah disepakati, yaitu dengan Indonesia (USD 20 miliar), Senegal (USD 2,5 miliar), dan Vietnam (USD 15,5 miliar). Pembiayaan bersumber dari publik dan swasta, termasuk hibah, pinjaman, dan investasi. Model pendanaan seperti ini inovatif sejauh aspek "adil" dan "kemitraan" di dalamnya. Transisi energi yang "adil" harus dilaksanakan secara berkeadilan dan inklusif berkaitan dengan konsekuensi sosialnya. Pada populasi dan sektor yang terdampak, pelatihan ulang dan model bisnis alternatif yang tidak berbasis bahan bakar fosil perlu diadakan untuk tujuan itu. Penggunaan kata "kemitraan" menekankan bahwa perjanjian-perjanjian ini disesuaikan dengan kebutuhan negara penerima dan para pengambil keputusan lokal terlibat secara aktif.

Mekanisme Transisi Energi (ETM)

Energy Transition Platform (ETP) adalah platform dengan tujuan khusus yang berperan dalam pengadaan pembiayaan untuk proyek-proyek yang memenuhi syarat, yang tujuannya memensiunkan dini PLTU batubara yang ada dan mengembangkan proyek-proyek listrik terbarukan untuk menggantikan PLTU batu bara yang dipensiunkan. PT Sarana Multi Infrastruktur, sebuah BUMN, ditugaskan sebagai *Country Platform Manager* untuk mengoperasikan ETP, dibantu oleh *Guidance Committee* untuk menentukan proyek-proyek yang memenuhi syarat. ETP menyediakan fasilitas pinjaman, investasi pemerintah, penjaminan pemerintah (*sovereign guarantees*), kemitraan pemerintah dan badan usaha (KPBU), dan jenis fasilitas lainnya. Dana ETP dapat bersumber dari APBN atau dari lembaga internasional/pemerintah/multilateral, lembaga daerah, lembaga komersial atau non-komersial asing, lembaga filantropi atau dana iklim dan infrastruktur. Di bawah ETM, PLTU Cirebon-1 (660MW), yang direncanakan beroperasi hingga 2042, akan dinonaktifkan pada 2035.

Sumber: https://www.whitecase.com/insight-alert/indonesian-energy-transition-snapshot

Meningkatkan kapasitas pembangkit energi terbarukan

Tenaga surya dan bayu memiliki potensi yang cukup besar bagi Indonesia, yang fitur kepulauannya mirip dengan Yunani—di mana tenaga bayu saja menyumbang 21% dari bauran pembangkit listrik (OECD, 2020[22]). Untuk Indonesia, IEA memperkirakan peningkatan porsi energi terbarukan dalam pembangkit listrik hingga dua kali lipat pada tahun 2030 menjadi lebih dari 35%. IEA juga memproyeksikan tenaga surya dapat menyediakan sebanyak 50-60% kapasitas pembangkit listrik yang dibutuhkan untuk melayani permintaan yang jauh lebih besar pada tahun 2060 (IEA, 2022[4]). Operasionalisasi pembangkit listrik tenaga surya (PLTS) berkapasitas 10 Megawatt (MW), segera dilaksanakan di ibu kota baru, membuktikan komitmen Indonesia terhadap energi terbarukan. PLN mengumumkan rencana untuk meningkatkan kapasitas energi terbarukan sebesar 31,6 GW dari tahun 2024 hingga 2033 (Tabel 4.4). Potensi energi terbarukan lepas pantai juga cukup besar meskipun hal ini membutuhkan investasi pada infrastruktur jaringan agar terhubung ke pusat-pusat populasi. Implementasi lebih jauh dari turbin lepas pantai berkapasitas kecil dan panel surya terapung berpotensi menjadi solusi untuk daerah terpencil dan daerah dengan sedikit penduduk.

Tabel 4.4. Indonesia berencana memperluas pangsa listrik dari sumber terbarukan

	Indonesia	Singapura	Thailand	Malaysia	Filipina	Vietnam
Pangsa energi terbarukan	13,1% (2023)	4,4% (2023)	17% (2021)	19% (2021)	22,4% (2021)	30% (2021)
Target	24,2% (2030)	30% (2035)	68% (2040)	40% (2035)	35% (2030)	39% (2030)

Sumber: Kementerian Energi dan Sumber Daya Mineral Indonesia; Otoritas Pengembangan Energi Berkelanjutan (SEDA) Malaysia; Departemen Energi Republik Filipina; Otoritas Pasar Energi Singapura; Kementerian Energi Thailand, Kantor Kebijakan dan Perencanaan Energi (EPPO); Rencana Pengembangan Ketenagalistrikan Nasional/Power Development Plan 8 (PDP8) Vietnam dan IEA.

Hambatan untuk memasang kapasitas terbarukan perlu diturunkan dan sistem pengaturan tarif perlu diperbaiki. Peta jalan nol-bersih IEA untuk Indonesia (IEA, 2022[4]) menggarisbawahi perlunya prosedur perencanaan yang lebih sederhana dan pelibatan masyarakat lokal agar pengembangan kapasitas energi terbarukan dapat terfasilitasi. Kebijakan juga perlu menetapkan jalur lelang energi terbarukan yang stabil, substansial, dan berjangka waktu beberapa tahun, dengan penetapan tarif yang kompetitif dan transparan. Peraturan tarif listrik saat ini tidak berpihak pada tenaga bayu dan surya. Di bawah peraturan sebelumnya, tarif yang diterima oleh produsen dibatasi sekitar 85% dari biaya pokok produksi (BPP) PLN. Peraturan baru telah menggantikan BPP sebagai acuan dengan pagu harga tahunan yang bervariasi secara regional. Produsen listrik independen (non-PLN) mengajukan penawaran kapasitas di bawah harga pagu ini berdasarkan proses pengadaan PLN. Produsen batu bara diwajibkan memasok listrik dengan harga maksimum (USD 70 per ton untuk batu bara berkalori lebih dari 6.000 kilokalori per kilogramnya), yang juga dapat mengurangi kemampuan pembangkit listrik terbarukan untuk bersaing. Harga pembelian maksimum adalah 100% dari patokan USD 70 untuk tenaga air dan panas bumi, biomassa dan gelombang laut dan 85% dari BPP untuk tenaga surya dan bayu. Menurut sebagian besar pelaku industry, tingkat tarif saat ini terlalu rendah untuk dapat memacu pertumbuhan kapasitas energi terbarukan. Kelembagaan yang rapuh—terutama ketiadaan regulator independen dengan kompetensi teknis yang kuat—menghambat pertumbuhan partisipasi modal swasta (Asian Development Bank, 2021[23]). Persyaratan TKDN dan biaya modal yang tinggi juga menghambat investasi. Peraturan presiden tentang energi terbarukan yang telah lama diusulkan untuk mereformasi sistem tarif dan mengatasi hambatan lain dalam penerapannya belum diimplementasikan sepenuhnya (OECD, 2021[5]). Sejalan dengan reformasi berskala besar, langkah-langkah praktis yang dapat dipertimbangkan adalah mewajibkan, sejauh dimungkinkan, penggunaan energi terbarukan dalam belanja pemerintah dan investasi publik.

Investasi lebih lanjut dalam sistem ketenagalistrikan akan dibutuhkan untuk memastikan keandalan pasokan seiring dengan meningkatnya peran sumber-sumber terbarukan. *Output* dari tenaga bayu dan surya bersifat intermiten dan sangat tidak pasti, sehingga tidak dapat disalurkan (Delarue dan Morris, 2015[24]). Sepanjang sumber terbarukan belum dapat memenuhi kebutuhan terhadap tenaga listrik, maka peningkatan pembangkitan listrik dari energi terbarukan perlu ditunjang sumber lain sebagai "kapasitas penyeimbang" (*balancing capacity*), atau pendekatan pelengkap lain, termasuk penyimpanan (*storage*) (IEA, 2023[25]). Perluasan jaringan listrik juga akan membantu mengatasi masalah kapasitas penyeimbang. Lebih banyak koneksi antara jaringan listrik antarpulau di Indonesia direncanakan untuk membantu memanfaatkan potensi besar sumber energi terbarukan di banyak pulau (OECD, 2020[22]). Mengintegrasikan jaringan listrik Indonesia dengan negara-negara tetangga secara lebih baik juga akan menambah kapasitas penyeimbang dengan memperbesar jumlah pemasok energi potensial. Proyek Integrasi Tenaga Listrik Brunei Darussalam-Indonesia-Malaysia-Filipina yang baru saja diinisiasi akan melengkapi upaya-upaya yang sudah ada untuk mewujudkan Jaringan Tenaga Listrik ASEAN (ASEAN Power Grid).

Dalam jangka lebih panjang, dan di pulau-pulau yang lebih besar, meteran listrik pintar (*smart meter*) dan penetapan harga dinamis dapat turut mendorong konsumsi listrik yang lebih responsif terhadap kondisi pasokan dan mengurangi tekanan sistem serta kebutuhan untuk menyeimbangkan kapasitas (IEA, 2022[4]). Dengan teknologi nirkabel, *smart meter* memberikan informasi konsumsi listrik kepadan konsumen secara *real-time*. Sementara itu, tarif berdasarkan waktu pemakaian (*dynamic pricing*) menjadi insentif finansial untuk mengalihkan beban listrik ke waktu-waktu ketika pasokan lebih tinggi. Pada pertengahan tahun 2020, PLN meluncurkan rencana untuk memasang 79 juta *smart meter* selama tujuh tahun, meskipun peluncurannya tampaknya berjalan lebih lambat dari jadwal. Kontrak *dynamic pricing* belum diperkenalkan dan dukungan terhadap implementasinya dapat didorong oleh tagihan listrik yang disederhanakan (ACER/CEER, 2021[26]),

Mendorong manufaktur cerdas

Untuk industri Indonesia, yang selama beberapa dekade terakhir berkinerja buruk dibandingkan negara-negara lain di tingkat regional dan sektor-sektor ekonomi lainnya (Bank Dunia, 2023[17]), transisi hijau yang dikombinasikan dengan manufaktur cerdas merupakan peluang yang potensial. Produksi material dan barang menyumbang seperempat dari total emisi CO_2 nasional; untuk mencapai tujuan nol bersih dibutuhkan investasi pada teknologi rendah karbon, yang sering kali diimpor dan berpotensi berbiaya tinggi, rumit untuk dioperasikan dan dipelihara, serta belum teruji di negara-negara berkembang. Kesadaran yang lemah juga menjadi perhatian: perusahaan-perusahaan individu, terutama usaha kecil dan menengah, sering mengabaikan pentingnya penanggulangan perubahan iklim dan tidak memiliki keahlian dan pengetahuan untuk mengadopsi penghitungan emisi GRK, menetapkan target pengurangan, dan mengembangkan penyesuaian strategi untuk mencapainya. Di sisi lain, Indonesia memiliki kondisi yang kondusif untuk berpartisipasi dalam segmen-segmen utama rantai nilai global, seperti manufaktur seluler, bahan/zat aktif, penambangan dan pemurnian bahan baku, serta perakitan baterai. Indonesia telah secara signifikan meningkatkan produksi nikel berkualitas tinggi dalam beberapa tahun terakhir, membangun kekuatannya dalam melayani terutama sektor baja tahan karat.

Dalam rangka mendorong konsumen besar dari energi untuk mengadopsi praktik konsumsi yang lebih efisien, para pemangku kepentingan telah meluncurkan beberapa inisiatif. Kebijakan efisiensi energi industri yang utama adalah Peraturan Pemerintah No. 70/2009, yang mewajibkan semua perusahaan dengan konsumsi energi tahunan melampaui 6.000 ton ekuivalen minyak (TOE) untuk menunjuk manajer energi, mengembangkan rencana konservasi energi, melaksanakan audit energi, dan melaporkan konsumsi energi kepada pemerintah. Inisiatif lain adalah rencana pelaporan keberlanjutan oleh perusahaan. Akan tetapi, peraturan yang ada tidak dirancang mencakup sektor-sektor yang tidak terlalu intensif energi; padahal, peluang terbesar ada di sektor ini, yang banyak sistemnya digerakkan oleh motor listrik. Standar Kinerja Energi Minimum (SKEM/MEPS) sudah ada untuk pendingin ruangan, namun belum ada untuk motor Listrik, yang berarti terdapat peluang besar untuk perbaikan (IEA, 2021[27]). Jika Indonesia mensyaratkan tingkat efisiensi minimum IE2 untuk motor listrik, sama seperti di Tiongkok, Indonesia diperkirakan dapat menghindari hampir 2200 GWh penggunaan listrik industri pada tahun 2030. Di sektor nikel, Kementerian Perencanaan Pembangunan Nasional (Bappenas) telah memprakarsai peta jalan dekarbonisasi dengan dukungan WRI Indonesia (Bappenas, 2024[28]). Sektor makanan dan minuman, tekstil, konstruksi, perdagangan grosir dan eceran, serta peralatan listrik dan elektronik telah diidentifikasi oleh Bappenas sebagai sektor-sektor yang berpotensi untuk mengadopsi prinsip-prinsip dan praktik-praktik ekonomi sirkular. Pengembangan harga karbon pada akhirnya akan mendukung adopsi teknologi manufaktur yang lebih efisien.

Mengurangi emisi di sektor transportasi

Transportasi, yang menyumbang sekitar sepertiga dari konsumsi energi final dan sekitar seperenam dari emisi GRK, diperkirakan tumbuh pesat seiring dengan meningkatnya pendapatan per kapita dan kebutuhan mobilitas. Emisi CO_2 terkait transportasi per unit PDB dua kali lebih tinggi daripada rata-rata OECD (Gambar 4.8). Transportasi kendaraan bermotor, yang merupakan sarana transportasi utama untuk penumpang dan barang di Indonesia, akan perlu beralih ke transportasi rendah atau tanpa emisi. Selain itu, mengurangi penggunaan kendaraan berbahan bakar minyak dan solar, terutama di daerah perkotaan, penting untuk mengatasi masalah kualitas udara Indonesia (Kotak 4.5). Penghijauan armada kendaraan dapat disertai dengan inisiatif-inisiatif khusus untuk menjadikan transportasi umum lebih menarik atau transportasi jalan raya lebih efisien. Kemajuan teknologi dapat mengurangi biaya pengurangan di masa depan untuk moda transportasi yang masih sulit dalam penerapan dekarbonisasinya, termasuk kapal feri yang menyumbang 12% emisi dari transportasi penumpang di Indonesia (Kotak 4.6).

Kotak 4.5. Tantangan kualitas udara di Indonesia

Intervensi cepat diperlukan untuk menghadapi krisis kualitas udara. Indonesia secara konsisten berada di antara negara-negara berkinerja terburuk dalam Indeks Kualitas Udara (AQI). Pada Agustus 2023, polutan udara seperti debu, jelaga, dan asap di Daerah Khusus Ibukota (DKI) Jakarta mencapai 116,7 mikrogram per meter kubik, atau lebih dari 23 kali lipat ambang batas aman Organisasi Kesehatan Dunia (WHO) (ICLEI-SEAS, 2024[29]). Beberapa wilayah di DKI Jakarta telah ditetapkan sebagai Zona Rendah Emisi sejak Februari 2021, dengan sebagian besar wilayah di Jakarta ditargetkan bebas emisi pada tahun 2030.

Gambar 4.8. Terdapat ruang yang cukup luas untuk mengurangi emisi GRK dari transportasi jalan raya

Emisi CO_2 dari pembakaran per unit PDB dari jalan raya dan transportasi lainnya, 2021

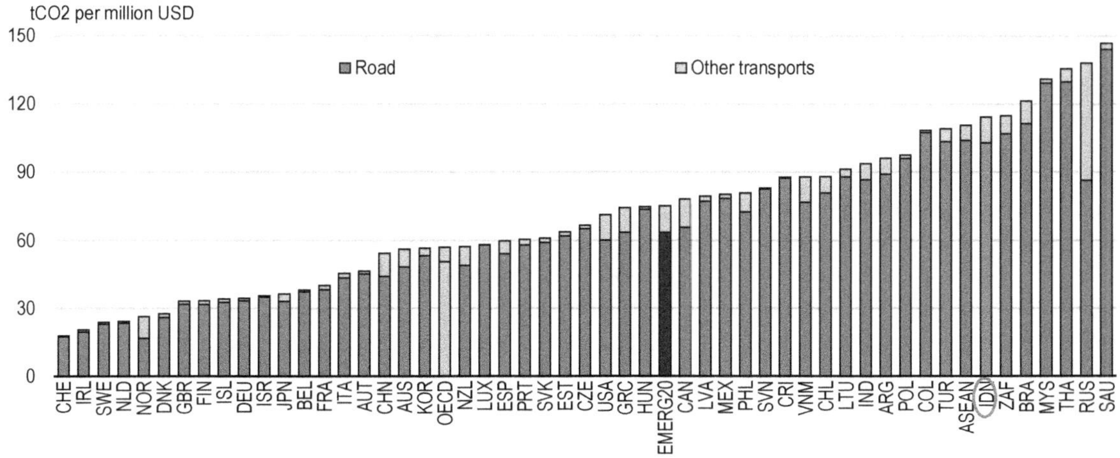

Catatan: EMERG20 mengacu pada negara-negara berkembang G20 tidak termasuk Indonesia: Argentina, Brasil, Tiongkok, India, Meksiko, Afrika Selatan, Arab Saudi, Rusia, dan Turki. ASEAN mengacu pada empat negara rekan termasuk Malaysia, Filipina, Thailand, dan Vietnam.
Sumber: IEA (2023), Emisi GRK dari energi; dan Bank Dunia (2024), World Development Indicators.

StatLink https://stat.link/s6pejc

Kotak 4.6. Mengurangi emisi sektor pelayaran tanpa meningkatkan biaya pengangkutan orang dan barang

Transportasi laut menyumbang 2,5% emisi energi global pada tahun 2020. Kapal yang dimiliki oleh warga negara Indonesia menyumbang 10,8% dari kapal di dunia, menjadikannya negara nomor satu dalam hal ini, meskipun secara bobot mati, proporsi Indonesia jauh lebih rendah (1,3%) (IEA, 2022[4]). Menggerakkan sektor ini menuju netralitas karbon menjadi tantangan karena teknologi bahan bakar yang layak untuk pengangkutan muatan curah (*bulk transport*) jarak jauh masih belum ada (UNCTAD, 2023[30]). Saat ini belum ada target pengurangan emisi dalam *enhanced* NDC Indonesia untuk sektor pelayaran domestik dan transportasi laut. Akan tetapi, berbagai langkah kebijakan telah diambil. Penggunaan biosolar dalam pelayaran didorong dengan mengimbangi selisih harga antara biosolar dan solar fosil dengan menggunakan dana yang dikumpulkan dari pungutan ekspor minyak kelapa sawit yang dikelola oleh Badan Pengelola Dana Perkebunan Kelapa Sawit (BPDPKS).

Terdapat peluang untuk melakukan elektrifikasi pada beberapa rute feri. Dari sepuluh rute feri yang paling banyak digunakan di Indonesia (yang mengangkut 74% dari seluruh penumpang feri pada tahun 2021), delapan di antaranya cocok untuk elektrifikasi (karena perjalanan relatif singkat). Sebagai contoh, elektrifikasi feri antara Jawa dan Bali dapat secara signifikan mengurangi emisi yang dihasilkan oleh 6,2 juta penumpang setiap tahunnya.

Sumber: https://seads.adb.org/solutions/indonesia-can-lead-way-ocean-based-climate-action

Beralih ke kendaraan tanpa emisi

Penghijauan armada kendaraan merupakan proses yang bertahap, terutama di negara berkembang karena rumah tangga dan dunia usaha memiliki sumber daya keuangan yang terbatas untuk berinvestasi pada kendaraan baru. Selain itu, kendaraan listrik (EV) dapat berkontribusi pada pengurangan karbon dalam perekonomian hanya jika listrik mengalami dekarbonisasi terlebih dahulu. Di Indonesia, di mana kepemilikan mobil masih tertinggal dari negara-negara ASEAN yang lebih kaya seperti Malaysia dan Thailand, pembelian mobil bekas merupakan hal yang lazim, dan mobil bekas merupakan mayoritas mobil yang beredar (McKinsey, 2021[31]). Meskipun kesenjangan harga antara mobil listrik dan mobil bermesin pembakaran baru dapat dihilangkan dalam beberapa tahun ke depan (Lutsey dan Nicholas, 2019[32]), mobil bermesin pembakaran yang bekas kemungkinan akan tetap jauh lebih murah untuk beberapa waktu ke depan.

Indonesia tertinggal dari negara-negara lain dalam mengadopsi kendaraan tanpa emisi. Baik pangsa kendaraan tanpa emisi dalam armada yang ada (Gambar 4.9) maupun registrasi baru, angka Indonesia merupakan salah satu yang terendah di G20 (Gambar 4.10). Pada tahun 2022, jumlah kendaraan listrik kurang dari 2% dari jumlah mobil baru yang beredar di Indonesia (IEA, 2023[33]). Peluncuran beberapa model hibrid mendorong peningkatan penjualan mobil listrik menjadi 5,9% pada akhir September 2023. Sebagian besar mobil listrik berada di segmen hibrid, yang didominasi oleh merek-merek Tiongkok dan Korea. Pemerintah menargetkan 2 juta mobil listrik penumpang dan 13 juta sepeda motor listrik (segmen pasar terbesar di negara ini dan menyumbang 26% dari seluruh emisi GRK transportasi) pada tahun 2030.

Gambar 4.9. Armada mobil lebih kecil dibandingkan dengan negara-negara lain di ASEAN

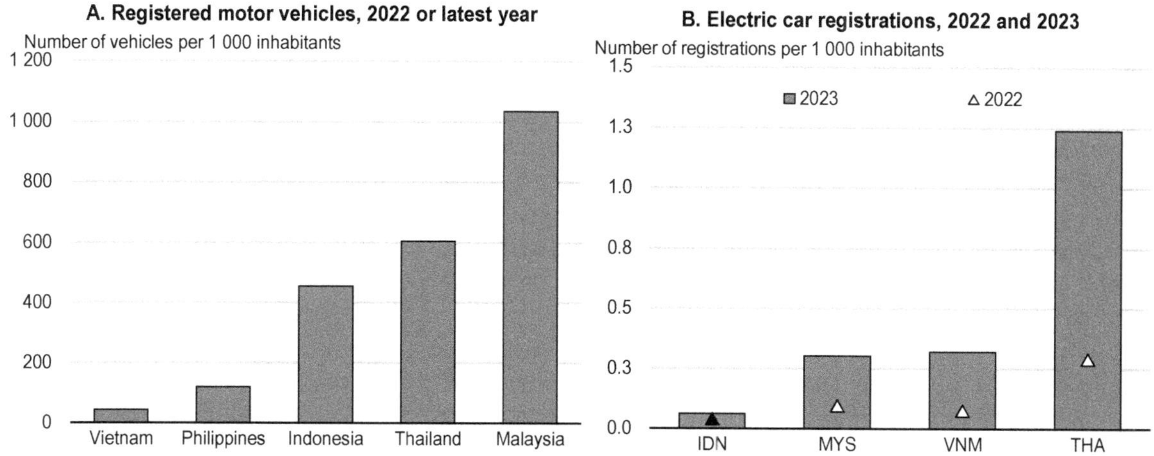

Catatan: Perhitungan OECD berdasarkan ASEAN (2024) untuk Panel A dan IEA (2024) untuk Panel B. Pada Panel A, data mengacu pada tahun 2022, kecuali Vietnam yang mengacu pada tahun 2020. Mobil listrik mengacu pada kendaraan listrik baterai (BEV) dan kendaraan listrik hibrid *plug-in* (PHEV).
Sumber: ASEAN (2024), Statistik Transportasi (basis data); IEA (2024), "Global EV Outlook 2024: Moving towards increased affordability", April; and World Bank, World Development Indicators.

StatLink https://stat.link/fynreo

Gambar 4.10. Penyebaran kendaraan listrik berjalan lambat di Indonesia

Pangsa penjualan mobil listrik

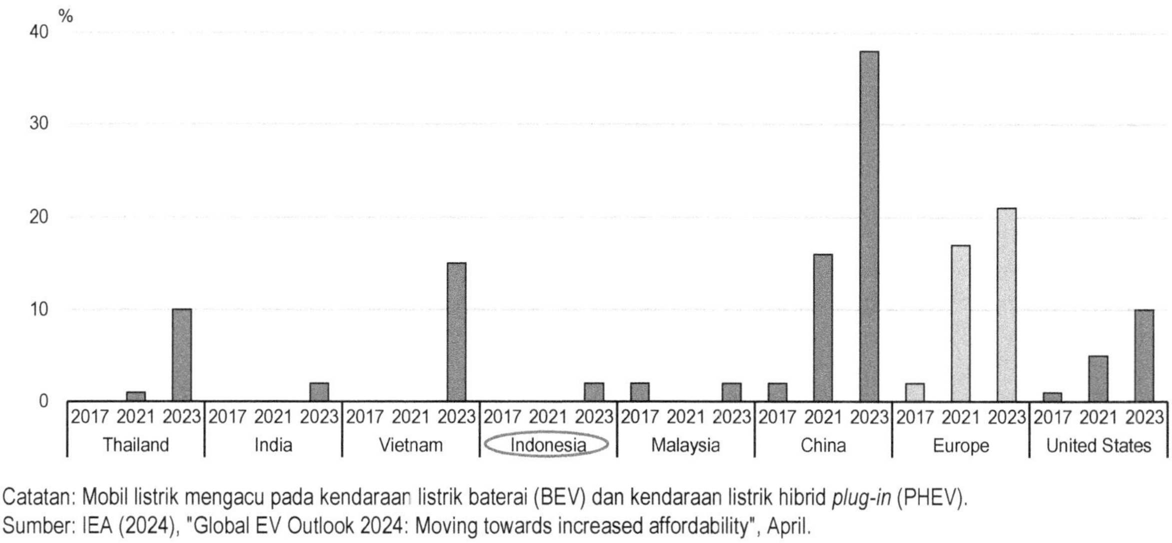

Catatan: Mobil listrik mengacu pada kendaraan listrik baterai (BEV) dan kendaraan listrik hibrid *plug-in* (PHEV).
Sumber: IEA (2024), "Global EV Outlook 2024: Moving towards increased affordability", April.

StatLink https://stat.link/obhmu3

Berbagai insentif telah diperkenalkan untuk meningkatkan penjualan mobil listrik dan produksinya di dalam negeri. Insentif pajak sejak tahun 2022 termasuk pengurangan tarif PPN untuk mobil listrik dari 11% menjadi 1% dan penghapusan pajak penjualan barang mewah. Pembebasan Uang Muka Mobil Listrik, Pajak Penjualan, dan Pajak Impor akan berakhir pada tahun 2025. Pemerintah juga menawarkan sekitar USD 500 untuk pembelian mobil listrik. Hal ini bertujuan memberikan pengurangan harga pada penjualan

200.000 sepeda motor listrik dan 35.900 mobil listrik, serta konversi 50.000 sepeda motor bermesin pembakaran menjadi sistem propulsi elektrik. Ketentuan TKDN sedang diperkenalkan sebagai prasyarat perolehan subsidi, yang perlu menyasar kendaraan ringan yang digunakan secara luas. Otoritas Jasa Keuangan (OJK) sedang memperluas cakupan Taksonomi Keuangan Berkelanjutan Indonesia untuk mencakup sektor transportasi.

Pajak yang lebih tinggi untuk kendaraan bermesin pembakaran, mungkin sebagai bagian dari insentif untuk mensubsidi pembelian kendaraan listrik dan pembelian kembali kendaraan yang lebih tua, perlu dipertimbangkan. Pajak atas pembelian kendaraan beremisi tinggi dapat disalurkan sebagai insentif pembelian kendaraan listrik (kebijakan yang disebut sebagai *feebate*). Hal ini berhasil diterapkan beberapa negara, misalnya Prancis, Thailand, dan Singapura (Wappelhorst, 2022[34]). Akan tetapi, sebagian besar rumah tangga yang membeli kendaraan listrik dan mendapatkan manfaat subsidi tadi berpenghasilan tinggi. Pemberian subsidi untuk layanan penyewaan kendaraan tanpa emisi dapat memberikan akses yang lebih baik bagi rumah tangga berpenghasilan rendah. Mensubsidi pinjaman, dan bukan memberikan hibah untuk membeli kendaraan tanpa emisi, seperti yang dilakukan di Skotlandia, dapat mengatasi kendala keuangan. Subsidi pinjaman dapat menutup biaya di muka yang tinggi untuk kendaraan listrik dan memobilisasi lebih banyak pendanaan swasta (ICCT, 2020[35]).

Pengembangan jaringan stasiun pengisian kendaraan listrik umum (SPKLU) sedang berjalan, namun masih banyak hal yang harus dilakukan. PLN telah ditunjuk untuk membangun infrastruktur SPKLU dan hendak menginvestasikan USD 1 miliar pada tahun 2030. Densitas jaringan SPKLU dapat ditingkatkan dengan memanfaatkan lebih banyak modal swasta dan memastikan dukungan pemerintah menyasar daerah-daerah di mana SPKLU tidak memiliki kelayakan komersial ataupun finansial. Langkah-langkah regulasi dapat mencakup mewajibkan stasiun pengisian bahan bakar (SPBU) atau titik strategis lain memasang sarana pengisian daya (IEA, 2021[36]). Jerman, misalnya, berencana menegosiasikan komitmen sukarela dari perusahaan pemilik SPBU agar 75% SPBU dilengkapi dengan sarana pengisian daya pada tahun 2026, dan menjadikannya kewajiban jika target tidak tercapai (Bundesregierung, 2020[37]). Model stasiun penukaran baterai sepeda motor di India juga dapat berguna di kota-kota besar di Indonesia.

Pembatasan lebih ketat atas penggunaan mobil berbahan bakar fosil di kota-kota besar dapat mendorong lebih banyak konsumen memilih kendaraan tanpa emisi. Beberapa bentuk langkah ini sedang dilakukan. Di ibu kota baru, Nusantara, kendaraan dinas rencananya menggunakan teknologi ramah lingkungan. Pemerintah DKI Jakarta menargetkan elektrifikasi bus pada tahun 2030. Rencana ini akan berkontribusi pada pengurangan emisi kendaraan sebesar 60% polusi suara sebesar 28%. Target elektrifikasi perkotaan yang serupa untuk transportasi umum dapat diterapkan di tempat lain dan diperluas ke kendaraan taksi biasa, taksi dan ojek *online*, dan sepeda motor. Menegakkan dan memperluas pembatasan berdasarkan emisi kendaraan, misalnya melalui penetapan tarif jalan, biaya kemacetan, jalur prioritas, zona bebas emisi, atau peraturan parkir, akan menambah manfaat mobil tanpa emisi. Amsterdam, Oslo, Paris, Roma, London, dan Milan berencana menghapus mobil berbahan bakar fosil secara bertahap dan memberikan diskon atau kemudahan parkir untuk kendaraan listrik (ICCT, 2020[35]).

Mendorong peralihan dari jalan raya ke kereta api

Ruang untuk memperluas transportasi kereta api antarkota cukup besar, terutama di Jawa, rumah bagi sekitar setengah dari populasi Indonesia. Jaringan kereta api yang sebagian besar merupakan jalur tunggal saat ini menyumbang sekitar 7% dari pasar penumpang non-metropolitan dan hanya sekitar 0,6% dari barang yang diangkut (Asian Development Bank, 2016[38]). Masalah utamanya adalah cakupan jaringan kereta api relatif terbatas. Ini ditambah dengan pemeliharaan yang buruk, kondisi kereta api usang, kereta yang lambat, frekuensi keterlambatan, dan ketidakamanan, yang menyebabkan ketidakpuasan pengguna dan kian menegaskan masalah struktural. Peralihan penumpang dan barang dari jalan raya ke kereta api diperkirakan mengurangi 83% emisi GRK dari transportasi antarkota.

Pengurangan transportasi jalan juga akan membantu mengatasi polusi udara, kemacetan dan kecelakaan lalu lintas, yang menurut standar global sangat tinggi (Gambar 4.11, Panel A dan B).

Perbaikan jaringan kereta api sedang berlangsung. Investasi sekitar USD 90 miliar direncanakan dalam Visi Perkeretaapian Nasional 2030 (RIPNAS, 2023[39]). Sebagian besar investasi digunakan untuk renovasi jaringan, terutama memasang jalur ganda pada jalur utama kereta api, menghidupkan kembali jalur-jalur nonaktif (terdapat sekitar 2.500 km jalur tidak terpakai, terutama di Pulau Jawa), dan mempromosikan intermodalitas. Perusahaan kereta api negara, PT Kereta Api Indonesia (PT KAI), berinvestasi pada lokomotif barang yang beroperasi dengan campuran biosolar hingga B35 (35% biosolar dan 65% bahan bakar solar). Jalur kereta api Makassar-Parepare yang baru telah mendapat dukungan kuat dari para penumpang, meskipun pengguna jasa angkutan barang masih agak berhati-hati karena konfigurasi jalur tunggal, kerentanan terhadap bahaya alam, dan harga yang tidak kompetitif (Partnership for Australia-Indonesia Research, 2022[40]). Proyek Jakarta-Bandung, yang telah beroperasi sejak akhir 2023, merupakan jalur kereta api berkecepatan tinggi pertama di Asia Tenggara. PT KAI perlu diberikan otonomi manajerial yang lebih besar, sementara hubungan antara PT KAI dan pemerintah perlu berubah, serta perlu ada fondasi bagi partisipasi swasta yang lebih luas. Mengingat hasil buruk dari lingkungan peraturan yang sangat membatasi saat ini (Gambar 4.12, Panel B), penggunaan lelang kompetitif untuk mengalokasikan kontrak layanan publik dapat mempertahankan investasi dan meningkatkan kualitas layanan (Vitale dan Terrero, 2022[41]).

Gambar 4.11. Mengurangi penggunaan mobil akan mengurangi tingkat kecelakaan dan kemacetan yang tinggi di Indonesia

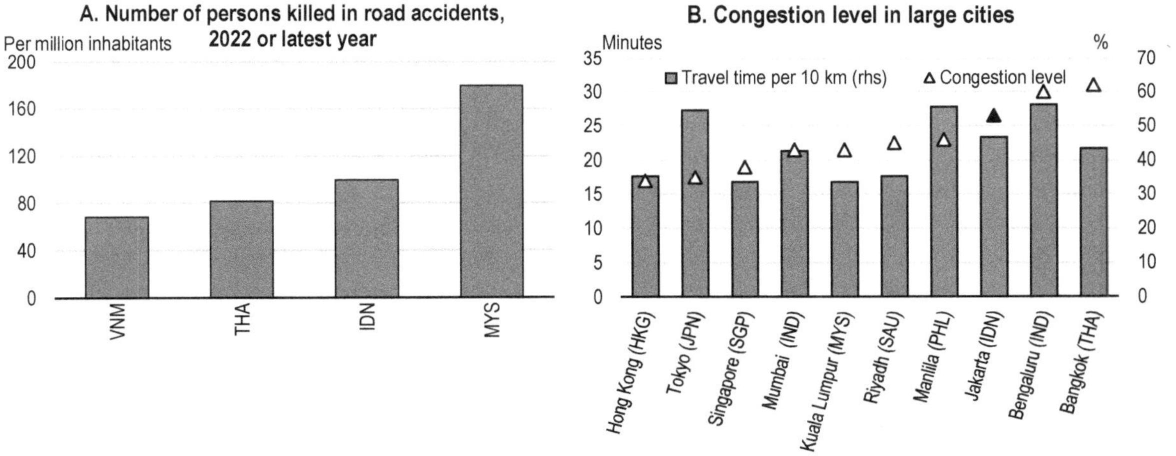

Catatan: Pada panel A, data untuk Vietnam mengacu pada tahun 2020. Pada panel B, tingkat kemacetan mengacu pada rata-rata waktu tambahan (dalam persen) yang hilang akibat kemacetan, relatif terhadap mengemudi dalam kondisi arus bebas.
Sumber: ASEAN (2024), Statistik Transportasi (basis data); Bank Dunia (2024), World Development Indicators; dan TomTom Traffic Index 2023.

StatLink https://stat.link/f267w1

Gambar 4.12. Investasi lebih besar pada transportasi rel akan membuat kereta api lebih menarik

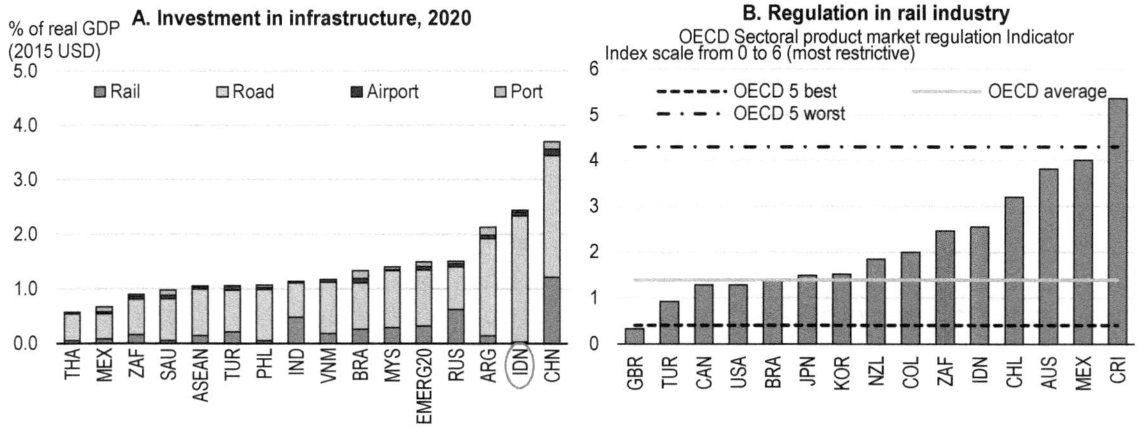

Catatan: ASEAN mengacu pada empat negara rekan termasuk Malaysia, Filipina, Thailand, dan Vietnam. EMERG20 mengacu pada negara-negara berkembang G20 tidak termasuk Indonesia: Argentina, Brasil, Tiongkok, India, Meksiko, Afrika Selatan, Arab Saudi, dan Turki. Pada Panel B, informasi mengacu pada undang-undang dan peraturan yang berlaku pada tanggal 1 Mei 2024.
Sumber: Global Infrastructure Hub Infrastructure Monitor dan basis data PMR OECD 2023-2024.

StatLink https://stat.link/ny7sua

Memperbaiki sistem transportasi umum

Dengan menjadikan perjalanan menggunakan transportasi umum lebih menarik, terutama di daerah perkotaan, penggunaan mobil dapat turut berkurang. Di Indonesia, banyak orang lebih memilih bepergian dengan mobil karena transportasi umum yang lambat, tidak mencakup seluruh perjalanan, atau mengharuskan pengguna berganti-ganti moda transportasi. Hampir 50% penumpang perempuan pernah mengalami pelecehan seksual di transportasi umum, menjadikan moda ini makin tidak menarik (Asian Development Bank, 2023[42]). Di daerah-daerah utama metropolitan, pangsa moda transportasi umum bisa serendah 3% (Asia Development Bank, 2016[38]). Preferensi yang kuat terhadap mobil (atau sepeda motor) mencerminkan bias kebijakan terhadap mobilitas individu yang menyumbang terhadap kinerja buruk Indonesia dalam hal keselamatan jalan, cedera, dan kematian (WHO, 2023[43]). Terdapat ruang untuk berinvestasi lebih lanjut pada transportasi perkotaan, meskipun sumber daya yang terbatas memerlukan analisis biaya-manfaat yang baik.

Terdapat peluang untuk membuat berbagai moda transportasi umum bekerja sama secara lebih mulus dengan teknologi digital, misalnya dengan mengkampanyekan *Mobility-as-a-Service* atau menawarkan tiket terintegrasi dan moda transportasi bersama seperti taksi-bus *on-demand* untuk menjangkau jarak tempuh terakhir (ITF, 2017[44]). Penggabungan transportasi umum yang lebih baik dalam perencanaan pembangunan kota akan membuat penggunaan transportasi umum menjadi lebih murah, yakni mendekatkan terminal dengan tempat tinggal, tempat kerja, dan tempat berbelanja (ITF, 2021[45]). Transportasi tidak bermotor (seperti berjalan kaki dan bersepeda) dapat didorong melalui perubahan peraturan tata guna lahan, investasi pada aksesibilitas pejalan kaki (*walkability*) dan jalur khusus pejalan kaki, serta kampanye kesadaran publik. Diperlukan dorongan kebijakan terpadu agar transportasi umum dapat meraih jumlah pengguna yang cukup besar untuk menghasilkan perubahan.

Beralih ke penggunaan energi yang lebih bersih di rumah tangga dan menjadikan bangunan makin hemat energi

Bangunan dan kegiatan domestik terkait bangunan menyumbang 19,5% konsumsi energi di Indonesia, sebagian besar dalam bentuk memasak dan memanaskan air (IEA, 2021[46]). Berkat kemajuan dalam perluasan elektrifikasi (peralihan ke penerangan listrik dapat dikatakan sudah selesai), sebagian besar emisi dari penerangan dengan minyak tanah dan bahan bakar yang mudah terbakar lainnya telah dihapuskan selama dekade terakhir. Menurut survei sosial-ekonomi tahunan terbaru, hanya 0,8% rumah tangga yang melaporkan masih menggunakan sumber non-listrik sebagai sumber penerangan utama (BPS, 2022[47]).

Selain itu, sebagian besar rumah tangga saat ini menggunakan gas alam cair (LPG) dan bukan biomassa (umumnya kayu) untuk memasak. Dibandingkan LPG, emisi dari biomassa adalah beberapa kali lipat per unit panas lebih tinggi. Peralihan dari biomassa dalam memasak membawa manfaat lain (termasuk penurunan paparan asap pembakaran dan penghematan waktu karena tidak perlu mengumpulkan bahan bakar), terutama bagi perempuan dan anak-anak, yang secara tradisional melakukan sebagian besar pekerjaan rumah tangga. Program konversi minyak tanah ke LPG di Indonesia yang berlangsung dari tahun 2007 hingga 2012 telah mendorong peralihan yang signifikan ke LPG (lihat Kotak 4.6). Pada tahun 2021, hampir 85% rumah tangga di Indonesia menggunakan LPG sebagai bahan bakar utama untuk memasak (BPS, 2022[47]). Meskipun demikian, pada tahun 2022, sekitar 41 juta penduduk Indonesia masih belum memiliki akses ke sarana memasak yang rendah emisi atau *clean cooking* (IEA, 2023). Indonesia merupakan pendukung dan kontributor utama dalam diskusi global tentang *clean cooking*. Indonesia terlibat dalam dialog kebijakan internasional tingkat tinggi (seperti melalui Platform Aksi Kesehatan dan Energi dan Inisiatif yang didukung G20 tentang Memasak Bersih dan Akses Energi) serta program penelitian dan inovasi (melalui Modern Energy Cooking Services dan Clean Cooking Alliance).

Kotak 4.7. Program konversi minyak tanah ke LPG di Indonesia (2007-2012)

Program konversi minyak tanah ke LPG untuk memasak di Indonesia antara tahun 2007 dan 2012 diakui keberhasilannya secara luas. Sebagai bagian dari program subsidi bahan bakar dan reformasi energi, pemerintah mendukung sektor gas propana cair, termasuk pembuatan tabung LPG yang lebih kecil. Pemerintah juga melakukan kampanye peningkatan kesadaran dan memberikan subsidi yang menargetkan konsumen miskin. Hasilnya, 50 juta rumah tangga yang mayoritas memasak dengan kayu bakar beralih ke LPG selama lima tahun program ini berlangsung.

Memastikan bangunan terinsulasi dari panas secara lebih baik akan semakin penting seiring dengan perubahan iklim. Merenovasi bangunan tempat tinggal yang sudah ada dan meningkatkan efisiensi energi pada perumahan baru juga akan mengurangi tagihan energi rumah tangga dan tingginya angka kemiskinan energi. UU No. 36/2005 memperkenalkan langkah-langkah konservasi energi wajib untuk bangunan dengan luas lebih dari 500 m^2. Langkah-langkah ini termasuk audit energi wajib dan persiapan rencana dan laporan konservasi energi. Revisi undang-undang selanjutnya telah memperluas kewajiban tersebut untuk bangunan yang lebih kompleks (termasuk perkantoran, fasilitas industri, dan bangunan dengan konsumsi lebih dari 6.000 ton ekuivalen minyak per tahun).

Terdapat ruang untuk memperluas aksi efisiensi energi pada bangunan yang sudah ada. Sebagian besar kebijakan, seperti Pedoman Teknis Penyelenggaraan Bangunan Gedung Hijau, berlaku untuk bangunan baru dan dapat diperluas ke bangunan komersial yang sudah ada/retrofit yang saat ini hanya memerlukan audit dan menerapkan persyaratan hijau jika memungkinkan. Sektor publik, yang memiliki 22% dari total bangunan, harus mendorong upaya investasi efisiensi energi. Hal ini dapat memotivasi kepatuhan yang lebih tinggi terhadap peraturan di antara para pemilik gedung di sektor swasta. Perkotaan dan daerah juga dapat merencanakan langkah ke depan dengan menciptakan visi bersama untuk pemangku kepentingan pemerintah dan swasta, menyusun kerangka kerja peraturan yang efektif untuk mengurangi karbon pada bangunan, serta memperkenalkan skema pemantauan dan evaluasi untuk hasil-hasil kebijakan (OECD, 2022[48]).

Hambatan berinvestasi dalam melakukan renovasi untuk penghematan energi perlu diatasi. Tantangan terkait akses pembiayaan dapat dijawab dengan skema pinjaman yang pengembaliannya dilakukan melalui tagihan energi (*on-bill*). Rumah tangga yang lebih miskin dapat dibantu melalui hibah. Persetujuan renovasi bisa jadi lebih mudah jika biaya-biaya di muka sepenuhnya dibiayai oleh penghematan energi di masa depan (Nita, 2023[49]). Selain itu, mungkin ada ruang untuk mendukung renovasi lebih lanjut pada bangunan multi-pemilik dengan mengubah pengaturan yang berlaku, misalnya untuk mendorong pengambilan keputusan berdasarkan suara mayoritas dan penggunaan meteran listrik individu (Edwards, 2020[50]). Perusahaan layanan energi dapat memberikan pembiayaan kepada pemilik bangunan komersial dengan proyek renovasi yang lebih besar, di mana penghematannya cukup tinggi untuk membayar kembali biaya penyediaan layanan ini (Nita, 2023[49]). Insentif umum untuk renovasi hemat energi dapat berupa kebijakan pajak, misalnya dengan mengurangi tarif Pajak Bumi dan Bangunan (PBB) untuk bangunan yang memenuhi kriteria efisiensi energi tertentu. Selain itu, kampanye informasi dapat membantu mengatasi kurangnya kesadaran atau keraguan akan peluang dan manfaat retrofit.

Mengurangi emisi dan melindungi ekosistem dalam penggunaan lahan dan laut

Sektor pertanian di Indonesia menghasilkan emisi GRK, namun juga memiliki kapasitas yang cukup besar sebagai penyerap karbon. Emisi yang dihasilkan termasuk, misalnya, emisi metana dari penanaman padi. Sementara itu, kapasitas Indonesia sebagai penyerap karbon dihambat oleh deforestasi dan degradasi lahan gambut akibat kebakaran. Seperti yang ditunjukkan di atas (Gambar 4.2), beberapa tahun terakhir ini terjadi penurunan kontribusi emisi dari kebakaran lahan gambut dan deforestasi. Laju deforestasi merupakan yang terendah dalam 20 tahun terakhir. Hal ini merupakan tanda keberhasilan kebijakan. Sebagai contoh upaya kebijakan, Bappenas menyatakan lahan yang dicadangkan untuk perhutanan sosial telah meningkat sepuluh kali lipat dari 500.000 hektar pada tahun 2014 menjadi 5 juta hektar pada tahun 2023.

Untuk mencapai tujuan FOLU (*Forestry and Other Land Use*) *Net Sink* 2030, kebijakan bertujuan mengurangi deforestasi, meningkatkan reboisasi, dan mendorong pengelolaan lahan gambut yang berkelanjutan. Restorasi 2 juta hektar lahan gambut dan rehabilitasi 12 juta hektar lahan terdegradasi telah direncanakan. Upaya ini bertumpu pada Proyek Lanskap Berkelanjutan, sebuah inisiatif kolaboratif yang melibatkan Bappenas, Kementerian Lingkungan Hidup dan Kehutanan, Lembaga Administrasi Negara (LAN), dan Badan Pengelolaa Dana Lingkungan Hidup (BPDLH). Namun, seperti halnya kebijakan penggunaan lahan di negara lain, melaksanakan perubahan sesuai rencana dan memastikan bimplementasinya berkelanjutan tidak mudah. Untuk mengatasi deforestasi ilegal juga dibutuhkan kejelasan tentang hak-hak atas tanah dan penegakan hukum yang kuat (OECD, 2019[51]).

Indonesia merupakan salah satu negara terpenting di dunia dalam mitigasi perubahan iklim berbasis laut. Indonesia merupakan negara kepulauan terbesar di dunia, dengan luas wilayah lepas pantai tiga kali lipat dari luas daratannya. Dengan garis pantai yang panjang dan populasi penduduk pesisir Indonesia yang besar, kenaikan permukaan air laut dan erosi garis pantai akan membuat beberapa wilayah pesisir, termasuk Jakarta, tidak layak dihuni atau berkegiatan usaha dan merusak infrastruktur yang ada. Lebih dari seperlima garis pantai Indonesia rentan terhadap kenaikan permukaan air laut setinggi 1 meter - dengan perkiraan berkisar antara 0,2 meter hingga 2 meter pada tahun 2100.

Kebijakan kelautan Indonesia dan kegiatan terkait lainnya dapat dikembangkan lebih lanjut. NDC Indonesia mencakup langkah-langkah terkait kelautan, yaitu karbon biru, energi terbarukan lepas pantai, dan pelayaran. Akan tetapi, masih ada ruang peningkatan. Sebagai contoh, pelaporan mengenai kerusakan hutan bakau sudah dicakup dalam pelaporan NDC, tetapi degradasi padang lamun belum termasuk dalam pelaporan NDC (Climateworks Centre, 2023[52]).

Mempersiapkan pekerja untuk ekonomi hijau

Upaya dekarbonisasi di Indonesia akan membawa perubahan ekonomi yang besar pada beberapa sektor dan wilayah, dengan implikasi positif dan negatif bagi pekerja. Hal ini mungkin memerlukan intervensi kebijakan agar penyesuaian berjalan lancar (OECD, 2024[53]). Tidak semua pekerja akan memiliki keterampilan bertransisi ke pekerjaan baru. Di daerah tertentu, kehilangan pekerjaan dalam jumlah besar akibat kebijakan perubahan iklim (misalnya, penutupan tambang batu bara) mungkin memerlukan intervensi penyeimbang untuk menghindari pengangguran jangka panjang dan biaya sosial-ekonomi. Sementara itu, di tempat lain, permintaan tembaga dan nikel dapat meningkatkan kesempatan kerja. Dalam keadaan tertentu, intervensi kebijakan dapat memfasilitasi transisi pekerja ke pekerjaan "hijau"; kecuali mereka yang pekerjaannya sangat terotomatisasi, dan mungkin perlu diberikan keterampilan baru (*re-skilling*) yang lebih luas (Fankhaeser, Sehlleier and Stern, 2008[1]). Sebuah simulasi yang dilakukan terhadap Indonesia menggambarkan bahwa transisi energi global akan mengakibatkan hilangnya lapangan kerja yang terkonsentrasi pada rantai nilai bahan bakar fosil (yaitu, terkait batu bara), sementara peningkatan lapangan kerja akan terjadi di berbagai sektor seperti listrik dan gas, konstruksi, dan pertambangan logam (OECD, 2024[55]). Dengan menggunakan skenario investasi JETP saat ini, tambahan kapasitas pembangkit listrik terbarukan sebesar 52,2 GW dan infrastruktur transmisi senilai sekitar 19,7 miliar dolar AS akan dibangun, yang diperkirakan membuka 383.000 lapangan pekerjaan antara tahun 2023-30 (JETP Indonesia, 2023[56]).

Perubahan iklim dapat berdampak negatif pada berbagai sektor di luar energi dan sumber daya alam (Gambar 4.13). Sebagai contoh, peralihan ke kendaraan tanpa emisi akan berdampak pada sektor reparasi kendaraan bermotor. Sebagian besar pekerja Indonesia di industri tersebut akan membutuhkan *re-skilling* dan beralih ke peluang kerja baru. Banyaknya jumlah pekerja wiraswasta atau pekerja di perusahaan-perusahaan kecil di Indonesia akan membutuhkan dukungan khusus. Cuaca yang ekstrem dan kurang dapat diprediksi dapat mengubah pola pariwisata, sehingga menimbulkan perubahan struktural lebih lanjut.

Gambar 4.13. Perubahan iklim merupakan tantangan bagi para pekerja, tetapi transisi hijau membuka peluang baru

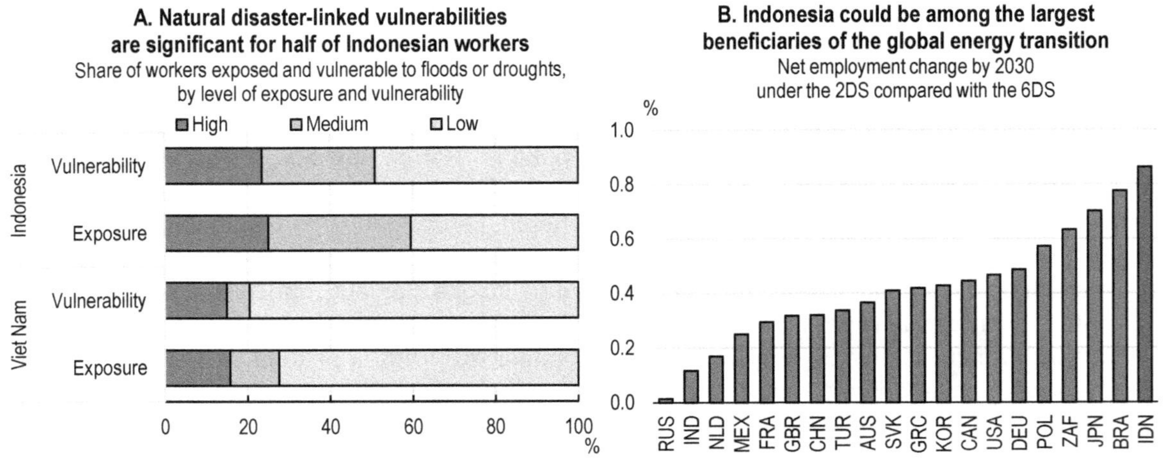

Catatan: Pada Panel B, simulasi ini membandingkan skenario emisi "*business-as-usual*" (disebut sebagai skenario 6 derajat - 6DS) dengan skenario "pembangunan berkelanjutan" (disebut sebagai skenario 2 derajat - 2DS) pada tahun 2030. Skenario pertama harus ditafsirkan sebagai jalur yang sangat pesimis, di mana emisi CO2 mencapai 44 gigaton secara global pada tahun 2030. Dalam skenario ini, suhu rata-rata global akan meningkat sekitar 5,5°C pada tahun 2050 dan kemudian stabil di sekitar 4°C pada tahun 2100. Skenario kedua adalah "pembangunan berkelanjutan" atau 2DS. Skenario ini terdiri dari jalur hipotesis di mana terdapat setidaknya 50% kemungkinan bahwa suhu rata-rata global tidak akan meningkat lebih dari 2°C dibandingkan dengan tingkat pra-industri. Hal ini berarti mengurangi 34 gigaton emisi CO2 yang terekam secara global pada tahun 2019 menjadi 27 gigaton pada tahun 2030, yang berarti 39% lebih rendah daripada 6DS.
Sumber: OECD (2024), Towards Greener and More Inclusive Societies in Southeast Asia, Development Centre Studies.

StatLink https://stat.link/t76wyi

Untuk mengurangi konsekuensi sosial yang merugikan dari transisi energi, para pembuat kebijakan harus memberikan dukungan sejak dini sebelum terjadi PHK, menerapkan langkah-langkah perlindungan sosial, dan berinvestasi pada pembangunan lokal untuk daerah-daerah yang terdampak negatif, yang efeknya bergantung pada pilihan kebijakan, bauran industri, dan keterampilan pekerja. Hal ini menggarisbawahi pentingnya pengembangan kapasitas dan efektivitas kebijakan pasar tenaga kerja aktif (ALMP) secara lebih lanjut, khususnya untuk mengembangkan keterampilan ramah lingkungan, yang saat ini masih kurang, dan menyediakan fungsi dukungan sosial seperti perencanaan karier, penempatan kerja, peningkatan keterampilan (*up-skilling*) dan *re-skilling*, serta bantuan keuangan. Indonesia telah memiliki sistem yang menyediakan jenis-jenis dukungan untuk mendorong pencarian pekerjaan. Misalnya, program Kartu Prakerja, yang merupakan pengembangan kompetensi yang menggabungkan bantuan sosial sementara dengan pengembangan keterampilan untuk membantu pekerja yang terkena PHK dan pencari kerja (OECD, 2024[55]). Dengan demikian, bagian dari solusi kebijakan adalah memastikan ALMP yang ada saat ini memiliki kapasitas untuk transisi hijau. Penyusunan Peta Jalan Pengembangan Sumber Daya Manusia yang Mendukung *Green Jobs* yang sedang berlangsung memberi peluang unik untuk memastikan koherensi kebijakan dalam intervensi pemerintah.

Beradaptasi dengan perubahan iklim

Upaya adaptasi membantu menurunkan kerentanan di masa sekarang dan mendatang serta mengurangi paparan terhadap dampak sosial, ekonomi, dan lingkungan akibat perubahan iklim, termasuk cuaca ekstrem yang terjadi secara perlahan dan tiba-tiba. Untuk membantu negara-negara membangun ketahanan, *Recommendation on the Governance of Critical Risks* OECD (2014[57]) menyerukan kepada pemerintah untuk mengidentifikasi dan menilai risiko dengan mempertimbangkan keterkaitan, investasi lebih besar dalam pencegahan risiko, mengembangkan kapasitas yang fleksibel untuk kesiapsiagaan, penanggulangan dan pemulihan, serta membangun sistem manajemen risiko yang transparan dan akuntabel.

Meningkatkan manajemen risiko bencana adalah prioritas

Indonesia rentan terhadap berbagai bahaya alam, termasuk namun tidak terbatas pada bahaya terkait cuaca. Indonesia terletak di "Cincin Api" Pasifik, salah satu zona yang paling rentan terhadap fenomena pergerakan lempeng tektonik; letusan gunung berapi, gempa bumi, dan tsunami. Dua bencana alam paling dahsyat dalam sejarah manusia—letusan Gunung Tambora pada tahun 1815 dan tsunami Samudra Hindia pada tahun 2004—terjadi di Indonesia. Indonesia memiliki 76 gunung berapi aktif. Meski demikian, lebih dari 90% bencana yang tercatat bersifat hidrometeorologis, termasuk banjir, tanah longsor, angin kencang, kekeringan, dan angin topan (Gambar 4.14) dan kerugian ekonomi yang diakibatkannya cukup besar (Gambar 4.15).

Kebakaran hutan menghadirkan tantangan tersendiri. Selama beberapa hari pada tahun 2015, emisi karbon dioksida yang ditimbulkan kebakaran hutan di Indonesia lebih tinggi dibandingkan dengan emisi dari seluruh perekonomian Amerika Serikat. Peristiwa ini juga diperkirakan menyebabkan kerugian ekonomi sebesar lebih dari USD 16 miliar, dengan lebih dari 100.000 kematian dini (Edwards, 2020[50]). Peristiwa El Niño menjelaskan sebagian besar variasi kebakaran dari tahun ke tahun, tetapi variasi di tingkat desa dapat dijelaskan oleh keterpencilan, pembangunan, dan praktik pembakaran untuk membuka lahan sebelum menanam tanaman dalam bercocok tanam tradisional. Urbanisasi dan pertumbuhan penduduk telah meningkatkan paparan terhadap hari panas yang ekstrem. Indonesia termasuk salah satu negara dengan perubahan curah hujan tahunan tertinggi yang diamati, yang menyebabkan bagian utara menjadi lebih basah dan bagian selatan lebih kering. Sejak tahun 1990-an, kenaikan permukaan air laut relatif rata-rata naik sekitar 4,97 milimeter per tahun, merisikokan 175 juta orang yang tinggal di pesisir pantai (70% dari total populasi) (OECD, akan terbit[58]).

Ketahanan iklim telah diidentifikasi sebagai tujuan penting oleh pemerintah pusat dan merupakan salah satu pilar Rencana Pembangunan Jangka Panjang Nasional (RPJPN) 2025-2045 yang baru, terutama dengan membangun infrastruktur untuk mengurangi risiko bencana. Badan Nasional Penanggulangan Bencana (BNPB) (didirikan pada tahun 2008) mengoordinasi kementerian dan lembaga terkait di semua tahap penanggulangan bencana: kesiapsiagaan pra-bencana, tanggap darurat, pemulihan pasca-bencana, dan mekanisme pengalihan risiko. Anggaran BNPB telah meningkat sejak akhir tahun 2010. Pendekatan proaktif Indonesia terhadap penanggulangan risiko bencana mencerminkan komitmen untuk melindungi masyarakat dan aset-asetnya dari bencana yang tidak dapat diprediksi (Tabel 4.5). Pendekatan holistik dan berbasis data ini memastikan bahwa Indonesia lebih siap menghadapi tantangan di masa depan, sehingga meminimalkan dampak ekonomi dan sosial dari bencana. Namun demikian, masih terdapat ruang untuk meningkatkan beberapa aspek dari sistem manajemen bencana. Secara khusus, (Juwitasari, 2022[59]) menunjukkan perlunya meningkatkan densitas jaringan sistem peringatan dini (EWS) di Indonesia sehingga setidaknya ada satu stasiun di setiap 50 hingga 100 kilometer. Ada juga kebutuhan akan data yang tersedia lebih tepat waktu, terstandardisasi, dan dapat diperbandingkan mengenai risiko, kejadian, dampak, dan pembiayaan terkait bencana dan penanggulangan bencana (OECD, akan terbit[58]).

Infrastruktur publik dan perumahan perlu beradaptasi lebih baik terhadap peristiwa cuaca ekstrem terkait iklim (OECD, 2018[60]). Seiring dengan meningkatnya kesejahteraan penduduk, ditambah dengan meningkatnya suhu, penggunaan pendingin ruangan dan peralatan rumah tangga lainnya akan naik (CMCC, 2022[61]). Evaluasi lebih awal terhadap potensi dampak perubahan iklim dalam desain dan pemilihan proyek infrastruktur publik dapat mengurangi biaya jangka panjang dari peningkatan emisi. Langkah-langkah tambahan dapat menyertakan masalah adaptasi ke dalam perencanaan infrastruktur dan prosedur pengadaan (OECD, 2018[60]).

Tabel 4.5. Inisiatif utama dalam penanggulangan risiko bencana

Implementasi *Pooling Fund* Bencana (PFB)	Sesuai dengan Peraturan Presiden Nomor 75 Tahun 2021, Indonesia telah membentuk dana tabungan bencana, yang sebagian besar bersumber dari Anggaran Pendapatan dan Belanja Negara (APBN) dan Anggaran Pendapatan dan Belanja Daerah (APBD). Dana ini dirancang untuk meningkatkan ketahanan fiskal terhadap risiko bencana.
Mekanisme Pengalihan Risiko	Untuk meningkatkan perlindungan terhadap kerugian akibat bencana, Indonesia menerapkan strategi pengalihan risiko melalui pembelian asuransi dan instrumen keuangan lainnya.
Alokasi Dana Cadangan Bencana	Setiap tahun, APBN mengalokasikan sebagian dana cadangan bencana untuk retensi risiko. Dengan memiliki dana cadangan dan meningkatkan manfaat dana tersebut, pemerintah dapat memberi bantuan dengan segera dan mendukung upaya pemulihan.
Pengembangan Pemodelan Risiko oleh DJPPR	Kementerian Keuangan, melalui Direktorat Jenderal Pengelolaan Pembiayaan dan Risiko (DJPPR), sedang mengembangkan model-model untuk memahami dan mengelola risiko bencana dengan lebih baik. Keluaran dari model-model tersebut, termasuk Kemungkinan Kerugian Maksimum (*Maximum Possible Loss*/MPL) dan Kerugian Tahunan Rata-Rata (*Average Annual Loss*/AAL), digunakan untuk menargetkan strategi pengelolaan risiko bencana yang lebih baik di tingkat daerah.
Merumuskan Pembiayaan Risiko Bencana	Berdasarkan hasil pemodelan risiko, Kementerian Keuangan (melalui DJPPR) sedang mengembangkan strategi pembiayaan risiko bencana yang komprehensif. Strategi ini akan mencakup peta jalan implementasi yang terperinci.

Gambar 4.14. Banjir adalah peristiwa terkait iklim yang paling sering terjadi

Peristiwa terkait iklim berdasarkan jenis dan tren, 2000-23

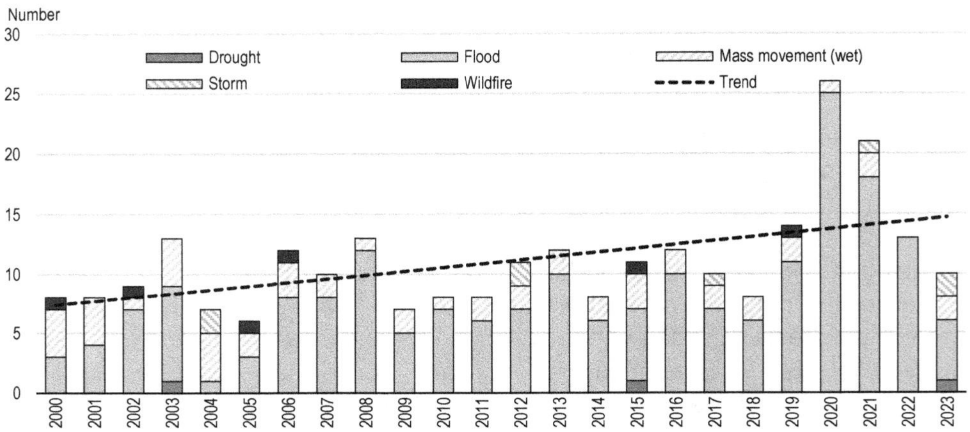

Catatan: Berdasarkan CRED/UCLouvain (2024), Basis Data Bencana Internasional (EM-DAT, www.emdat.be).
Sumber: OECD, "Adapting infrastructure to changing climatic conditions: The case of Indonesia", OECD Environment Policy Papers (akan terbit).

StatLink https://stat.link/7lbjzc

Gambar 4.15. Cuaca ekstrem dan peristiwa terkait iklim merugikan perekonomian

Perkiraan kerugian kumulatif per seribu unit PDB antara tahun 1980 dan 2023

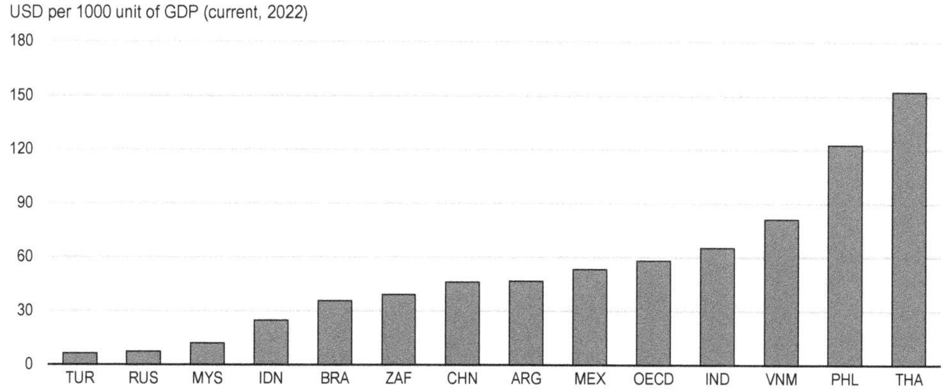

Catatan: Data kerugian kumulatif berdasarkan bencana klimatologis, meteorologis, dan hidrologis. Angka-angka tersebut bervariasi sesuai dengan proporsi kerusakan yang diasuransikan dan oleh karenanya tidak mencerminkan biaya kerusakan yang sebenarnya.
Sumber: Perhitungan OECD berdasarkan CRED/UCLouvain (2024), Basis Data Bencana Internasional (EM-DAT, www.emdat.be), Diakses pada 22 Mei 2024.

StatLink https://stat.link/0zjs6d

Meningkatkan pengelolaan air

Proyeksi perubahan iklim cenderung menunjukkan tingkat keparahan bencana terkait cuaca di masa depan meningkat. Tren curah hujan di Indonesia sangat kompleks, meskipun secara keseluruhan tampaknya curah hujan akan meningkat beserta intensitasnya, tetapi kekeringan juga akan semakin sering terjadi (CMCC, 2022[61]). Kekeringan sangat berdampak terhadap pertanian dan juga masyarakat luas. Beberapa daerah di Indonesia sudah rentan terhadap kekurangan air. Sebagai contoh, di daerah tujuan wisata utama, tekanan permintaan yang besar dapat membebani penyediaan air. Indikator-indikator menunjukkan bahwa kelangkaan air secara keseluruhan di Indonesia tergolong moderat jika dibandingkan dengan negara-negara lain di dunia (Gambar 4.16, Panel A). Akan tetapi, kajian OECD menunjukkan peningkatan frekuensi kelangkaan air di sebagian besar Pulau Jawa, serta Bali, Nusa Tenggara, dan Sulawesi. Proyeksi hingga tahun 2045 mengindikasikan peningkatan lebih lanjut akibat perubahan iklim, degradasi lahan, dan penggunaan air yang tidak berkelanjutan (OECD, 2023[1]).

Meningkatnya frekuensi dan durasi kekeringan meningkatkan kebutuhan untuk memastikan pemanfaatan air secara efisien. Secara umum, air di Indonesia dimanfaatkan secara kurang efisien dibandingkan negara-negara lainya. Sebagai contoh, pengambilan air dari sumber alam cukup tinggi dan sebagian besar untuk irigasi di bidang pertanian (Gambar 4.16, Panel B). Hampir separuh sistem irigasi dianggap 'dalam kondisi buruk', dan tidak sedikit pula yang berkategori 'rusak berat' (Bank Dunia, 2022[62]).

Gambar 4.16. Sektor pertanian sangat bergantung pada air tawar, sementara tingkat rawan air relatif moderat

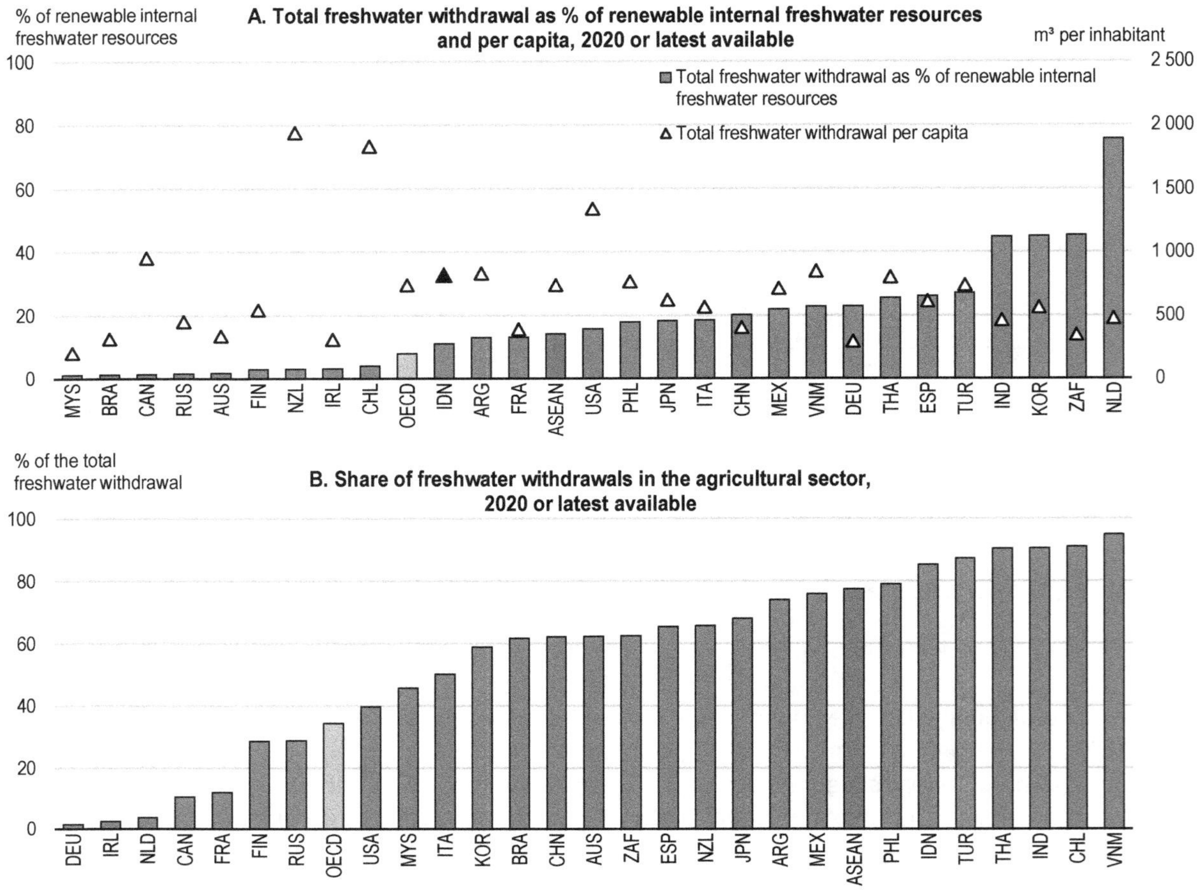

Catatan: Pengambilan air tawar tahunan mengacu pada total pengambilan air, tidak termasuk hilangnya air akibat penguapan dari bak penampungan. Pengambilan air termasuk air dari pabrik desalinasi di negara-negara di mana air merupakan sumber yang signifikan. Aliran sumber daya air tawar internal terbarukan mengacu pada sumber daya internal terbarukan yang ada di dalam negara tersebut (aliran sungai internal dan air tanah dari curah hujan). Pengambilan air untuk pertanian adalah total pengambilan untuk irigasi dan produksi ternak. ASEAN mengacu pada empat negara rekan termasuk Malaysia, Filipina, Thailand, dan Vietnam.
Sumber: Bank Dunia (2024), World Development Indicators berdasarkan FAO PBB; dan perhitungan OECD.

StatLink https://stat.link/3e6yho

Terdapat pula permasalahan penurunan muka air tanah, yang terkait dengan kurangnya pemantauan dan pengambilan air tanah secara ilegal, misalnya, untuk industri atau gedung-gedung bertingkat (OECD, 2019[51]). Menurut Asian Development Bank (2024[63]) sekitar 77% rumah tangga di Indonesia memiliki akses terhadap fasilitas sanitasi dasar seperti tangki septik, tetapi hanya 7% yang memiliki akses terhadap sanitasi yang dikelola dengan aman yang memastikan pembuangan limbah rumah tangga yang tepat ke instalasi pengolahan air limbah. Kelangkaan air yang direfleksikan secara lebih baik dalam harga air akan mendorong dunia usaha dan rumah tangga untuk menggunakan air secara lebih efisien dan memperkuat pemulihan biaya (OECD, 2019[51]). Ada juga potensi untuk mengembangkan solusi berbasis alam yang melibatkan penggunaan jasa ekosistem secara terencana dan disengaja untuk meningkatkan kuantitas dan kualitas air serta meningkatkan perlindungan dan ketahanan terhadap perubahan iklim (OECD, 2023[1]).

Beberapa reformasi pengelolaan air telah diperkenalkan baru-baru ini, termasuk revisi kerangka hukum dan peraturan terkait implementasi UU Sumber Daya Air 2019 dan UU Cipta Kerja 2020. Pengesahan empat rancangan peraturan pemerintah tentang air minum, sumber air, pengelolaan sumber daya air, dan irigasi sedang berlangsung. Membentuk regulator ekonomi independen yang mengawasi dan meninjau reformasi tarif akan menjadi terobosan besar dalam menjamin aliran pendapatan yang stabil bagi penyedia air minum dan menetapkan tarif pada tingkat pemulihan biaya (OECD, 2023[1]). Wacana terkini mengenai tarif air yang seragam secara nasional perlu disikapi dengan hati-hati. Bergantung pada cara penetapannya (yaitu, keseragaman pada tingkat tarif, atau rumus tarif, struktur tarif, apakah seragam untuk pasokan air curah atau eceran), tarif air yang seragam dapat menghalangi pemulihan biaya layanan air.

Membantu masyarakat dan dunia usaha mengatasi kerugian akibat perubahan iklim

Mengingat sifat peristiwa ekstrem terkait iklim yang berulang dan semakin meningkat, maka penting untuk mendorong adaptasi iklim di seluruh pemerintahan dan masyarakat. Hal ini membutuhkan pelaksanaan penilaian risiko iklim skalanya lebih kecil dan diperbarui secara berkala, yang membantu pemahaman terhadap paparan dan kerentanan aset-aset sosial, ekonomi, dan lingkungan, sehingga membantu penentuan prioritas intervensi adaptasi. Adaptasi yang efektif juga membutuhkan peran dan tanggung jawab yang jelas dari semua tingkat pemerintahan dan aktor non-pemerintah. Ketergantungan yang berlebihan pada pemerintah untuk melaksanakan tanggap darurat dan mendanai pemulihan serta rehabilitasi aset justru menurunkan keinginan untuk akan investasi adaptasi.

Agar beban keuangan untuk mengelola biaya bencana tidak ditanggung hanya oleh pemerintah, maka penting untuk mengidentifikasi instrumen pengalihan risiko yang efektif. Jika pemerintah memberikan kompensasi untuk kerusakan, maka penting untuk merancang mekanisme kompensasi yang memungkinkan aset dibangun kembali dengan lebih baik dan menghindari pembayaran untuk kerusakan berulang terhadap aset yang sama di lokasi yang sama. Asuransi swasta tidak selalu selaras dengan kompensasi pemerintah ataupun memberikan perlindungan untuk jenis-jenis peristiwa lain. Perlindungan yang tidak pasti ini membatasi dukungan untuk pemulihan ekonomi dari bencana (OECD, 2023[64]). Di Indonesia, perlindungan asuransi atas kerusakan akibat kejadian cuaca ekstrem masih rendah dibandingkan dengan rata-rata OECD, tetapi lebih tinggi dibandingkan dengan negara-negara berpenghasilan menengah lainnya (Gambar 4.17). Pemerintah dapat mengambil peran dalam situasi seperti ini, seperti yang ditunjukkan oleh program Asuransi Barang Milik Negara (BMN) yang diluncurkan pada tahun 2019 untuk melindungi lebih dari 1.300 gedung milik Kemenkeu dan diperluas ke 10 kementerian/lembaga pada tahun 2020. Hingga tahun 2023, program ini telah mengasuransikan lebih dari 5.000 BMN dengan total nilai pertanggungan sebesar USD 2,5 miliar. Program ini merupakan bagian dari Strategi Pembiayaan dan Asuransi Risiko Bencana (Strategi PARB) dengan pemerintah mengambil pendekatan yang lebih proaktif.

Terdapat ruang untuk memperluas asuransi risiko bencana terkait iklim ke sektor swasta di Indonesia. UU No. 4/2023 tentang Pengembangan dan Penguatan Sektor Keuangan (UU P2SK) membuka kesempatan untuk memperluas pertanggungan asuransi wajib yang sudah ada ke perlindungan dari kebakaran dan bencana alam (Wasono, 2023[65]). Akan tetapi, peristiwa cuaca ekstrem yang lebih sering akan meningkatkan biaya asuransi dan dapat menimbulkan tantangan atas dapat/tidak dapatnya suatu aset diasuransikan (*insurability*). Secara umum, melakukan perluasan asuransi wajib bagi bangunan yang sudah ada dan ke lebih banyak wilayah dapat mengurangi biaya asuransi melalui *pooling* risiko dan membatasi paparan fiskal untuk mengompensasi kerugian (European Commission, 2018[66]) (OECD, 2021[67]). Akan tetapi, efek distribusinya bisa menjadi negatif. Contoh intervensi pemerintah untuk membantu memastikan adanya perlindungan asuransi adalah Danish Storm Council, sebuah badan independen yang membantu memberikan keahlian teknis untuk menilai kerusakan dan memberikan kompensasi atas kerusakan terkait iklim kepada perorangan dan perusahaan yang dilindungi oleh asuransi kebakaran (OECD, 2021[67]). Namun demikian, pasar asuransi di Indonesia masih dalam tahap perkembangan awal dengan kurang dari 3% populasi yang dilindungi oleh asuransi bangunan. Peningkatan penetrasi pasar adalah kunci. Dukungan pemerintah terhadap pembiayaan risiko swasta perlu dipertimbangkan, misalnya melalui reasuransi (G20/OECD, 2012[68]). Dari sisi perusahaan asuransi, perusahaan perlu membangun kesadaran akan risiko dan literasi keuangan, menawarkan produk terjangkau, dan sepenuhnya memanfaatkan digitalisasi (OJK, 2023[69]), mengembangkan peluang dari asuransi wajib yang diamanatkan oleh UU P2SK, dan Asuransi Usaha Tani Padi.

Secara lebih luas, peningkatan kesadaran masyarakat akan risiko perubahan iklim dan paparannya di bidang tertentu bisa bermanfaat signifikan. Bias kognitif dapat membatasi kesadaran akan risiko dan membuat respons risiko tertunda. Kebijakan dapat membantu mengatasi bias-bias ini dengan menyediakan informasi dan mendorong pembatasan paparan risiko (Economides et al., 2018[70]). Memberikan informasi seputar pilihan langkah adaptasi kepada perusahaan dan rumah tangga dapat menghasilkan perilaku aman, seperti pembatasan aktivitas di luar ruangan selama gelombang panas atau kesiapsiagaan menghadapi banjir. Penyusunan strategi komunikasi agar informasi ini sampai ke masyarakat yang paling terdampak akan memungkinkan pemanfaatan pengetahuan yang ada secara lebih baik sehingga meningkatkan dampak dari rencana respons risiko. Integrasi adaptasi perubahan iklim ke dalam perencanaan pembangunan merupakan hal lain yang memperlihatkan kemajuan, meskipun masih terdapat kendala seperti kurangnya koordinasi efektif, tidak tersedianya informasi terperinci dan penilaian kerentanan di tingkat nasional dan daerah, serta tantangan dalam melacak investasi terkait adaptasi (Green Climate Fund, 2021[71]).

Gambar 4.17. Perlindungan asuransi di Indonesia terhadap kerusakan terkait iklim lebih tinggi daripada negara-negara lain

Persentase kerugian bencana yang diasuransikan berdasarkan jenis risiko, 2000-2019

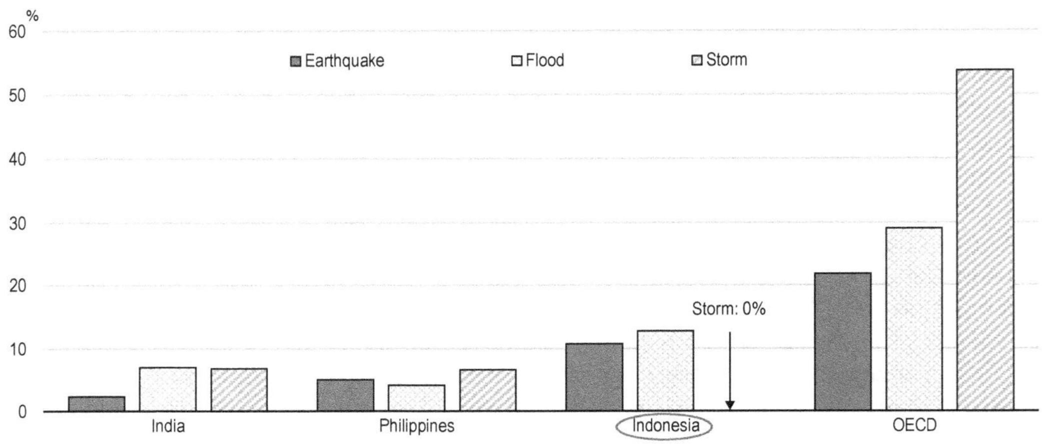

Catatan: Perhitungan OECD. Porsi kerugian bencana yang diasuransikan mungkin lebih rendah di beberapa negara karena keterbatasan ketersediaan atau pengumpulan data yang relevan tentang kerugian yang diasuransikan. Jika hanya peristiwa dengan data yang dilaporkan mengenai kerugian yang diasuransikan yang dimasukkan dalam perhitungan, estimasi porsi kerugian yang diasuransikan meningkat menjadi 10,8% untuk banjir di India dan 8,5% untuk badai di India; 11,4% untuk gempa bumi di Indonesia dan 15,0% untuk banjir di Indonesia; 20,0% untuk gempa bumi di Filipina, 4,5% untuk banjir di Filipina, dan 9,4% untuk badai di Filipina. Untuk negara-negara OECD, selisihnya kecil jika peristiwa yang tidak dilaporkan sebagai kerugian yang diasuransi dikecualikan.
Sumber: OECD (2020), "Leveraging the role of property catastrophe reinsurance markets: The Case of India, Indonesia, Myanmar and the Philippines".

StatLink https://stat.link/h8dib6

Temuan dan rekomendasi

TEMUAN UTAMA	REKOMENDASI (Rekomendasi utama dicetak tebal)
Mendapatkan bauran instrumen yang tepat untuk dekarbonisasi	
Harga karbon yang efektif terdistorsi oleh subsidi bahan bakar yang tidak tepat sasaran. Subsidi untuk gas alam cair (LPG) seharusnya hanya diberikan kepada rumah tangga sasaran, namun diterima oleh banyak rumah tangga lain.	**Kurangi subsidi energi (termasuk LPG) secara bertahap dan berikan kompensasi kepada rumah tangga rentan melalui bantuan yang lebih tepat sasaran.**
Pasar penetapan nilai ekonomi karbon (NEK) masih berada pada tahap awal pengembangan.	Perkenalkan pajak karbon dan berkomitmen untuk secara bertahap meningkatkan NEK dan memperluas basisnya.
Dekarbonisasi pembangkit listrik	
Bursa karbon telah diperkenalkan untuk PLTU batu bara, tetapi mekanisme pajak karbon langsung belum diterapkan.	Lengkapi pajak karbon dengan intervensi kebijakan lain, termasuk *feed-in-tariff* untuk energi terbarukan dan mekanisme pembiayaan efisiensi energi.
PLTU batu bara menghasilkan lebih dari separuh pasokan listrik di Indonesia. Dukungan untuk transisi dari batu bara termasuk dana dari multi-donor internasional, *Just Energy Transition Partnership* (JETP).	**Percepat pensiun dini PLTU batu bara sesuai ketersediaan dana dan pertimbangan ketahanan energi.** Pertimbangkan retrofit teknologi penangkapan karbon pada PLTU batu bara, atau manfaatkan hidrogen seiring teknologinya berkembang.
Terdapat ruang untuk memperbaiki struktur pasokan listrik. PLN adalah satu-satunya pembeli di pasar listrik dan regulasi membuat harga energi terbarukan menjadi tidak menarik.	**Alihkan tanggung jawab regulasi kepada otoritas independen yang baru. Berikan kapasitas teknis dan sumber daya keuangan yang memadai bagi badan ini.** **Bangun rencana lelang yang kuat, stabil, substansial, dan multi-tahun untuk pembangkit energi terbarukan, dengan penetapan tarif yang kompetitif dan transparan.**
Sumber-sumber terbarukan hanya menyumbang sebagian kecil dari pembangkitan listrik. Seperti di negara-negara lain, periode beban puncak listrik tidak selaras dengan puncak pasokan dari sumber energi terbarukan, tetapi sebagian dari hal ini dapat diatasi dengan teknologi penyimpanan dan interkoneksi yang lebih baik.	Tingkatkan investasi untuk meningkatkan stabilitas jaringan listrik, termasuk melalui lebih banyak interkoneksi antar pulau dan dengan ASEAN Power Grid.
Mengurangi emisi di sektor transportasi	
Armada kendaraan bermotor di Indonesia relatif tua, transisi menuju kendaraan rendah dan tanpa emisi GRK sejauh ini masih minim.	Perbaiki penargetan subsidi untuk pembelian kendaraan listrik (EV) dan pembebasan pajak serta tingkatkan investasi dalam ekosistem EV
Sistem transportasi massal perkotaan dan antarkota masih belum berkembang. Ketergantungan yang tinggi pada transportasi jalan raya, terutama kendaraan dengan mesin pembakaran, berkontribusi terhadap emisi GRK, tingginya tingkat kematian di jalan raya dan kemacetan lalu lintas, serta buruknya kualitas udara perkotaan.	**Tingkatkan investasi dalam sistem transportasi massal perkotaan dan antarkota, dengan melakukan analisis biaya-manfaat yang ketat. Batasi penggunaan mobil secara bertahap, misalnya dengan tarif jalan berbayar dan tarif kemacetan.** Perluas jalur prioritas dan zona bebas emisi untuk kendaraan rendah emisi.
Jaringan kereta api yang sebagian besar berupa jalur tunggal tidak terlalu padat dan lebih jarang digunakan dibandingkan dengan sebagian besar negara OECD dan negara-negara lain. Pengguna tidak puas dengan kualitas layanan kereta api. Investasi di bidang perkeretaapian sebagai porsi dari PDB rendah.	Tingkatkan investasi secara singifikan guna memperbaiki mutu layanan kereta api, memperluas jaringan kereta api (termasuk namun tidak terbatas pada layanan kecepatan tinggi) dan meningkatkan penggunaannya.
Beralih ke sumber energi rumah tangga yang lebih bersih dan menjadikan bangunan lebih hemat energi	
Kebijakan publik telah membantu peralihan dari penggunaan biomassa untuk memasak ke bahan bakar gas yang menghasilkan lebih sedikit GRK dan tidak terlalu merusak kesehatan. Akan tetapi, sekitar 12% rumah tangga masih menggunakan bahan bakar biomassa.	Pantau kemajuan implementasi *clean cooking*, termasuk melalui survei berkala, dan kemajuan dalam mengurangi biaya untuk beralih ke bahan bakar yang lebih bersih; sediakan informasi ini untuk umum.
Banyak rumah tangga yang menerima kompor dan tabung elpiji bersubsidi dengan tidak memadainya penargetan kepada yang paling membutuhkan; biaya fiskal yang dikeluarkan cukup besar.	Perbaiki penargetan subsidi LPG kepada rumah tangga dan masyarakat yang paling rentan.
Akses terhadap pembiayaan menghambat investasi retrofit bangunan, bersamaan dengan kurangnya informasi tentang potensi penghematan energi.	Perluas langkah renovasi terutama untuk bangunan pemerintah dan komersial. Kuatkan penegakan aturan bangunan. Sediakan pinjaman bersubsidi dengan skema pembayaran *on-bill* untuk menggerakkan lebih banyak modal swasta.
Pengurangan emisi dan perlindungan ekosistem dalam penggunaan lahan dan laut	
Kebijakan publik yang efektif telah mengurangi deforestasi ke tingkat terendah dalam 20 tahun terakhir. Tujuan pengurangan emisi yang ambisius membutuhkan pengurangan deforestasi lebih lanjut.	Terus berupaya mengurangi deforestasi neto, termasuk dengan meningkatkan reboisasi, dan mendorong pengelolaan lahan gambut yang berkelanjutan. Pantau implementasi secara ketat.
Upaya-upaya baik sedang dilakukan untuk mengatasi masalah emisi dan ekosistem di lautan serta untuk memanfaatkan peluang tenaga bayu lepas pantai.	Upayakan lebih lanjut perluasan cakupan pemantauan ekosistem, misalnya terkait penyertaan padang lamun dalam pelaporan NDC. Pastikan semua peluang pembangkit listrik tenaga bayu (PLTB) dan PLTS lepas pantai dipelajari secara menyeluruh.

Kebijakan adaptasi untuk mempersiapkan masyarakat dan ekonomi dalam menghadapi perubahan iklim	
Kesadaran akan perubahan iklim dan implikasi serta solusi potensialnya masih terbatas pada beberapa segmen populasi.	Kembangkan lebih lanjut strategi edukasi dan komunikasi publik untuk meningkatkan kesadaran akan risiko dan solusi perubahan iklim.
Indonesia memiliki sistem penanggulangan bencana yang ekstensif. Akan tetapi, sistem peringatan dini masih kurang lengkap.	Perbaiki sistem peringatan dini, tingkatkan peraturan zonasi dan perizinan, serta berinvestasi pada peralatan yang dapat meminimalkan kerusakan akibat kebakaran hutan dan bencana alam lainnya yang frekuensi dan intensitasnya meningkat.
Dampak negatif dari perubahan iklim dapat dikurangi dengan mengadaptasi infrastruktur publik dan merelokasi kegiatan dari daerah yang lebih terdampak. Kota-kota pesisir di Indonesia sangat rentan terhadap perubahan iklim.	**Sertakan perencanaan ketahanan iklim untuk iklim masa mendatang ke dalam perencanaan infrastruktur, pengadaan, dan peraturan tata ruang.**
Perubahan iklim diproyeksikan akan mengurangi ketersediaan air tawar di beberapa wilayah negara. Pengambilan air tawar relatif tinggi, dan penggunaan air kurang efisien dibandingkan dengan negara lain.	Sesuaikan harga air agar lebih mencerminkan kelangkaan air dan biaya pasokan. Pertimbangkan untuk mengganti tarif air sosial dengan transfer pendapatan yang tidak terkait langsung dengan konsumsi air.
Perlindungan asuransi untuk kerusakan akibat peristiwa cuaca ekstrem rendah, pemberian kompensasi tertunda dan jumlahnya tidak pasti.	Kembangkan pasar asuransi untuk peristiwa cuaca ekstrem dan pertimbangkan dukungan pemerintah, misalnya melalui reasuransi.
Agar transisi hijau dapat memberikan manfaat dalam hal menambah ketersediaan dan mutu lapangan kerja, diperlukan program *re-skilling* dan *upskilling* yang tepat.	Tingkatkan kebijakan pasar tenaga kerja aktif, pelatihan dan *re-skilling*, menargetkan pekerja yang pekerjaannya lebih berisiko, dengan partisipasi sektor swasta.

Daftar Referensi

ACER/CEER (2021), *Annual Report on the Results of Monitoring the Internal Electricity and Natural Gas Markets in 2020: Electricity Wholesale Markets Volume*. [26]

Asian Development Bank (2024), *Citywide Inclusive Sanitation Project: Report and Recommendation of the President*, https://www.adb.org/projects/documents/ino-54428-001-rrp. [63]

Asian Development Bank (2023), *Indonesia: Jakarta Mass Rapid Transit East–West Line Project Phase 1 Stage 1*, https://www.adb.org/sites/default/files/project-documents/56173/56173-001-ipsa-en.pdf. [42]

Asian Development Bank (2021), *Indonesia Energy Sector Assessment, Strategy and Road Map Update*, Asian Development Bank, Manila, Philippines, https://doi.org/10.22617/tcs200429. [23]

Asian Development Bank (2016), *Indonesia's Transport Summary Assesment*, https://www.adb.org/sites/default/files/publication/217196/ino-paper-15-2016.pdf. [38]

Bappenas (2024), *Bappenas & WRI Indonesia Draft Nickel Industry Decarbonization Roadmap*, https://www.bappenas.go.id/en/berita/bappenas-dan-wri-indonesia-sepakat-susun-peta-jalan-dekarbonisasi-industri-nikel-SemFO. [28]

Bappenas (2023), *Rancangan Akhir Rencana Pembangunan Jangka Panjang Nasional 2025-2045 [Final Draft of the National Long Term Development Plan 2025-2045]*, https://drive.google.com/file/d/1_UCOu-JQfsMSjpVo2a6S3NTma67vpWhw/view?pli=1. [73]

Boutron, C. et al. (2023), *Social and Climate Budget Tagging: Insights from Indonesia*, Institute for Climate Economics, https://www.i4ce.org/wp-content/uploads/2024/07/Social-and-Climate-Budget-Tagging-Insights-from-Indonesia_V2.pdf. [9]

BPS (2022), *Statistik Indonesia 2022*, https://litbangkespangandaran.litbang.kemkes.go.id/perpustakaan/index.php?p=show_detail&id=4004. [47]

Bundesregierung (2020), *4. Spitzengespräch der Konzertierten Aktion Mobilität - "Transformation unterstützen, Wertschöpfungsketten stärken"*, https://www.bundesregierung.de/breg-de/aktuelles/pressemitteilungen/4-spitzengespraech-der-konzertierten-aktion-mobilitaet-transformation-unterstuetzen-wertschoepfungsketten-staerken--1815818. [37]

Climateworks Centre (2023), *Sea of opportunity: Ocean-based mitigation to support Indonesia's climate ambition*, https://www.climateworkscentre.org/resource/sea-of-opportunity-ocean-based-mitigation-to-support-indonesias-climate-ambition/. [52]

CMCC (2022), *G20 Climate Risk Atlas: Indonesia*, https://files.cmcc.it/g20climaterisks/Indonesia.pdf. [61]

Cui, R. et al. (2022), *Financing Indonesia's coal phase-out: A just and accelerated retirement pathway to net-zero*, Center for Global Sustainability, University of Maryland, https://cgs.umd.edu/research-impact/publications/financing-indonesias-coal-phase-out-just-and-accelerated-retirement. [19]

D'Arcangelo, F., T. Kruse dan M. Pisu (2023), "Identifying and tracking climate change mitigation strategies: A cluster-based assessment", *OECD Economics Department Working Papers*, No. 1786, OECD Publishing, Paris, https://doi.org/10.1787/a23b43c5-en. [7]

D'Arcangelo, F. et al. (2022), "A framework to decarbonise the economy", *OECD Economic Policy Papers*, No. 31, OECD Publishing, Paris, https://doi.org/10.1787/4e4d973d-en. [13]

Delarue, E. dan J. Morris (2015), *Renewables Intermittency: Operational Limits and Implications for Long-Term Energy System Models*, MIT Joint Program on the Science and Policy of Global Change, https://globalchange.mit.edu/sites/default/files/MITJPSPGC_Rpt277.pdf. [24]

Economides, G. et al. (2018), *The Economics of Climate Change*. [70]

Edwards, R. (2020), "Causes of Indonesia's forest fires", *World Development*, Vol. 127/3, https://www.sciencedirect.com/science/article/pii/S0305750X19303663. [50]

European Commission (2018), *Using insurance in adaptation to climate change*. [66]

Fankhaeser, S., F. Sehlleier dan N. Stern (2008), "Climate change, innovation and jobs", *Climate Policy*, Vol. 8/4, hlm. 421-429, https://doi.org/10.3763/cpol.2008.0513. [54]

G20/OECD (2012), *Disaster Risk Assessment and Risk Financing: A G20/OECD Methodological Framework: Executive Summary*. [68]

Green Climate Fund (2021), *Readiness Proposal for the Republic of Indonesia*, https://www.greenclimate.fund/sites/default/files/document/idn-rs-003.pdf. [71]

Guillemette, Y. dan J. Château (2023), *Long-term scenarios: incorporating the energy transition*, https://doi.org/10.1787/153ab87c-en. [16]

ICCT (2020), *The end of the road? An overview of combustion-engine car phase-out announcements across Europe*, https://theicct.org/publication/the-end-of-the-road-an-overview-of-combustion-engine-car-phase-out-announcements-across-europe/. [35]

ICLEI-SEAS (2024), *A Cleaner, Less Congested Jakarta with e-Buses*, https://icleiseas.org/index.php/2024/01/16/a-cleaner-less-congested-jakarta-with-e-buses/. [29]

IEA (2023), *Global EV Outlook 2023*, https://iea.blob.core.windows.net/assets/dacf14d2-eabc-498a-8263-9f97fd5dc327/GEVO2023.pdf. [33]

IEA (2023), *Grid-scale Storage*, https://www.iea.org/energy-system/electricity/grid-scale-storage. [25]

IEA (2022), *An Energy Sector Roadmap to Net Zero Emissions in Indonesia*, https://iea.blob.core.windows.net/assets/b496b141-8c3b-47fc-adb2-90740eb0b3b8/AnEnergySectorRoadmaptoNetZeroEmissionsinIndonesia.pdf. [4]

IEA (2021), *E4 Country Profile: Energy Efficiency Indonesia*, https://www.iea.org/articles/e4-country-profile-energy-efficiency-indonesia. [27]

IEA (2021), *Global EV Outlook 2021: Accelerating ambitions despite the pandemic*. [36]

IEA (2021), *IEA Data Services*, https://www.iea.org/countries/indonesia. [46]

IEA (2020), *Age and technology of existing coal power fleet in Indonesia and FIDs*, https://www.iea.org/data-and-statistics/charts/age-and-technology-of-existing-coal-power-fleet-in-indonesia-and-fids. [18]

IEA-MEMR (2022), *Joint IEA-MEMR High-Level Statement on Net Zero Emissions*, https://www.iea.org/reports/an-energy-sector-roadmap-to-net-zero-emissions-in-indonesia/joint-iea-memr-statement. [20]

ITF (2021), *ITF Transport Outlook 2021*, https://doi.org/10.1787/16826a30-en. [45]

ITF (2017), *Transition to Shared Mobility: How large cities can deliver inclusive transport services*. [44]

JETP Indonesia (2023), *Table 4.3-1 Amount of jobs created per investment focus area*, https://jetp-id.org/storage/official-jetp-cipp-2023-vshare_f_en-1700532655.pdf. [56]

Juwitasari, R. (2022), *Disaster Management in Indonesia: Complex Challenges of a Dual Early Warning System*, https://th.boell.org/en/2022/03/23/disaster-management-indonesia. [59]

Leidecker, T. et al. (2023), "Transitioning to a green economy in Greece", *OECD Economics Department Working Papers*, No. 1757, OECD Publishing, Paris, https://doi.org/10.1787/77cd54d8-en. [12]

Lewis, C. (2019), *Raising more public revenue in Indonesia in a growth- and equity-friendly*, https://one.oecd.org/document/ECO/WKP(2019)3/En/pdf. [8]

Lutsey, N. dan M. Nicholas (2019), "Update on electric vehicle costs in the United States through 2030", *ICCT Working Paper* 2019-06, https://theicct.org/publication/update-on-electric-vehicle-costs-in-the-united-states-through-2030/. [32]

McKinsey (2021), *Asia's consumers on the move: The future of mobility*, https://www.mckinsey.com/~/media/mckinsey/featured%20insights/future%20of%20asia/insights/asias%20consumers%20on%20the%20move%20the%20future%20of%20mobility/asias-consumers-on-the-move-the-future-of-mobility.pdf?shouldIndex=false. [31]

McNeil, M., N. Karali dan V. Letschert (2019), "Forecasting Indonesia's electricity load through 2030 and peak demand reductions from appliance and lighting efficiency", *Energy for Sustainable Development*, Vol. 49/2, hlm. 65-77, https://doi.org/10.1016/j.esd.2019.01.001. [15]

Nita, A. (2023), "Exploring decision making factors in public buildings' energy efficiency projects", *Energy and Buildings*, Vol. 298, https://doi.org/10.1016/j.enbuild.2023.113563. [49]

Nurrochmat, D. et al. (2023), "Indonesia's options in becoming a high-income country: Accelerating the turning point in deforestation?", *Forest Policy and Economics*, Vol. 148, hlm. 102905, https://doi.org/10.1016/j.forpol.2022.102905. [72]

OECD (2024), *OECD Employment Outlook 2024: The Net-Zero Transition and the Labour Market*, https://doi.org/10.1787/ac8b3538-en. [53]

OECD (2024), *Towards Greener and More Inclusive Societies in Southeast Asia*, Development Centre Studies, OECD Publishing, Paris, https://doi.org/10.1787/294ce081-en. [55]

OECD (2023), *Effective Carbon Rates 2023*, https://oe.cd/ECR2023-brochure. [6]

OECD (2023), “Enhancing the insurance sector’s contribution to climate adaptation”, *OECD Business and Finance Policy Papers*, No. 26, OECD Publishing, Paris, https://doi.org/10.1787/0951dfcd-en. [64]

OECD (2023), *Water resources management in Indonesia*, https://www.oecd-ilibrary.org/environment/water-financing-and-disaster-risk-reduction-in-indonesia_3205b20a-en. [1]

OECD (2022), *Decarbonising Buildings in Cities and Regions*, OECD Urban Studies, OECD Publishing, Paris, https://doi.org/10.1787/a48ce566-en. [48]

OECD (2021), *Clean Energy Finance and Investment Policy Review of Indonesia*, Green Finance and Investment, OECD Publishing, Paris, https://doi.org/10.1787/0007dd9d-en. [5]

OECD (2021), *Economic Surveys: France 2021*, https://doi.org/10.1787/289a0a17-en. [10]

OECD (2021), *Enhancing financial protection against catastrophe risks: the role of catastrophe risk insurance programmes*. [67]

OECD (2021), *OECD Economic Surveys: Denmark 2021*, https://doi.org/10.1787/19990219. [11]

OECD (2020), *OECD Environmental Performance Reviews: Greece 2020*, https://doi.org/10.1787/cec20289-en. [22]

OECD (2019), “Towards green growth”, in *OECD Green Growth Policy Review of Indonesia 2019*, OECD Publishing, Paris, https://doi.org/10.1787/2aa839b7-en. [51]

OECD (2018), “Climate-resilient infrastructure”, *OECD Environment Policy Paper* No. 14. [60]

OECD (2014), *Recommendation of the Council on the Governance of Critical Risks*, https://doi.org/OECD/LEGAL/0405. [57]

OECD (forthcoming), *“Adapting infrastructure to changing climatic conditions: The case of Indonesia”*, OECD Environment Policy Papers, OECD Publishing, Paris. [58]

OJK (2023), *Peta Jalan Pengembangan dan Penguatan Perasuransian Indonesia 2023-2027*, https://ojk.go.id/en/berita-dan-kegiatan/info-terkini/Documents/Pages/Roadmap-for-the-Development-and-Strengthening-of-the-Indonesia-Insurance-Industry-2023-2027/Roadmap%20for%20the%20Development%20and%20Strengthening%20of%20the%20Indonesia%20Insurance%20. [69]

Partnership for Australia-Indonesia Research (2022), *Maximising the effectiveness of the South Sulawesi railway line*, https://pair.australiaindonesiacentre.org/wp-content/uploads/2022/11/SIP2-EN-ONLINE-PRINT.pdf. [40]

Ramdlaningrum, H. (2024), *Indonesia’s burning coal dilemma*, East Asia Forum, https://doi.org/10.59425/eabc.1713996000. [21]

RIPNAS (2023), *Annual Report*, https://ppid.dephub.go.id/fileupload/informasi-berkala/RIPNAS-2030.pdf. [39]

Swiss Re Institute (2021), *The economics of climate change: no actions is not an option*, https://www.swissre.com/dam/jcr:e73ee7c3-7f83-4c17-a2b8-8ef23a8d3312/swiss-re-institute-expertise-publication-economics-of-climate-change.pdf. [2]

UNCTAD (2023), *World Shipping Fleet, Services, and Freight Rates*, https://unctad.org/system/files/official-document/rmt2023ch2_en.pdf. [30]

Vitale, C. dan J. Terrero (2022), *Analysis of the links between National Recovery and Resilience Plan and OECD Product Market Regulation Indicators: Greece*. [41]

Wappelhorst, S. (2022), *INCENTIVIZING ZERO- AND LOW-EMISSION VEHICLES: THE MAGIC OF FEEBATE PROGRAMS*, International Council on Clean Transportation, https://ec.europa.eu/transparency/documents-register/detail?ref=SWD(2021)155&lang=en. [34]

Wasono, A. (2023), "Mandatory insurance program is urgently needed in Indonesia", *The Jakarta Post*, https://www.thejakartapost.com/paper/2023/04/03/mandatory-insurance-program-is-urgently-needed-in-indonesia.html. [65]

WHO (2023), *Global status report on road safety 2023:*, https://cdn.who.int/media/docs/default-source/country-profiles/road-safety/road-safety-2023-idn.pdf. [43]

WHO (2015), *Climate and Health Country Profile"Indonesia*, https://cdn.who.int/media/docs/default-source/searo/wsh-och-searo/ino-c-h-prof.pdf. [3]

World Bank (2023), *Indonesia: Country Climate and Development Report*, https://openknowledge.worldbank.org/bitstreams/97ed886f-3a18-4301-ba8d-998bc23d8041/download. [17]

World Bank (2022), *Indonesia Vision 2045 : Toward Water Security*, https://www.worldbank.org/en/topic/water/publication/indonesia-vision-2045-toward-water-security. [62]

World Bank (2020), *Indonesia Public Expenditure Review: Spending for Better Results*, http://www.worldbank.org/idper. [14]

ACER/CEER (2021), *Annual Report on the Results of Monitoring the Internal Electricity and Natural Gas Markets in 2020: Electricity Wholesale Markets Volume*. [7]

Asian Development Bank (2024), *Citywide Inclusive Sanitation Project: Report and Recommendation of the President*, https://www.adb.org/projects/documents/ino-54428-001-rrp. [62]

Asian Development Bank (2023), *Indonesia: Jakarta Mass Rapid Transit East–West Line Project Phase 1 Stage 1*, https://www.adb.org/sites/default/files/project-documents/56173/56173-001-ipsa-en.pdf. [63]

Asian Development Bank (2021), *Indonesia Energy Sector Assessment, Strategy and Road Map Update*, Asian Development Bank, Manila, Philippines, https://doi.org/10.22617/tcs200429. [53]

Asian Development Bank (2016), *Indonesia's Transport Summary Assesment*, https://www.adb.org/sites/default/files/publication/217196/ino-paper-15-2016.pdf. [64]

Bappenas (2024), *Bappenas & WRI Indonesia Draft Nickel Industry Decarbonization Roadmap*, https://www.bappenas.go.id/en/berita/bappenas-dan-wri-indonesia-sepakat-susun-peta-jalan-dekarbonisasi-industri-nikel-SemFO. [52]

Bappenas (2023), *Rancangan Akhir Rencana Pembangunan Janka Panjang Nasional 2025-2045 [Final Draft of the National Long Term Development Plan 2025-2045]*, https://drive.google.com/file/d/1_UCOu-JQfsMSjpVo2a6S3NTma67vpWhw/view?pli=1. [60]

Boutron, C. et al. (2023), *Social and Climate Budget Tagging: Insights from Indonesia*, Institute for Climate Economics, https://www.i4ce.org/wp-content/uploads/2024/07/Social-and-Climate-Budget-Tagging-Insights-from-Indonesia_V2.pdf. [51]

BPS (2022), *Statistical Yearbook of Indonesia 2022*, https://litbangkespangandaran.litbang.kemkes.go.id/perpustakaan/index.php?p=show_detail&id=4004. [21]

Bundesregierung (2020), *4. Spitzengespräch der Konzertierten Aktion Mobilität - "Transformation unterstützen, Wertschöpfungsketten stärken"*, https://www.bundesregierung.de/breg-de/aktuelles/pressemitteilungen/4-spitzengespraech-der-konzertierten-aktion-mobilitaet-transformation-unterstuetzen-wertschoepfungsketten-staerken--1815818. [42]

Climateworks Centre (2023), *Sea of opportunity: Ocean-based mitigation to support Indonesia's climate ambition*, https://www.climateworkscentre.org/resource/sea-of-opportunity-ocean-based-mitigation-to-support-indonesias-climate-ambition/. [32]

CMCC (2022), *G20 Climate Risk Atlas: Indonesia*, https://files.cmcc.it/g20climaterisks/Indonesia.pdf. [17]

Cui, R. et al. (2022), *Financing Indonesia's coal phase-out: A just and accelerated retirement pathway to net-zero*, Center for Global Sustainability, University of Maryland, https://cgs.umd.edu/research-impact/publications/financing-indonesias-coal-phase-out-just-and-accelerated-retirement. [41]

D'Arcangelo, F., T. Kruse and M. Pisu (2023), "Identifying and tracking climate change mitigation strategies: A cluster-based assessment", *OECD Economics Department Working Papers*, No. 1786, OECD Publishing, Paris, https://doi.org/10.1787/a23b43c5-en. [44]

D'Arcangelo, F. et al. (2022), "A framework to decarbonise the economy", *OECD Economic Policy Papers*, No. 31, OECD Publishing, Paris, https://doi.org/10.1787/4e4d973d-en. [45]

Delarue, E. and J. Morris (2015), *Renewables Intermittency: Operational Limits and Implications for Long-Term Energy System Models*, MIT Joint Program on the Science and Policy of Global Change, https://globalchange.mit.edu/sites/default/files/MITJPSPGC_Rpt277.pdf. [40]

Economides, G. et al. (2018), *The Economics of Climate Change*. [3]

Edwards, R. (2020), "Causes of Indonesia's forest fires", *World Development*, Vol. 127/3, https://www.sciencedirect.com/science/article/pii/S0305750X19303663. [58]

European Commission (2018), *Using insurance in adaptation to climate change*. [5]

Fankhaeser, S., F. Sehlleier and N. Stern (2008), "Climate change, innovation and jobs", *Climate Policy*, Vol. 8/4, pp. 421-429, https://doi.org/10.3763/cpol.2008.0513. [1]

G20/OECD (2012), *Disaster Risk Assessment and Risk Financing: A G20/OECD Methodological Framework: Executive Summary*. [6]

Green Climate Fund (2021), *Readiness Proposal for the Republic of Indonesia*, https://www.greenclimate.fund/sites/default/files/document/idn-rs-003.pdf. [56]

Guillemette, Y. and J. Château (2023), *Long-term scenarios: incorporating the energy transition*, https://doi.org/10.1787/153ab87c-en. [67]

ICCT (2020), *The end of the road? An overview of combustion-engine car phase-out announcements across Europe*, https://theicct.org/publication/the-end-of-the-road-an-overview-of-combustion-engine-car-phase-out-announcements-across-europe/. [10]

ICLEI-SEAS (2024), *A Cleaner, Less Congested Jakarta with e-Buses*, https://icleiseas.org/index.php/2024/01/16/a-cleaner-less-congested-jakarta-with-e-buses/. [29]

IEA (2023), *Global EV Outlook 2023*, https://iea.blob.core.windows.net/assets/dacf14d2-eabc-498a-8263-9f97fd5dc327/GEVO2023.pdf. [57]

IEA (2023), *Grid-scale Storage*, https://www.iea.org/energy-system/electricity/grid-scale-storage. [54]

IEA (2022), *An Energy Sector Roadmap to Net Zero Emissions in Indonesia*, https://iea.blob.core.windows.net/assets/b496b141-8c3b-47fc-adb2-90740eb0b3b8/AnEnergySectorRoadmaptoNetZeroEmissionsinIndonesia.pdf. [16]

IEA (2021), *E4 Country Profile: Energy Efficiency Indonesia*, https://www.iea.org/articles/e4-country-profile-energy-efficiency-indonesia. [50]

IEA (2021), *Global EV Outlook 2021: Accelerating ambitions despite the pandemic*. [8]

IEA (2021), *IEA Data Services*, https://www.iea.org/countries/indonesia. [14]

IEA (2020), *Age and technology of existing coal power fleet in Indonesia and FIDs*, https://www.iea.org/data-and-statistics/charts/age-and-technology-of-existing-coal-power-fleet-in-indonesia-and-fids. [49]

IEA-MEMR (2022), *Joint IEA-MEMR High-Level Statement on Net Zero Emissions*, https://www.iea.org/reports/an-energy-sector-roadmap-to-net-zero-emissions-in-indonesia/joint-iea-memr-statement. [22]

ITF (2021), *ITF Transport Outlook 2021*, https://doi.org/10.1787/16826a30-en. [68]

ITF (2017), *Transition to Shared Mobility: How large cities can deliver inclusive transport services*. [9]

JETP Indonesia (2023), *Table 4.3-1 Amount of jobs created per investment focus area*, https://jetp-id.org/storage/official-jetp-cipp-2023-vshare_f_en-1700532655.pdf. [55]

Juwitasari, R. (2022), *Disaster Management in Indonesia: Complex Challenges of a Dual Early Warning System*, https://th.boell.org/en/2022/03/23/disaster-management-indonesia. [24]

Leidecker, T. et al. (2023), “Transitioning to a green economy in Greece”, *OECD Economics Department Working Papers*, No. 1757, OECD Publishing, Paris, https://doi.org/10.1787/77cd54d8-en. [46]

Lewis, C. (2019), *Raising more public revenue in Indonesia in a growth- and equity-friendly*, https://one.oecd.org/document/ECO/WKP(2019)3/En/pdf. [23]

Lutsey, N. and M. Nicholas (2019), "Update on electric vehicle costs in the United States through 2030", *ICCT Working Paper* 2019-06, https://theicct.org/publication/update-on-electric-vehicle-costs-in-the-united-states-through-2030/. [11]

McKinsey (2021), *Asia's consumers on the move: The future of mobility*, https://www.mckinsey.com/~/media/mckinsey/featured%20insights/future%20of%20asia/insights/asias%20consumers%20on%20the%20move%20the%20future%20of%20mobility/asias-consumers-on-the-move-the-future-of-mobility.pdf?shouldIndex=false. [15]

McNeil, M., N. Karali and V. Letschert (2019), "Forecasting Indonesia's electricity load through 2030 and peak demand reductions from appliance and lighting efficiency", *Energy for Sustainable Development*, Vol. 49/2, pp. 65-77, https://doi.org/10.1016/j.esd.2019.01.001. [69]

Nita, A. (2023), "Exploring decision making factors in public buildings' energy efficiency projects", *Energy and Buildings*, Vol. 298, https://doi.org/10.1016/j.enbuild.2023.113563. [66]

Nurrochmat, D. et al. (2023), "Indonesia's options in becoming a high-income country: Accelerating the turning point in deforestation?", *Forest Policy and Economics*, Vol. 148, p. 102905, https://doi.org/10.1016/j.forpol.2022.102905. [33]

OECD (2024), *OECD Employment Outlook 2024: The Net-Zero Transition and the Labour Market*, https://doi.org/10.1787/ac8b3538-en. [73]

OECD (2024), *Towards Greener and More Inclusive Societies in Southeast Asia*, Development Centre Studies, OECD Publishing, Paris, https://doi.org/10.1787/294ce081-en. [35]

OECD (2023), *Effective Carbon Rates 2023*, https://oe.cd/ECR2023-brochure. [13]

OECD (2023), "Enhancing the insurance sector's contribution to climate adaptation", *OECD Business and Finance Policy Papers*, No. 26, OECD Publishing, Paris, https://doi.org/10.1787/0951dfcd-en. [37]

OECD (2023), *Water resources management in Indonesia*, https://www.oecd-ilibrary.org/environment/water-financing-and-disaster-risk-reduction-in-indonesia_3205b20a-en. [18]

OECD (2022), *Decarbonising Buildings in Cities and Regions*, OECD Urban Studies, OECD Publishing, Paris, https://doi.org/10.1787/a48ce566-en. [38]

OECD (2021), *Clean Energy Finance and Investment Policy Review of Indonesia*, Green Finance and Investment, OECD Publishing, Paris, https://doi.org/10.1787/0007dd9d-en. [47]

OECD (2021), *Economic Surveys: France 2021*, https://doi.org/10.1787/289a0a17-en. [71]

OECD (2021), *Enhancing financial protection against catastrophe risks: the role of catastrophe risk insurance programmes*. [4]

OECD (2021), *OECD Economic Surveys: Denmark 2021*, https://doi.org/10.1787/19990219. [72]

OECD (2020), *OECD Environmental Performance Reviews: Greece 2020*, https://doi.org/10.1787/cec20289-en. [70]

OECD (2019), "Towards green growth", in *OECD Green Growth Policy Review of Indonesia 2019*, OECD Publishing, Paris, https://doi.org/10.1787/2aa839b7-en. [48]

OECD (2018), “Climate-resilient infrastructure”, *OECD Environment Policy Paper* No. 14. [2]

OECD (2014), *Recommendation of the Council on the Governance of Critical Risks*, https://doi.org/OECD/LEGAL/0405. [43]

OECD (forthcoming), *“Adapting infrastructure to changing climatic conditions: The case of Indonesia”*, OECD Environment Policy Papers, OECD Publishing, Paris. [61]

OJK (2023), *Roadmap for the Development and Strengthening of the Indonesia Insurance Industry 2023-2027*, https://ojk.go.id/en/berita-dan-kegiatan/info-terkini/Documents/Pages/Roadmap-for-the-Development-and-Strengthening-of-the-Indonesia-Insurance-Industry-2023-2027/Roadmap%20for%20the%20Development%20and%20Strengthening%20of%20the%20Indonesia%20Insurance%20. [59]

Partnership for Australia-Indonesia Research (2022), *Maximising the effectiveness of the South Sulawesi railway line*, https://pair.australiaindonesiacentre.org/wp-content/uploads/2022/11/SIP2-EN-ONLINE-PRINT.pdf. [19]

Ramdlaningrum, H. (2024), *Indonesia's burning coal dilemma*, East Asia Forum, https://doi.org/10.59425/eabc.1713996000. [30]

RIPNAS (2023), *Annual Report*, https://ppid.dephub.go.id/fileupload/informasi-berkala/RIPNAS-2030.pdf. [26]

Swiss Re Institute (2021), *The economics of climate change: no actions is not an option*, https://www.swissre.com/dam/jcr:e73ee7c3-7f83-4c17-a2b8-8ef23a8d3312/swiss-re-institute-expertise-publication-economics-of-climate-change.pdf. [12]

UNCTAD (2023), *World Shipping Fleet, Services, and Freight Rates*, https://unctad.org/system/files/official-document/rmt2023ch2_en.pdf. [31]

Vitale, C. and J. Terrero (2022), *Analysis of the links between National Recovery and Resilience Plan and OECD Product Market Regulation Indicators: Greece*. [25]

Wappelhorst, S. (2022), *INCENTIVIZING ZERO- AND LOW-EMISSION VEHICLES: THE MAGIC OF FEEBATE PROGRAMS*, International Council on Clean Transportation, https://ec.europa.eu/transparency/documents-register/detail?ref=SWD(2021)155&lang=en. [20]

Wasono, A. (2023), “Mandatory insurance program is urgently needed in Indonesia”, *The Jakarta Post*, https://www.thejakartapost.com/paper/2023/04/03/mandatory-insurance-program-is-urgently-needed-in-indonesia.html. [39]

WHO (2023), *Global status report on road safety 2023:*, https://cdn.who.int/media/docs/default-source/country-profiles/road-safety/road-safety-2023-idn.pdf. [28]

WHO (2015), *Climate and Health Country Profile“Indonesia*, https://cdn.who.int/media/docs/default-source/searo/wsh-och-searo/ino-c-h-prof.pdf. [27]

World Bank (2023), *Indonesia: Country Climate and Development Report*, https://openknowledge.worldbank.org/bitstreams/97ed886f-3a18-4301-ba8d-998bc23d8041/download. [36]

World Bank (2022), *Indonesia Vision 2045 : Toward Water Security*, https://www.worldbank.org/en/topic/water/publication/indonesia-vision-2045-toward-water-security. [34]

World Bank (2020), *Indonesia Public Expenditure Review: Spending for Better Results*, http://www.worldbank.org/idper. [65]

www.ingramcontent.com/pod-product-compliance
Lightning Source LLC
LaVergne TN
LVHW082038051026
849532LV00011B/3397
* 9 7 8 9 2 6 4 8 5 8 1 7 6 *